流变之景

艺术史视域中的大运河

王磊 著

人民美术出版社
北京

图书在版编目（CIP）数据

流变之景：艺术史视域中的大运河 / 王磊著 . --
北京：人民美术出版社，2023.6
ISBN 978-7-102-09111-2

Ⅰ . ①流… Ⅱ . ①王… Ⅲ . ①大运河－历史－中国－
通俗读物 Ⅳ . ① K928.42-49

中国版本图书馆 CIP 数据核字 (2022) 第 235552 号

审图号：GS（2023）2169 号
　　　　京 S（2023）G 第 1117 号

流变之景
——艺术史视域中的大运河
LIUBIAN ZHI JING YISHUSHI SHIYU ZHONG DE DAYUNHE

编辑出版	人民美术出版社

（北京市朝阳区东三环南路甲 3 号　邮编：100022）
http://www.renmei.com.cn
发行部：(010) 67517799
网购部：(010) 67517743

著　　者	王　磊
责任编辑	教富斌
装帧设计	茹玉霞
责任校对	卢　莹
责任印制	胡雨竹
制　　版	北京字间科技有限公司
印　　刷	雅迪云印（天津）科技有限公司
经　　销	全国新华书店

开　本：710mm×1000mm　1/16
印　张：16.75
字　数：180 千
版　次：2023 年 6 月　第 1 版
印　次：2023 年 6 月　第 1 次印刷
印　数：0001—3000
ISBN 978-7-102-09111-2
定　价：88.00 元

如有印装质量问题影响阅读，请与我社联系调换。(010) 67517850

版权所有　翻印必究

导言

"观看"运河

艺术史在 21 世纪初继续经历着重构。当前,艺术史学者致力于分析各类视觉文化和物质文化,研究对象不断增加,兴趣的外延也快速拓展。由此,除了历史、社会、水利、地理、文化遗产等学术领域之外,"新艺术史"的目光也时常有意或无意地投向大运河。

中国大运河包含隋唐大运河、京杭大运河以及浙东运河三部分。2500 多年来,持续生长、衍变且依然活跃的大运河无异于中国人理水智慧的百科全书。然而,大运河绝不仅仅是水系。在长久的营建、使用、维护与改造过程中,不同身份和角色的人群参与塑造了运河,留下实体性的文化遗产和活态性的非物质文化遗产。对大运河的前代记录和评说则汇集为丰厚的历史、文学和科学文献。重要的是,除文字之外,图像史料亦未曾缺席。

大运河的核心是流动的水,以水为脉络的运河流域蕴含变化无穷的风景。景观的产生来自观看。简而言之,无论立足堤岸,目送舟楫远逝,还是身处航程,面对陆地迁移,动态的景物都是在人的视野中显现的。建立微观的视角,可以驱使隐没的实迹和史料为历史发声。在宏观时空层面,人与河的互动催生恢宏的气象与壮阔的波澜。从隋炀帝以东都洛阳为起点,整合而成隋唐大运河开始,直至清代康乾二帝沿京杭大运河、浙东运河巡视,督理水患,保卫漕运,大一统国家层面的举措既重塑了大地的形状,也扭转了社会的命脉。

针对悠远而多变的运河景观,笔者结合实地访察,尝试在调用古今图像与文献的基础上,就大运河旧貌和现状进行艺术史视域中的思考和探讨。在时间线上,本书行文侧重于自隋大业元年(605)营建通济渠至清光绪

30年（1904）废止漕运之间的13个世纪。至于所谓的艺术史视域，直白来说，体现为确立三种主要研究对象。

第一种是大运河本体及附属组成。总长数千里的运道在地表直驱、折行乃至交织，以当代眼光看，它和长城一样同属大地艺术的极限作品。或者，借用地理学概念，我们可视大运河为人与自然合力形成的景观。这一纵贯中国中部、东部的人文地理之景沟通江河，穿越巨湖，并叩问名山，在山水间嵌入前人的足迹与手笔。例如，自濒临洪泽湖的淮安清口——曾经的黄、淮、运三流交汇处延伸出去的百余里石堤即堪称古代治水奇观。除堰坝之外，运河沿线与河道直接相关的府署、祠庙、仓廒、闸关、桥梁、纤道等地上和地下遗存连绵不绝。石桥作为大运河体系中观赏性极强的一环，至今分布广泛，并能追溯至宋代。

第二种是大运河关联的人居场所。大运河不惟改变城市，甚至创造城市。傍依或穿越聚落的运河赋予其巨大活力，尽管运河的水面绝非永远风平浪静。自元代人将隋唐大运河裁弯取直，构建京杭大运河以来，水路长期扮演着平原地带的南北交通纽带，使帝都至江南一线紧密地团结为一体。在前铁路时代，这条畅达的道路是输送人员、货物和传播意识形态、文化、艺术的通道，串联起沿途大小城镇与街区。水和人的移动滋养运河流域，还激发了不同尺度、风格和性质的园林。有时，运河水系呈网状形态，裹挟江浙城厢或周边村镇，浸透街衢和庭院，林泉丛生；有时，大运河主线的旁支或延长线引导皇帝或士人离岸登舟，走向山野，领略北京、杭州、扬州郊外的一片行宫与楼台。

第三种是容纳或涉及大运河的绘画图像。坐拥无限风光与亿万人口的大运河被反复描绘。与运河有关的古代图像形式繁杂，以下几类纪实性较强：全景式的绘画长卷，如北宋张择端的《清明上河图》和清代徐扬的《姑苏繁华图》；专门记录运道的舆图，典型者有张鹏翮所编《治河全书》中的附图；官方或个人主持绘制、刻印的图集，乾隆《南巡盛典》的名胜集成尤为可观。舆图大多源出治水工程，表现的空间范围通常很大，可实现驰驱于广袤原野的运河与蜿蜒在群山之上的长城"同框"。晚明以后，实景画流行，王世贞主导的《水程图》系列和完颜麟庆的自传式图谱《鸿雪因缘图记》分别展示了册页、版画形式的大运河图像。这些格调不一的作品定格运河上下的山水、城市、寺塔、园林及河工，让人随时能够按图神游。

上述研究对象皆属物质或视觉形式的艺术，大致都能归入图像、建筑或景观[①]等艺术史足以讨论的范畴，对它们的观照实际构成"观看"大运河的几种方式。各种形式和规模的作品召唤多元的阐释方式，如何保持叙述的连贯和统一，是笔者必须应对的挑战。故在观察角度方面，笔者始终重视人与河的关系。借助代表性案例或问题，全书五章内容分别围绕"城""画""桥""园""书"展开，力图呈现特定语境中有主体参与的动态场面[②]，综合定义大运河的历史景象和艺术气质。

[①] 单霁翔先生总结了大运河景观的十六种组成。徐亦丹：《单霁翔：用十六类景观讲好大运河故事》，《新华日报》2022年2月18日，第14版。这些景观包括多样的自然景观与人文景观，出自认知者、建构者的"视角"。参阅鲁西奇：《中国历史的空间结构》，桂林：广西师范大学出版社，2014年，第35—45页。
[②] 巫鸿先生讨论了艺术史研究中的"总体空间""原境"等概念，并且强调作为主体的人的活动和感受。[美]巫鸿：《"空间"的美术史》，上海人民出版社，2018年，第159—203页。

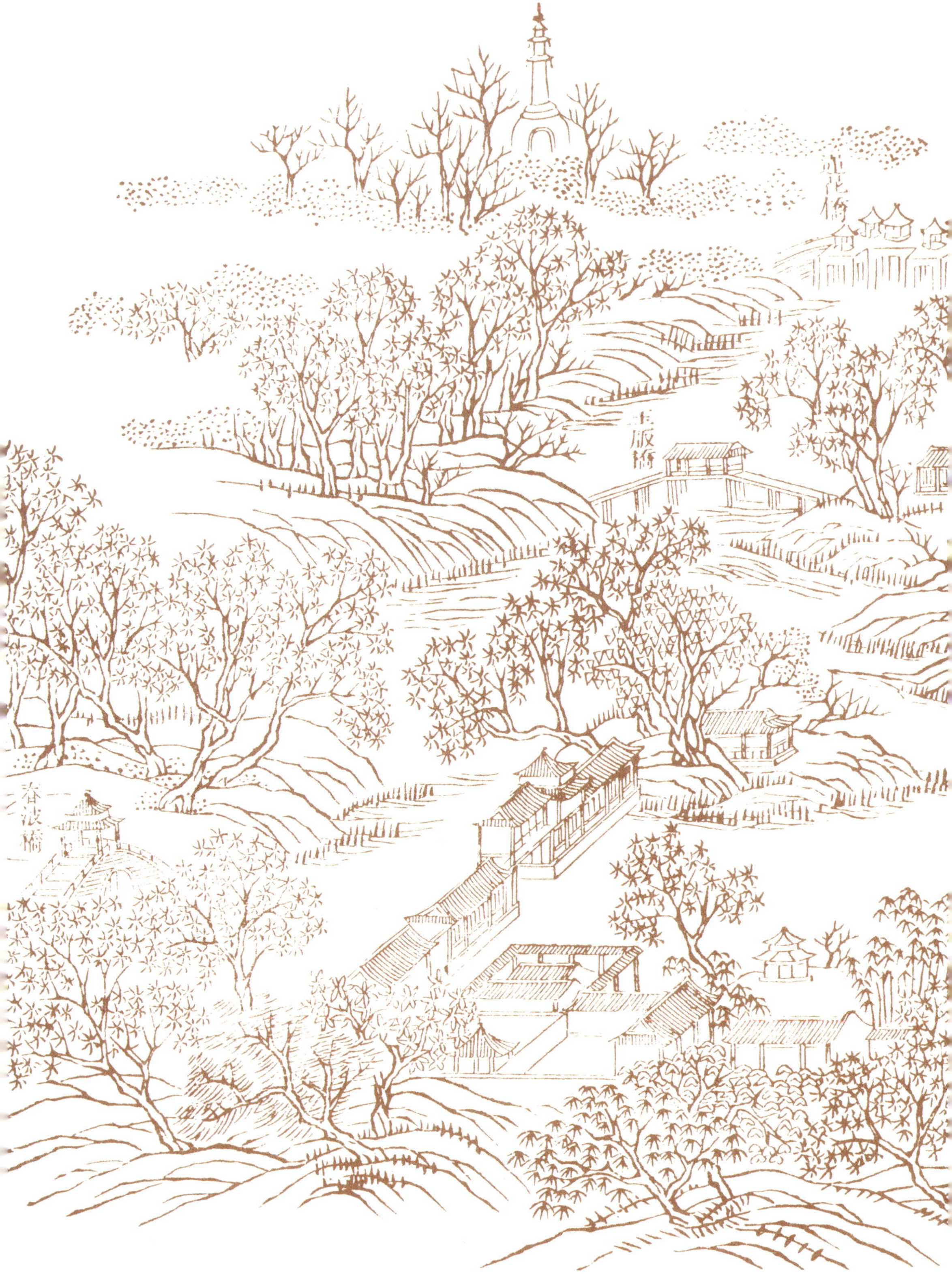

目录

001	**第一章**	**河与城**	
002	第一节	千里通波：隋炀帝的遗产	
021	第二节	取道京杭：平原大走廊	
049	**第二章**	**画中河**	
050	第一节	神游汴梁：管窥《清明上河图》	
074	第二节	吴门胜概：《姑苏繁华图》细读	
097	**第三章**	**河与桥**	
098	第一节	石桥新风：技术与艺术	
117	第二节	水陆之间：观景与对话	
141	**第四章**	**河边园**	
142	第一节	再造山水：园林的尺度	
167	第二节	写仿寰宇：移动的园景	
195	**第五章**	**河之书**	
196	第一节	安澜往事：《治河全书》舆图	
219	第二节	纸上留踪：《南巡盛典》图集	
244	**结语**		
247	**图片来源**		
249	**主要参考书目**		
258	**后记**		

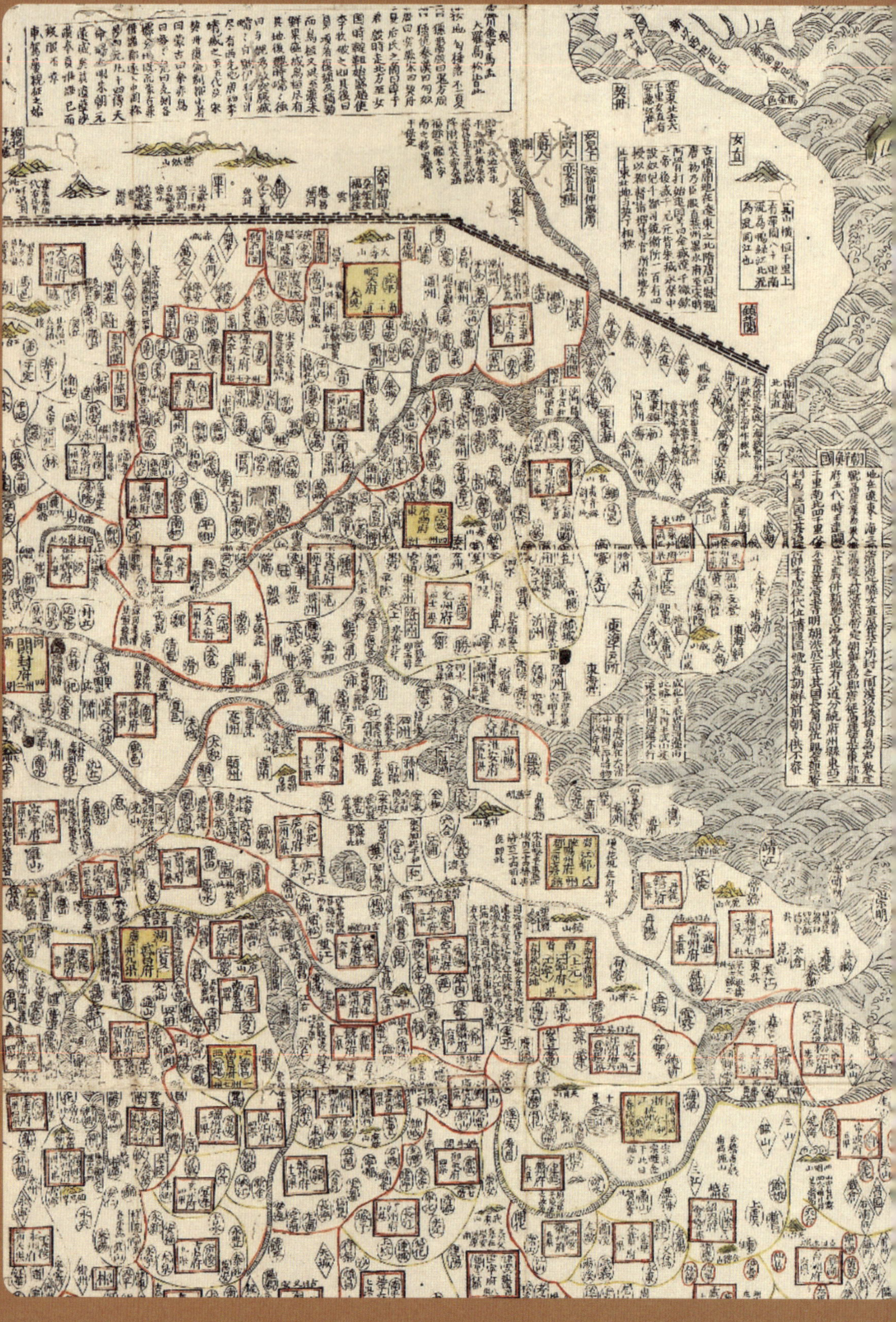

第一章

河与城

第一节　千里通波：隋炀帝的遗产

运河即人工水道，因主要用于行船运输而得名，古代也叫漕河。运河利用了水的流动性和承载力，具有路径连贯、运量巨大等优势。大运河水系不是一成不变的，在对中国大运河的沿用和改善过程中，自古及今均留下惊世壮举。回顾这一超级工程的早期历史，其营建也并非一蹴而就，有几个阶段意义最著。[①]

第一，大运河体系的肇始。公元前486年，时值春秋末期，天下鼎沸，吴王夫差跨江北上，开凿邗沟，意欲争霸中原。《左传》言："吴城邗，沟通江、淮。"一般认为，这里的"邗"即今扬州。邗沟使长江南侧穿过太湖流域的运河系统向北扩展到了淮河，迈出了构建跨区域的大运河的关键一步。仅两年之后，大运河就继续北上，延伸到了黄河。

第二，隋唐大运河的建设。7世纪初，南北新归一统，隋炀帝杨广以东都洛阳为起点，通过短短几年间的数次工程，在改造旧有运河和自然水道的基础上，修成南达淮河的通济渠、北达涿郡（今北京西南）的永济渠

[①] 邹逸麟、李泉主编：《中国运河志·总述·大事记》，南京：江苏凤凰科学技术出版社，2019年，第10-32页。

与由长江南抵余杭（今杭州）的江南河，并疏浚了文帝时在邗沟基础上新辟的山阳渎，复称邗沟。关联黄河、淮河、长江、钱塘江与海河五大水系的大运河由此出现。

第三，京杭大运河的形成。13世纪下半叶，中国的政治中心合一，定鼎大都（今北京），自至元十三年（1276）开始的十余年里，元世祖先后下令建成山东西南部的济州河、山东西北部的会通河与都城以东的通惠河。这一大手笔使运河翻越鲁中低矮山地，将原来呈"人"字形的总体运道裁弯取直，奠定了如今声名赫赫的京杭大运河，运河两端之间的水程大为缩短。

运河的本职是运输，即使在现代社会，大运河也部分保留着这一功能。高寿的古运河经过"现代化"改造，南部区段仍然流露出极其活跃的一面。百余年来，在原始职能为时代所掩翳的同时，大运河朝向"遗产"的转型却显得不够顺利。比之大运河自身的源远流长，视之为文物或文化遗产的历程相形见绌。[①]

大运河遗产保护中的重要节点均发生在21世纪。2006年5月，国务院公布"京杭大运河"为第六批全国重点文物保护单位（常简称为"国保"）。纵贯六省市的文保单位集成容纳了河道及其附属组成，甚至于邻近河道的相关建筑和遗址。2013年3月，河南、安徽等省境内的隋唐大运河以及浙东运河作为第七批"国保"里的增补项，与"京杭大运河"合并，整体更名为"大运河"。次年6月，联合国教科文组织接受中国的申请，将"中国大运河"纳入世界文化遗产名录，其中作为子项目的河段和遗产点基本来自"国保"系列，但经过取舍与重组。2019年10月，第八批"国保"名单对大运河子项目又有扩充（图1-1-1）。不过，以上历史性时刻的背后，存在一个容易忽略的现象：尽管一些附属设施已单独受到重视，但大运河最核心的构成也即各段河道在成为"国保"前极少入列文保单位[②]。

[①] 单霁翔：《大运河遗产保护》，天津大学出版社，2013年，第7-15页。
[②] 较早得到明确保护的大运河道极少，例如1997年被公布为浙江省文物保护单位的颐塘、1999年被公布为县级重点文物保护单位的河北东光的古运河遗址等。

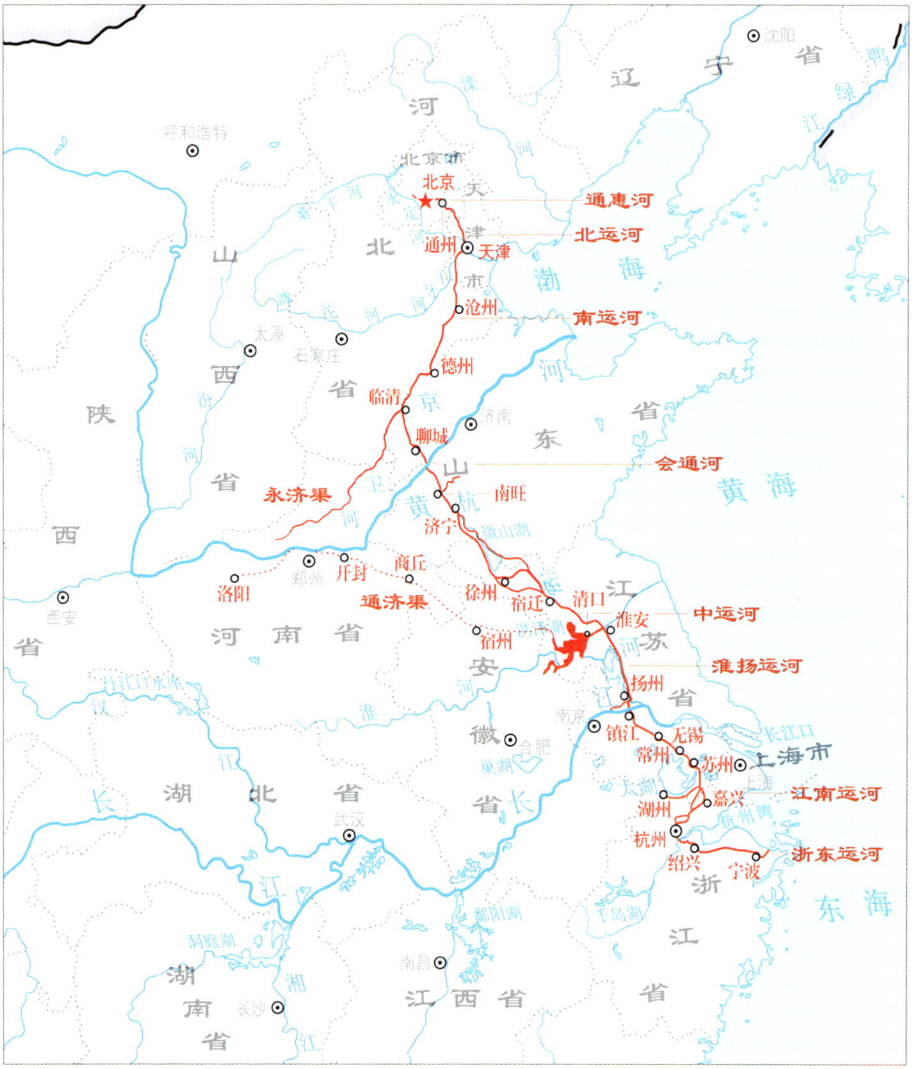

图 1-1-1　大运河河道遗产分布示意图【审图号：京S（2023）G第1117号】

国家层面的保护意识和举措的飞跃，促使公共话语中的大运河概念再次清晰，话题也日趋火热。以大运河为名的文化遗产、文化公园、博物馆、旅游景点、商业街区、产业园区等越来越深刻地介入我们的日常生活。然而不应遗忘的是，在历史的浪潮中，与若干城市，尤其是与都城衔接的大运河，从来都具有国家和世界范围的影响力。

面对绵亘的长河，思绪转移到1400多年前。故事从隋炀帝讲起。

东都与江都

隋代仅持续37年，被比喻为"流星王朝"[①]；谥号为"炀"的第二任皇帝杨广亡国身败，在后世遭受猛烈批判。隋炀帝建大运河，因为过于劳民伤财，与秦始皇整合北方长城相类，并非中国传统意义上的明君行为。不过，在更广阔的时间范畴里观察，长城立丰碑于峰峦之巅，大运河绘画卷于江河之间，二者均化身为彰显民族智慧和意志的文化遗产。

有关隋炀帝的另一种评价也很响亮。晚唐皮日休《汴河怀古二首》其一写道：

> 万艘龙舸绿丝间，载到扬州尽不还。
> 应是天教开汴水，一千余里地无山。
> 尽道隋亡为此河，至今千里赖通波。
> 若无水殿龙舟事，共禹论功不较多。

汴河在唐代指隋代的通济渠东段，又叫汴路。中原千里平旷，汴河有如天造地设。这段河前身复杂，走向方面对应战国鸿沟、西汉狼汤渠和

[①] 语出扬州博物馆2014年4月揭幕的"流星王朝的遗辉——隋炀帝墓出土文物特展"。

汉至六朝的汴水等，其间多以运河故道和自然河流为基础加以拓宽深掘。[1] 比之原来的汴水，开封以东的通济渠偏离了旧线，避开泗水，直趋淮河。

尝试将大运河营建与上古时代的大禹治水相提并论，已是对隋炀帝的莫大肯定。皮日休所言不算夸张，迨至唐时，尤其是盛唐之后，大运河的代表通济渠一方面是东西两京获得漕粮的主要通道，另一方面也是人员和百货往来南北的便捷路径。[2]《隋书·食货志》记载："（隋炀帝）自板渚引河，达于淮海，谓之御河。河畔筑御道，树以柳。"[3] 杨柳依依的隋堤给人留下鲜明的视觉印象，成为后人津津乐道的文学意象。

隋时，通济渠和永济渠在洛阳以东不远相接于黄河，溯河而上，经洛河等水道可至洛阳。大业元年（605），在修通济渠的同时，隋炀帝重用宇文恺，新建洛阳城，"制度穷极壮丽"，号东都。宇文恺善营造，在大兴城、仁寿宫、洛阳城等工程中大有贡献。[4] 大规模的基建之后，四方百姓也被招揽至此。次年，政权就从京师大兴（今西安）迁到了洛阳。隋代打造的这座宏伟城市迅速繁荣。唐代定都长安（今西安），但以洛阳为陪都，武则天更是一度在此称帝，号之曰神都。洛阳向东借通济渠、邗沟揽抱江淮，向西则借黄河及隋文帝所修广通渠与关中握手[5]，城池居横贯中原的水路中点，交通地位极为突出。

隋东都与大运河实际同属完整的规划。洛河东西向穿过城市，多条具有漕运功能的支流汇聚于该河，使全城呈运道纵横的局面（图1-1-2）。洛阳的地形和水网使它的平面设计因地制宜，宫室坐落在西北一隅，背离了汉魏以来都城作中轴对称式的惯例。[6] 从南城墙的定鼎门向北直抵宫廷的城市轴线天街因此略有西偏。沿着天街北行至宫门前，遇见宽阔的洛河，于是自南而北连架星津、天津、黄道三桥，天津桥规模尤巨。这座桥长

---

[1] 岑仲勉：《隋唐史》，北京：商务印书馆，2015年，第31-35页。
[2] 严耕望：《唐代交通图考》，上海古籍出版社，2007年，序言第1-2页；史念海：《中国的运河》，西安：陕西人民出版社，1988年，第207-209页；邹逸麟、李泉主编：《中国运河志·总述·大事记》，第113-115页。
[3]《隋书》（修订本）第3册，北京：中华书局，2019年，第760页。
[4] 同③，第6册，第1779-1786页。
[5] 史念海：《中国的运河》，第148-152页。
[6] 石自社：《隋唐洛阳城的设计思想与形制布局》，载中国大运河博物馆编《中兹神州：绚烂的唐代洛阳城》，南京：江苏凤凰文艺出版社，2022年，第11-23页。

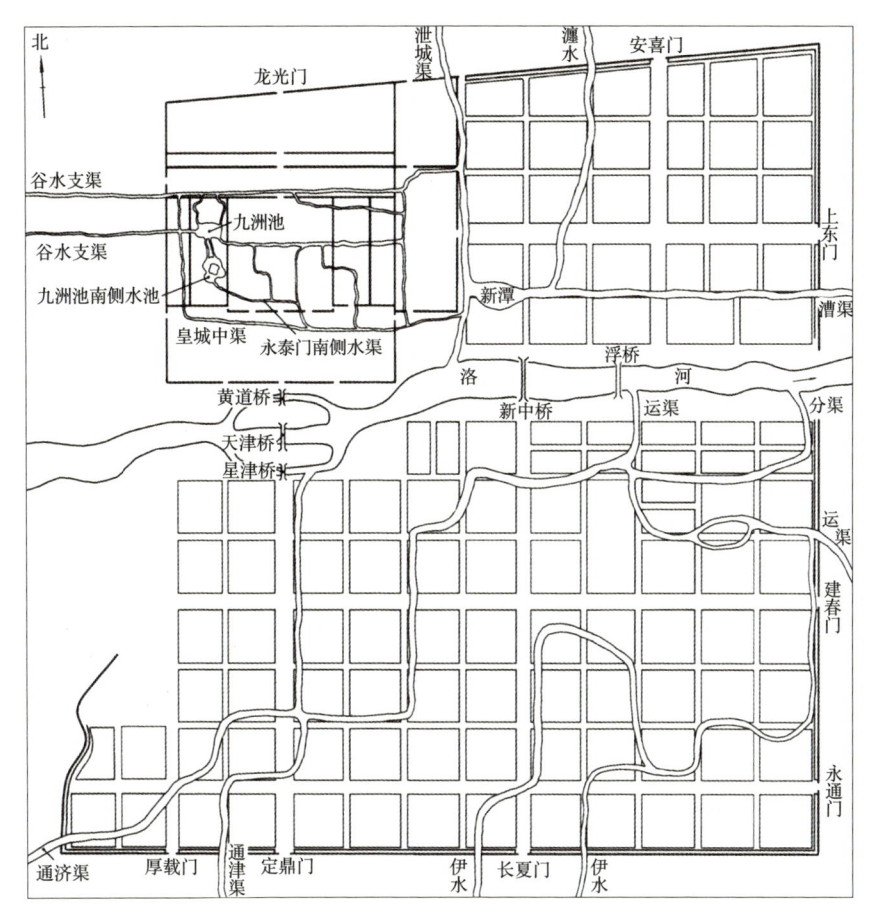

图 1-1-2　隋唐洛阳城水系复原平面图

数十丈，采用浮桥形式，模仿了建康（今南京）秦淮河上的朱雀航。[①] 从桥名可以看出，东都被比拟为天穹，符合宇文恺引述的"天垂象，圣人则之"，体现出对宇宙的具象再现。洛阳城的特殊格局虽有违中古传统，却巧妙配置了漕河，这种结果不是偶然：主持工程的宇文恺通晓运河事务，曾负责兴建广通渠。

迁都的想法早在隋文帝时就已萌生，而隋炀帝对位处天下之中的洛阳更加钟情，尝言："我有隋之始，便欲创兹怀、雒，日复一日，越暨于今。

[①] 傅熹年主编：《中国古代建筑史 · 第二卷 · 三国、两晋、南北朝、隋唐、五代建筑》（第二版），北京：中国建筑工业出版社，2009 年，第 574 页。

念兹在兹，兴言感哽！"①洛阳"控以三河，固以四塞"，形势不凡，素为大朝国都。陕西宝鸡出土的西周初年的何尊上，铸有"宅兹中国，自之乂民"等语,这里,目前所知最早的"中国"二字便指洛阳一带的成周。②继东周之后，东汉、曹魏、西晋、北魏等朝相继立都于洛阳，城市中心恒定，即今汉魏故城。

数百年基业使这方土地王气不散，然隋代草创的东都选址于汉魏洛阳城以西约 10 千米。新建的城市紧邻东周王城，想象力殊为瑰奇，北面倚靠邙山，南面遥临伊阙，也就是伊河两岸状如门阙的山岭。北魏迁都洛阳前后在那里开凿了佛教石窟。以天然山体为门户，效法"表南山之巅以为阙"的秦阿房宫，宫前架桥跨越大川，也有如秦人"为复道，自阿房渡渭，属之咸阳"③。同处乱世复归一统的时代，秦始皇、隋炀帝的雄心的确良多印合之处。

隋唐洛阳宫室壮美。隋宫名紫微城，正殿乾阳殿巍峨绝伦。李世民击败王世充，攻入洛阳后，面临此殿，大加感叹。宫中引来谷水，在朝堂西侧大起园池，号九洲池，"其池屈曲，象东海之九洲，居地十顷，水深丈余，鸟鱼翔泳，花卉罗植"。考古发掘证实，九洲池岛屿众多，其上或筑亭台，环水有殿阁。④唐人沿用东都，更名紫微城为洛阳宫。盛景再造在武则天当政时臻于极致，不仅完成了宇文恺未及实现的明堂，还在明堂西北方向建造了天堂。位居乾阳殿址的明堂上圆下方，高约三百尺；天堂之内置夹纻弥勒大佛，平面呈圆形，分为五层，至第三层已足以俯视明堂。⑤有唐一代，洛阳又因园林深美而蜚声。宫苑方面，除却九洲池外，常驻东都的高宗于城西洛水之滨新修上阳宫，长廊绵延一里；私邸方面，庭园云集，考古所见履道坊白居易宅乃为一例⑥。

---

① 《隋书》（修订本）第 1 册，第 69 页。
② 李学勤：《何尊新释》，《中原文物》1981 年第 1 期，第 35-39、45 页。
③ 《史记》第 1 册，北京：中华书局，1959 年，第 256 页。
④ 韩建华：《唐宋洛阳宫城御苑九洲池初探》，《中国国家博物馆馆刊》2018 年第 4 期，第 35-48 页。
⑤ 罗世平：《天堂法像——洛阳天堂大佛与唐代弥勒大佛样新识》，《世界宗教研究》2016 年第 2 期，第 30 页。
⑥ 韩建华：《中晚唐洛阳士人与园林——以白居易履道坊宅园为中心》，载荣新江主编《唐研究》第 21 辑，北京大学出版社，2021 年，第 177-207 页。

宋人李格非《洛阳名园记》曰"园圃之废兴者，洛阳盛衰之候也"，极言园景之于洛阳的代表性。不难理解，自隋以降，洛阳园林受到含运河在内的强大水系的滋养。关于唐代园池，除佛教经变画[①]之外，我们很难看到完整的视觉材料。稍显特别的是，7世纪中叶中亚古城撒马尔罕"大使厅"的北墙壁画中，唐朝皇后武则天以乘舟游园的形象现身，船头作格里芬样貌，水面莲花绽开，间杂禽鱼、异兽。[②]船右侧，唐高宗跨马刺豹，体形硕大。万里之外的粟特人调用记忆与想象，表达了对大唐的敬意，而泛舟图像的原型不外乎源自两京。

水道辐辏的东都与从前的古都明显有别，但在当年，它只是隋炀帝理水事业的一小步。大业年间，在疯狂的投入下，通济渠、永济渠、江南河等陆续完工，南北总长5000余里的大运河快速形成。秦代修驰道、直道，汉代张骞凿空西域，通"丝绸之路"，均属陆路系统建设，国家级的隋代水上交通线令神州风景焕然一新。渐次应用的运河旋即服务于炀帝的大举行动——三征高句丽与三下江都，暗示出修运河的复杂动因。江都旧称广陵，即今扬州。"扬州"又作"杨州"，在隋之前长期对应以江南建康（今南京）为中心的地域，隋开皇九年（589）灭陈后，江都才成为扬州治所，一称扬州。[③]征战东北与巡视东南都没有获得正面的结果，反致国家元气大伤。隋炀帝最终于大业十四年（618）在江都葬送了性命和王朝。

我们可顺着大运河去江都寻觅隋炀帝踪影。晋王时期的杨广曾担任扬州总管，驻江都十年。登基后，炀帝对自己的龙兴之地感情很深，特予优待，大业六年（610）"制江都太守秩同京尹"[④]，又一座比肩京师的都会崛起。江都的宫殿在蜀岗上，称江都宫，气势宏阔，史上以"使真仙游其中，

[①] 萧默：《敦煌建筑研究》，北京：中国建筑工业出版社，2019年，第328-345页。
[②] [意]康马泰著，毛铭译：《唐风吹拂撒马尔罕：粟特艺术与中国、波斯、印度、拜占庭》，桂林：漓江出版社，2016年，第3-17页。
[③] 周振鹤：《释江南》，载钱伯城主编《中华文史论丛》第49辑，上海古籍出版社，1992年，第141-147页。
[④] 《隋书》（修订本）第1册，第83页。

亦当自迷"的迷楼最为知名。① 即位次年，隋炀帝便故址重游，回到江都，"御成象殿，大会，设庭燎于江都门，朝诸侯"。当时他难以想到，这里竟也是他的殒命之所。第三次巡幸江都之际，宇文化及发动兵变，隋炀帝遇害，萧后等人将其暂时埋于宫内的流珠堂。改葬后的隋炀帝墓逐渐湮没无闻，清代学者阮元依照前代观点，误将扬州北郊的一座封土考为炀帝陵②，直至数年前才真相大白。

2013年，"隋炀帝陵"十余里外的蜀岗西峰上，因施工发现隋炀帝、萧后合葬两墓。③ 帝墓存十三环蹀躞带、鎏金铜铺首等，墓志题"随故炀帝墓志"，后墓存凤冠、编钟、编磬等，文字、实物皆坐实墓主人身份。铜铺首原系门上衔环之物，帝墓共出土四件，兽面宽26厘米，硕大且美观，与唐大明宫遗址所见同类物品规格相仿，被推测为江都宫旧物（图1-1-3）。近似的兽面图像见于河北赵县隋赵州桥的石栏浮雕。隋炀帝和萧后墓先后建于唐初，走进考古遗址，西侧为帝墓，东侧为后墓，二者都只有一间窄小的主室，引人唏嘘。

图1-1-3　隋炀帝墓鎏金铜铺首（扬州博物馆藏）

乘龙舟从洛阳向江都进发，隋炀帝一度何等煊赫！《资治通鉴》描述的大业元年（605）的炀帝第一次南巡很具画面感：

---

① [美]宇文所安著，程章灿译：《迷楼：诗与欲望的迷宫》，北京：生活·读书·新知三联书店，2014年，第5页；汪勃、王小迎：《隋江都宫形制布局的探寻和发掘》，《东南文化》2019年第4期，第71-82页。
② 王业：《扬州槐泗"隋炀帝陵"的误考及其影响》，《江苏地方志》2020年第4期，第20-25页。
③ 南京博物院等：《江苏扬州市曹庄隋炀帝墓》，《考古》2014年第7期，第71-77页。

八月，壬寅，上行幸江都，发显仁宫，王弘遣龙舟奉迎。己巳，上御小朱航，自漕渠出洛口，御龙舟。龙舟四重，高四十五尺，长二百丈。上重有正殿、内殿、东西朝堂，中二重有百二十房，皆饰以金玉，下重内侍处之。皇后乘翔螭舟，制度差小，而装饰无异。别有浮景九艘，三重，皆水殿也。……舳舻相接二百余里，照曜川陆，骑兵翊两岸而行，旌旗蔽野。所过州县，五百里内皆令献食，多者一州至百舆，极水陆珍奇。后宫厌饫，将发之际，多弃埋之。①

南巡依循新成的大运河水路：皇帝坐小船自宫旁漕渠入洛河，至黄河登龙舟，再入通济渠东段，经淮河中转后，沿邗沟直下江都。高大华贵的龙舟一马当先，浑如移动的水上宫殿，皇后、妃嫔、诸王、公主、百官、僧道及蕃客等乘坐各种名目的船只相随，专门牵挽船队的人员有八万余。水陆卫戍，物资齐备，隋炀帝不啻将整个朝廷移往东南。由于怀念扬州，他视南巡为归程，在江都宫赋诗曰：

舳舻千里泛归舟，言旋旧镇下扬州。
借问扬州在何处，淮南江北海西头。②

在唐宋人眼里，隋炀帝穷奢极欲的巡游几乎等同于暴政的代名词。同样靡费国力且充任南巡之路的运河亦难逃罪名，被认定为亡国的导火索，正所谓"后王何以鉴前王，请看隋堤亡国树""千里长河一旦开，亡隋波浪九天来"③。即使是正面评价汴河的皮日休，也无法为"水殿龙舟事"翻案。

晚唐时，张彦远记录了隋炀帝南巡的一个侧面。艺术史名著《历代名画记》中的《叙画之兴废》历数汉末以来的历次书画劫难，运河上的隋代

---

① [宋]司马光编著：《资治通鉴》第12册，北京：中华书局，2011年，第5726-5727页。
② [宋]郭茂倩编撰，聂世美、仓阳卿校：《乐府诗集》，上海古籍出版社，2016年，第602页。
③ 《全唐诗》，清文渊阁四库全书本，卷427第15b-16a叶，卷647第13b叶。

故事便是其一:

> 隋帝于东京观文殿后起二台,东曰妙楷台,藏自古法书,西曰宝迹台,收自古名画。炀帝东幸扬州,尽将随驾。中道船覆,太半沦弃。①

隋宫尽收六朝翰墨遗珍,但好物不坚牢,当时的皇家收藏多半毁失在水里。行舟运河,意外难免发生。安徽濉溪县柳孜村正当通济渠航道,1999年在大运河遗址内共发掘出唐代沉船八艘,包括木板船和独木舟。②

更加著名的沉船来自东南亚。1998年,印度尼西亚海域惊现沉没海底的阿拉伯商船"黑石号",这是一艘唐宝历年间从中国驶出的远洋货船,载有大唐的商品和器具——瓷器、铜镜和金银器等。③因货物中有广陵特产的"江心镜",人们推测"黑石号"停泊过扬州。唐代扬州是长江尽头的大都市,有"扬一益二"之谓。这时候,扬州城以隋江都为根本向蜀岗以南大幅扩展,长江潮水涌及城市近郊,运河穿城而过,故其坐收江、海与运河之利。④扬州本地也出土了类似"黑石号"所见白地青花瓷盘(图1-1-4)的姊妹文物。此种瓷盘非南方制品,正是沿大运河漂来的河南巩义窑的产物。

图1-1-4 "黑石号"沉船白地青花瓷盘(新加坡亚洲文明博物馆藏)

---

① [唐]张彦远撰,毕斐点校:《明嘉靖刻本历代名画记》,杭州:中国美术学院出版社,2018年,第11—12页。
② 孟原召:《中国境内古代沉船的考古发现》,《中国文化遗产》2013年第4期,第56页。
③ 齐东方:《黑石号沉船与扬州胡商》,载上海博物馆编《大唐宝船:黑石号沉船所见9-10世纪的航海、贸易与艺术》,上海书画出版社,2020年,第239—251页。
④ 朱超龙:《官河与唐代扬州城的形态格局》,《文物》2022年第4期,第71—80页。

源出洛阳附近的晚唐瓷器并不契合中国固有的审美习惯，呈蓝色菱形花叶纹，带有伊斯兰风格。①从巩义取道大运河达扬州，继而扬帆入海，破浪远行，充满异域情调的中国青花瓷留下了一串足迹。它们既是为迎合海外市场而生产的商品，也是唐朝人逐渐熟悉并喜爱的日用器，唐帝国积极与世界交流的态度由此体现。换言之，居于运河与海洋之间，享誉大唐第一都会的扬州绝不只是华夏物资的中转站，更是海内外文明对话的舞台。②在扬州出土的唐朝文物中，舶来品或含域外因素的瓷器数量颇多。一件出自扬州城遗址的长沙窑青釉罐（图1-1-5）饰以如意云头、莲花和莲叶，主要采用褐、蓝两色连珠纹样，再次映照出唐人生活中的西亚趣味。

图 1-1-5　唐扬州城遗址褐蓝彩青釉罐（扬州博物馆藏）

无论起因如何，隋唐大运河客观上构成跨地域的国家交通线，实现了中原与江南以及塞上的连接。及至唐代，缘于南方经济和海洋贸易的兴起，从洛阳出发，走向东南滨海城市的通济渠显露旺盛的活力，并凭借长江口眺望全球。日本学者宫崎市定提出，中国大运河使横贯古代亚洲的大陆和海洋交通路线得以闭合；田余庆先生强调，唐宋运河起着勾连中国陆上与海上丝绸之路的巨大作用。③诚如斯言，评价大运河的功过是非断不能局限在隋炀帝的时代。

---

① 刘朝晖：《唐青花菱形花叶纹补说》，载上海博物馆编《大唐宝船：黑石号沉船所见9-10世纪的航海、贸易与艺术》，第338-350页。
② 朱江：《远逝的风帆：海上丝绸之路与扬州》，南京：东南大学出版社，2014年，第37-104页。
③ [日]宫崎市定：《东洋的近世》，载氏著、张学锋、马云超等译《宫崎市定亚洲史论考》，上海古籍出版社，2017年，第195-197页；唐宋运河考察队：《运河访古》，上海人民出版社，1986年，前言第6-7页。

经营江南

隋朝开运河并迁都有多重原因，其中有一点毋庸置疑：朝廷仰赖地方的漕粮。隋文帝时期，关中地狭人众，大兴所需口粮缺乏保障，开皇十四年（594）遇到干旱，"上率户口就食于洛阳"[1]。虽然长安与洛阳有水路相通，但是黄河砥柱一段十分难行。东都建成后，从黄河、长江下游到宫廷的运河水道可谓千里通波，漕粮纷至沓来，都城供养问题即迎刃而解。

"江南"原指长江流域以南，偏向中游区域，至隋唐以后渐与专指长江下游之南的江东、江左混用，也可泛称淮河以南。唐代行政区划上先有江南道，后分设江南东道和西道，限指长江南侧。但在日常使用时，"江南"倾向于表示东南沿海，且江北岸的扬州也常在其概念里。由于狭义江南地区的富庶，此时"望江南""忆江南"等词牌开始流传。

韩愈尝言："当今赋出于天下，江南居十九。"[2] 这里的"江南"就是一个宽泛的说法，囊括了淮河以南广大东南沿海，其中江淮、江南等稍近中原的运河地带在唐后期是漕粮的关键原产地。当然，运河水路直接或间接联系的远不止这些片区，还有长江沿线内陆以及更远的南方。杜佑《通典》称，通济渠和邗沟之上，"其交、广、荆、益、扬、越等州，运漕商旅，来往不绝"[3]。到北宋时，东京（今开封）倚重汴河一如洛阳倚重通济渠，周邦彦《汴都赋》云："舳舻相衔，千里不绝，越舲吴艚，官艘贾舶，闽讴楚语，风帆雨楫，联翩方载，钲鼓铿锵"[4]，热闹的景象溢于言表。对隋以后的全国形势，全汉昇有这样的总结："和第二次大一统帝国出现的同一时间，便发生了一个新的问题，即如何把这已经南移的经济重心和尚留在北方的军事政治重心连接起来，以便这个伟大的政治机构能够运用灵

---

[1]《隋书》（修订本）第1册，第43页。
[2] 黄天华：《中国财政制度史》，上海人民出版社，上海：格致出版社，2017年，第830页。
[3] [唐]杜佑：《通典》卷177，清乾隆十二年武英殿刊本，第8b叶。
[4] 白寿彝：《中国交通史》，长沙：岳麓书社，2011年，第113页。

活,尽量发挥它的作用。"①他所说的"南方",基本是韩愈所谓的江南。

南方对中原最重要的供给是其盛产的稻米。隋东都借助运河获取漕粮的实物证明是回洛仓、含嘉仓等皇家仓库。回洛仓在洛阳皇宫以北数里,处邙山南麓,大约有仓窖700座。含嘉仓紧邻皇城,外设城垣,内设仓窖400多座,主要使用于唐代。②宫廷肘腋的海量储备粮能在灾年和危急时刻保证皇室的口粮,平素里则为朝廷的稳定运转提供充足动力。含嘉仓19号窖中的铭文砖(图1-1-6)于1971年出土,系武周时期的遗物,标记着苏州运来的"粗糙米"。分司各职的官吏列名砖表,透露出皇家粮仓严格而有序的管理方式。

含嘉仓一直沿用到北宋。关于通济渠的唐代漕船,仅余沉船遗迹可循,而北宋时往来汴河的漕船则清晰地反映在张择端的《清明上河图》(图1-1-7)中。运送货物的大型漕船通常把舷设置得很高,以增加装载量,外观

图1-1-6 含嘉仓砖铭拓本

图1-1-7 张择端《清明上河图》中的汴河与船只(北宋 绢本 故宫博物院藏)

---

① 全汉昇:《唐宋帝国与运河》,上海:商务印书馆,1944年,第12页。
② 邹逸麟:《从含嘉仓的发掘谈隋唐时期的漕运和粮仓》,《文物》1974年第2期,第61页。

区别于大面积开窗的客船。画面中自右及左最先入镜的一些船就是如此，它们停靠在河岸码头边，有的因货物已大体卸除，船体高浮于水面。

隋炀帝二返江都后，疏修了长江以南的运河，建成江南河。《资治通鉴》叙述，大业六年（610）十二月"敕穿江南河，自京口至余杭，八百余里，广十余丈，使可通龙舟，并置驿宫、草顿，欲东巡会稽"[①]。江南是水乡，河湖密布，且有早期运河基础，但宽敞、连贯的江南河仍需大量人力挖掘。陆游《入蜀记》便称："自京口抵钱塘，梁陈以前不通漕，至隋炀帝始凿渠八百里，皆阔十丈。夹冈如连山，盖当时所积之土。"[②] 经营江南运道带有延伸南巡路线的目的，然隋炀帝未能遂愿。如含嘉仓唐代砖铭所记，隋代运河体系中稍晚加入的江南区段后来促进了太湖漕粮的北上，实是隋炀帝的遗产。

江南河也称浙西运河、江南运河。它连接了长江下游南部的若干城市，加强了吴、越故地的关联，极具生命力。我们把目光自隋代向前推移。隋炀帝欲借运河造访会稽（今绍兴），应当想到了巡行至越地的秦始皇，后者在会稽登山望海，祭祀大禹。杭州湾南面的会稽属于近海的大陆，春秋时即出现了略与邗沟同龄的运河——勾践整治的山阴故水道，水道东、西扩张甚远。[③] 这意味着当大运河延伸至杭州时，该体系实际已跨越钱塘江迤逦走向大海了。可是，沟通江海的运道避开了另一江南城市——六朝首都建康。这座虎踞龙盘的古都在隋军攻克江南后，遭到重创，似乎暂时变得不那么煊赫了。

回访江南运河，其实很难绕开建康。建康城据守长江南岸，别称石头城，在隋代前兴盛了三百余年，隋东都在水系规划与景观设计方面每每神似建康[④]。从东吴时期开始，长江下游政权雄峙一方，都城通过破冈渎等运河汇集江南物力。春秋之际，太湖流域已有诸多运河，自苏州至长江的

---

① [宋] 司马光编著：《资治通鉴》第 12 册，第 5759 页。
② [宋] 陆游著，蒋方校注：《入蜀记校注》，武汉：湖北人民出版社，2004 年，第 30 页。
③ 陈桥驿主编：《中国运河开发史》，北京：中华书局，2008 年，第 437-463 页。
④ [日] 妹尾达彦著，高兵兵、郭雪妮、黄海静译：《隋唐长安与东亚比较都城史》，西安：西北大学出版社，2019 年，第 423-435 页。

主干部分名为吴古故水道。① 为方便巡游，秦始皇维护过这一路线，形成丹徒水道。这些运道均是江南河的前身。东吴赤乌八年（245），为使建康与江南水系主体相连，城市南郊的破冈被凿穿，破冈渎问世。破冈渎西端与秦淮河相通，东端经东、西云阳渎接上丹徒水道，在翻越山地时使用了连续的堰埭来控制水位，艰难地实现了从政权中心到吴文化腹心的直达运河。纵观六朝，这条交通线持续体现显要意义。②

南朝梁时，新开上容渎，短暂地取代了破冈渎。这两条走向平行的运河，东端都在曲阿（今丹阳），而曲阿一带恰是萧梁帝陵兆域所在。萧氏南渡之初，卜居于南兰陵，即今武进、丹阳之间，所以从南齐开始，萧氏帝陵都坐落在丹阳以东的丘陵。这些陵墓的地面景观承接东汉世家传统，包含更加壮观的神道石刻，今存较多遗迹（图1-1-8）。20世纪以后，国内外学者对这批材料进行了详尽的调查和研究。③ 在此，笔者关注陵墓与运河的关系。

第一座梁代帝陵为武帝之父萧顺之的建陵，神道石刻位于三城巷村北，留存着有角石兽、神道柱和龟趺等，分列道路两旁。陆游入蜀赴任，沿大运河西行，途经此地，看到柱额上的"文皇帝"等字，误认其作宋文帝长宁陵。④ 长宁陵实在南京东北郊，石兽与神道柱都是从襄阳运来的现成品，雕刻非常精美，南朝人引以为模范。⑤

据《梁书·武帝纪》载，大同十年（544）梁武帝前来拜谒建陵，而且走到自己未来的陵墓——修陵。时隔半个世纪，重回桑梓的老年武帝不由得感恸落泪。两年之后，建陵发生异象，"隧口石麒麟动"。有关建陵石兽的怪事已经不止一次，大同元年（535）从镇江将其运至陵址，一路艰难，"近陵二十余步，忽如跃走"。走姿形态的神兽仿自中原制度，威风凛凛，

---

① 薛焕炳：《江南运河与吴古故水道》，《江南论坛》2014年第7期，第59-61页。
② 张学锋：《六朝建康都城圈的东方——以破冈渎的探讨为中心》，载武汉大学中国三至九世纪研究所编《魏晋南北朝隋唐史资料》第32辑，上海古籍出版社，2015年，第63-83页。
③ 例如朱偰：《建康兰陵六朝陵墓图考》，北京：中华书局，2006年；[日]曾布川宽著，傅江译：《六朝帝陵：以石兽和砖画为中心》，南京出版社，2004年。
④ [宋]陆游著，蒋方校注：《入蜀记校注》，第28页。
⑤ 耿朔：《"于襄阳致之"：中古陵墓石刻传播路线之一瞥》，《美术研究》2019年第1期，第75-82页。

图 1-1-8　丹阳南齐修安陵石兽

被赋予镇守陵墓的职责,但当它真正"活动"起来时,皇帝又陷入了忧思。①

沉重的丹阳南朝石刻大概在南京、镇江山区取材并雕成,而后借助船只运输进陵区,再用车辆载至神道。②依据文献,建陵石刻来自镇江方向,必然经过丹徒水道,可能还经过了长江。南侧的运河或是运送齐梁石刻的另一路径。在破冈渎、上容渎所过句容境内,置有稍显离群的梁南康简王萧绩墓石刻。南京现存的南朝石刻多属萧梁王侯墓,以东北郊的栖霞山和东南郊的方山地带最为集中,这两个区域便靠近上述两条运输路径的延长线。运送石刻的水路正是往返都城和陵墓的祭陵人可以选择的路线,从建康出发去帝陵,如果走南线,齐梁皇室、官员可经破冈渎或上容渎等水路至曲阿,转到大运河前身,最后到达兆域——"乘舴艋,自方山由此入兰陵,升安车,轺传驿置,以至陵所"③。梁时,舟船离开运河主线前往诸陵,仍有一段河道可行,即今天的萧梁河。

大运河与萧梁河的交汇处现为陵口镇所在,运道平面呈"丁"字形。诚如镇名,萧梁河口两岸矗立着一对硕大无朋的有角石兽,象征着梁代兆域总的门户。陵口石刻是尺度最巨的南朝石兽实物,身长四米左右,从风格上看,乃梁后期添置。④陵口石刻起先毗邻运河主线,构成引人注目的水际一景。1956年江南运河拓宽,将两兽大幅北移,1977年疏浚萧梁河,又将西侧石兽西迁。陵废兽荒,曾经的陵口双兽埋没在城镇化的浪潮里,不变的是舟船穿梭的江南运河(图1-1-9)。

南京城从来都不邻接大

图1-1-9 江南运河陵口镇段

---

① 朱偊:《建康兰陵六朝陵墓图考》,第13-17页。
② 同①,第17页;阙强:《试论丹阳南朝陵墓石刻的运输途径》,载常州博物馆编《常州文博论丛》,北京:文物出版社,2019年,第35-38页。
③ [南朝陈]顾野王著,顾恒一、顾德明、顾久雄辑注:《舆地志辑注》,上海古籍出版社,2011年,第257页。
④ [日]曾布川宽著,傅江译:《六朝帝陵:以石兽和砖画为中心》,第44-53页。

运河的主航道，但在波澜壮阔的中国运河史中，它常常不会缺席。与丹阳一样，曾与之凭运河相连的南京也以文物的形式纪念着江南的政治和文化崛起，南京市徽的图案里就有南朝翼狮形象。拱卫神道的各种有翼神兽非中国原创，先秦时即从丝绸之路和欧亚草原渗透到中原。[①] 东汉以降，墓前多见有翼石兽。神道柱一贯采用的多棱柱式也可追溯至古代希腊、罗马。在柱额上标写汉字彰示着石柱的华化，深谙书法的南朝人推进了这一过程，改篆、隶为楷书。左右高度对称

图 1-1-10　南京梁萧景墓神道柱局部

的陵口或神道景象营造出强烈的庄严气氛，而梁代柱额文字则是此种视觉设计的极致。丹阳梁文帝建陵、南京萧景墓兼用正常书体与镜像化的"反左书"，令文字都呈某种秩序感[②]（图1-1-10）。历史上，六朝江南频现伟大的艺术家，在名家真迹消亡之后，幸亏金石不泯，辉耀今人。

眷恋江都的隋炀帝深知大江彼岸的昌荣，在重新擘画天下时没有漏下这片土地。事实表明，江南文化因素对隋唐两代产生了深远影响，而源远流长的江南河也成为大运河的重要段落。初唐时期的《历代帝王图》[③] 残余13位人物，留下一张特殊的群像，自吴主孙权至隋炀帝，几位经营过早期运河的皇帝集结于画幅。隋炀帝未能巡游吴越，1000多年后，清代皇帝不断渡过长江，沿着世代维护的运道饱览胜景。清代南巡的启程地邻近隋永济渠的北端，元代以降，那里是京杭大运河的起点。

---

① 李零：《论中国的有翼神兽》，载氏著《入山与出塞》，北京：文物出版社，2004年，第87-135页。
② [美]巫鸿著，李清泉、郑岩等译：《中国古代艺术与建筑中的"纪念碑性"》，上海人民出版社，2008年，第326-362页。
③ 关于此卷作者有阎立本、郎余令之争。沈伟：《〈历代帝王图〉研究》，杭州：浙江大学出版社，2019年，第57-68页。

第二节　取道京杭：平原大走廊

在自然与人文景观中，河流是富于变化的一环，针对大运河的历时性观察因此暗藏难题。景观考古学基于这样的认识：虽有陵迁谷变，沧海桑田，但地表的空间结构有一定的延续性，至少留下了演变的线索，人类社会的秘密可从环境中揭晓。[1] 梳理大运河遗产，特别是大范围的史迹，有必要建立景观考古视角，关注人与地的互动。

中国古代地图保存着大运河的历史"痕迹"，有助于在总体地理中观照运河。受到"因山川形便"区分天下的观念影响，早期舆图侧重刻画河湖山岭，时而绘出大运河。现存最古老的全国舆图来自两宋，首先是一批石刻。[2] 北宋宣和三年（1121）的《九域守令图》意在反映州县分野，以线条粗细标识水流大小，较明显的运河区段是从东京到泗州（今盱眙西北）的汴河，以及部分江南运河、浙东运河。刘齐阜昌七年（1136，南宋绍兴六年）的《禹迹图》源自北宋蓝本。其以中国传统的"计里画方"法

---

[1] 参阅张海：《景观考古学——理论、方法与实践》，《南方文物》2010年第4期，第8-17页。
[2] 中国测绘科学研究院：《中华古地图珍品选集》，哈尔滨地图出版社，1998年，第34-41页。

制成，记录的河流较多，因画有洛水和汴河，通济渠完整体现（图1-2-1）。同年刻成的《华夷图》参照了唐代舆图，重视政治表达，具备世界地图的性质。① 图中大运河自河南（今洛阳）至杭州再至明州（今宁波）入海的路线基本得到连贯的表达。值得注意的是，该图上部用雉堞表示长城，实现了长城与大运河的同框。②

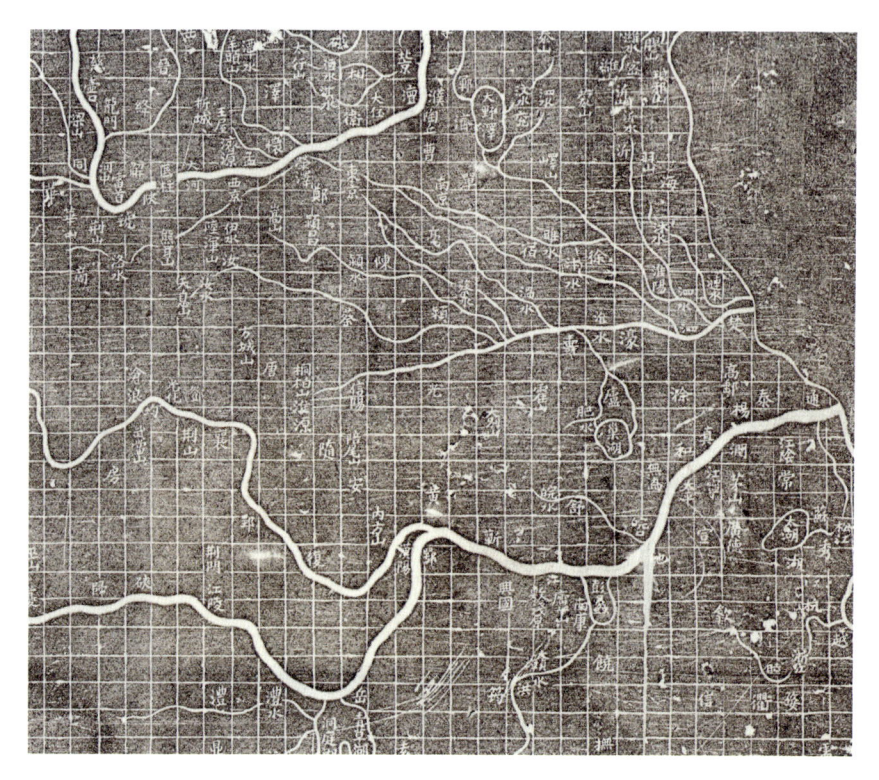

图1-2-1　西安《禹迹图》拓本局部

黄河对永济渠侵扰较大，宋代舆图反映的隋唐运河故道主要在黄河以南，但夹在自然河流间的运河缺乏辨识度。有所不同的是，南宋淳熙四年（1177）刊行的《禹贡山川地理图》之《九州山川实证总图》在汴水旁注

---

① 李军：《跨文化的艺术史：图像及其重影》，北京大学出版社，2020年，第103-105页。
② 这里的长城有"华""夷"界线的意味。唐晓峰：《中国地图上的长城》，《地图》2002年第5期，第34-36页。以实景图像形式同时出现的长城和大运河见于靳辅《京杭运河图》等。

明"隋汴",强调其运河性质。① 在宋代地图行世的同时,由于人力的诱导,黄河发生了历史性的改道。12 世纪,在南北势力——南宋与金的反复干预下,本就迁徙不定的黄河大幅调转方向,下游南移至淮河归海。此即持续至清咸丰五年(1855)的著名的黄河夺淮。

元初,中国的运河交通线经过重构,京杭大运河问世。明代以后地图种类大为增加,记录现实的功能也有所提升。明初绢本《大明混一图》承袭元代资料,绘出以中国为中心的世界版图,显示黄河夺淮后的全国地理,除了隋唐运河外,京杭大运河全程也已现身。② 嘉靖十五年(1536)的碑刻《黄河图说》通过图文详细梳理了黄、运等水道的交错状况。③ 缘于治水、保漕的需要,晚明以后针对黄、运等河流的长幅绘本舆图普遍应用。这些图像保存了丰富的运河信息④,万历十八年(1590)潘季驯所绘《河防一览图》即早期代表。

万历时期,意大利传教士利玛窦来华,促成《坤舆万国全图》的流布,使中国社会第一次拥有科学的世界地图,初步建立寰球视野。东西方观念的融合激发了新的舆图潮流,又由于木刻技术盛行,刊本舆图广为传播。大约自此以后,刊印中国及世界版图的地图扩散开来。图绘中国仍是主要目的,比如效法嘉靖《古今形胜之图》的一类包蕴神州形势、罗列历史典故的舆图。⑤ 它们的视觉结构依旧偏重自然山水与行政区划,不过大运河路线也很清晰。在清人王君甫《大明九边万国人迹路程全图》的日刊摹本中,循着标黄的顺天(今北京)、扬州、杭州,以及较醒目的东昌(今聊城)、淮安、宁波等城市,就能找到京杭大运河和浙东

---

① 中国测绘科学研究院:《中华古地图珍品选集》,第 44-45 页。
② 赵泰安编著:《地图上的故事》,西安地图出版社,2016 年,第 19-21 页。
③ 周伟州:《明〈黄河图说〉碑试解》,《文物》1975 年第 3 期,第 60-68 页。
④ 席会东:《中国古代地图文化史》,北京:中国地图出版社,2013 年,第 194-195 页。
⑤ 例有万历《乾坤万国全图古今人物事迹》、崇祯《天下九边分野人迹路程全图》等。 成一农:《"古今形胜之图"系列地图研究——从知识史角度的解读》,载刘中玉主编《形象史学》第 15 辑,北京:社会科学文献出版社,2020 年,第 256-284 页;徐永清:《地图简史》,北京:商务印书馆,2019 年,第 351-354 页。 突出中国疆域的做法继承了宋代舆图所见华夏本位意识。 参阅葛兆光:《宅兹中国:重建有关"中国"的历史论述》,北京:中华书局,2011 年,第 107-109 页。

运河所有主线的轨迹。（图1-2-2）

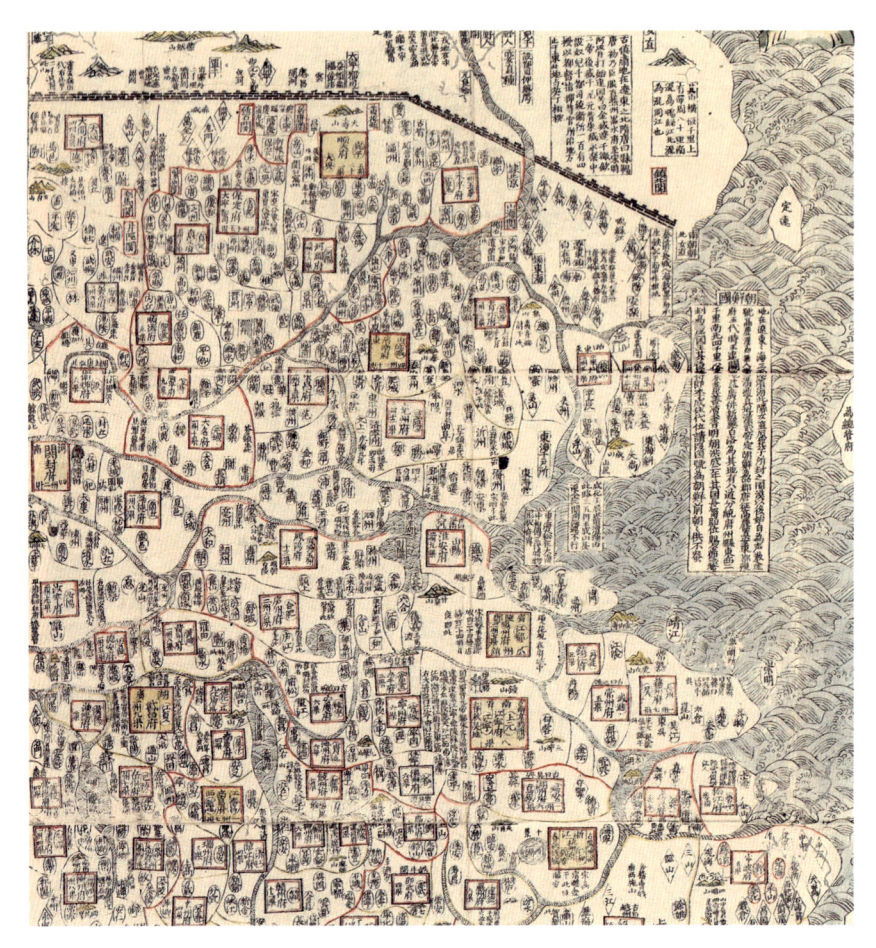

图1-2-2　日刊《大明九边万国人迹路程全图》局部（江户时代）【审图号：GS（2023）2169号】

回顾古代舆图，能够掌握大运河从隋到元的嬗变。若结合现代地形图审察，我们还会发现大运河背后的地理奥秘：正是中原、江淮、燕赵、江南和齐鲁等极度广袤且连缀成片的低矮土地为超大规模人工河流的开创提供了先决条件。中国多山，平原集中于东部，最广大的区块从黄河中下游延伸到长江下游，北达海河，南至钱塘江。该区域水体繁密，物产富饶，文明发达，大运河诞生在这里绝非偶然。理解大运河水系的演进过程，也必须从这样的宏观环境出发。

古地图的图像里，无论隋唐大运河、京杭大运河还是浙东运河，均串联起以文字象征的一个个城市明珠。迨至清代,《京杭运河图》《运河全图》等图卷更是用虚拟的鸟瞰视角直观勾画京杭大运河以及沿岸地理、聚落的壮美实景。相应地,我们容易联想到现实中的境况:当航行在大运河悠远的水面上时,田野、山川、都邑、村镇映入眼帘,风景变换,异彩纷呈。下文即按照从北到南的顺序,介绍京杭大运河、浙东运河经过的地界。

从白浮泉至铁狮子

很长一段时间里,京杭之间总长近 1800 千米的元代运河构成全世界对中国大运河最深刻的印象。13 世纪下半叶,从丝绸之路来到东方的意大利旅行家马可·波罗曾经顺着这条河南下,目睹过若干绮丽的中国都会。[1] 明代后期,利玛窦两次从南京启程,乘船沿运河北进,最终成功面见了神宗皇帝。在《中国札记》里,他提到沿水路遇见的城市。[2] 时至今日,运河城市群仍闪耀着历史的魅力:在前两批国家历史文化名城中,大运河主线上的城市共计 13 座,其中 8 座傍依京杭大运河。

运河直通元大都腹心,这一点与隋唐洛阳、北宋开封类似。然而,不同于素来皇宫居首都北部的做法,元代宫殿贴靠南城墙,反而符合"面朝后市"的早期礼制。大都"后市"毗邻皇城北侧的积水潭,也就是什刹海。积水潭在蒙古语里叫海子,本是辽南京、金中都东北方向的天然湖泊,元人将城市中心迁移了过来。皇城内部辟湖水为太液池,外部于湖边设运河码头。[3] 当时的积水潭繁华无匹,黄文仲《大都赋》描述道:"扬波之橹,多于东溟之鱼;驰风之樯,繁于南山之笋。"[4] 皇城根宽阔的海子上,南方

---

[1] 杨志玖:《马可·波罗在中国》,天津:南开大学出版社,2019 年,第 28-46 页。
[2] [意]利玛窦、[比]金尼阁著,何高济、王遵仲、李申译:《利玛窦中国札记》,北京:中国旅游出版社,2017 年,第 7-15、65-92 页。
[3] 侯仁之著,邓辉等译:《北平历史地理》,北京:外语教学与研究出版社,2014 年,第 94-117 页。
[4] [清]陈元龙辑:《御定历代赋汇》卷 35,清文渊阁四库全书本,第 7b 叶。

船只鱼贯而来，货物被卸至码头，很快进入宫闱或平民市场。元明清三代，大型漕粮仓库常建在北京城东部，趋向通惠河、护城河，一些明清仓储建筑目前犹存。

在刘秉忠设计的大都里，积水潭这一元代运河端点尚未形成。主持修通惠河的郭守敬认为，规划大都的水系需向东、向北同时迈步。至元二十九年（1292），通州至大都的通惠河兴工，次年竣工，路线贴近金代闸河故迹。京杭大运河中最后竣工的通惠河使原本止步通州的运河漕船和来自渤海湾的海船都能直达都城。为保障通惠河水量，郭守敬在城西北找到了水源：从白浮泉引水，注入瓮山泊，再经高粱河引流进积水潭，灌输运河。[1] 明初，昌平天寿山被选用为帝陵兆域，由于风水原因，白浮泉渠道遭弃用，但瓮山泊仍能向通惠河供水。

京师西郊的水体不只是大运河的延长线，也是皇家园林的渊薮。瓮山泊傍翁山南麓，清廷连续在这一带开创苑囿，终成气象恢宏的三山五园。乾隆时期，翁山改称万寿山，湖泊改称昆明湖，以天然山水为架构建成清漪园，也就是后来的颐和园。据《京城内外河道全图》（图1-2-3）可以看到，京西山泉汇成多个大湖，与城区一脉相通。该图作上南下北构图，浩瀚的昆明湖在画面中心偏下的位置，占据水系的中枢地位，静明园诸湖在其右。清漪园范围宏廓，通过湖面南侧的长河与京城西北隅相接。

在北京城的中轴线上，鼓楼前方不远还留有一座元代石桥——万宁桥。桥西可见澄清上闸的痕迹。过了这道闸，通惠河便接上了积水潭。万宁桥两侧驳岸共陈列四件石刻镇水兽，两两成对，夹河而卧。东北方的镇水兽乃元代遗物，其余三兽系明代补置，保存状态较好。此三兽均表现为长角巨麟的水生神兽，身形威猛，踞河岸边缘。西侧两兽俯瞰着立壁上的石球，球旁水面之下分别潜藏另一只石兽（图1-2-4）。镇水兽寄寓了人们关于水的各种美好祝愿，在大运河沿线并不鲜见。[2]

扼守笔直东流的通惠河的通州现为北京城市副中心，元时它就是运

---

[1] 陈薇等：《走在运河线上：大运河沿线历史城市与建筑研究》，北京：中国建筑工业出版社，2013年，第611-645页。
[2] 王元林：《京杭大运河镇水神兽类民俗信仰及其遗迹调查》，《中国文物科学研究》2012年第1期，第28-34页。

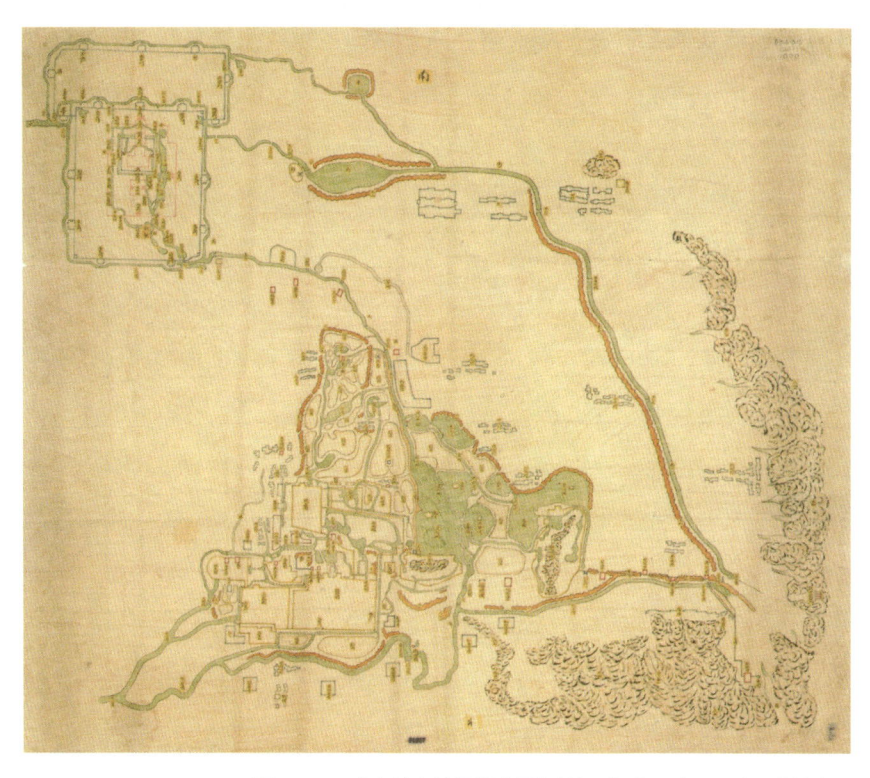

图 1-2-3 《京城内外河道全图》（清　纸本　中国国家图书馆藏）
【审图号：GS（2023）2169 号】

图 1-2-4　北京万宁桥镇水兽

河重镇，明清两代仍是京师前哨。明嘉靖间，在通州城东又建了一座张家湾城，用作屏障。清人诗云"一枝塔影认通州"，讲的是沿运河走到通州，高耸的燃灯佛舍利塔标识着地望。燃灯塔位于城内西北部，高约53米，属平面八边形的13级密檐塔，清康熙间原塔震毁，僧人募资重建而成今貌。塔的造型辽代风格浓郁，呼应北京城内的天宁寺塔。

辽代北京为陪都南京，通州名潞县，正当去往契丹腹地的道路。自契丹占领燕云地区后，南京南面的永济渠难以发挥作用，新的漕河应运而生。辽人所辟萧太后河流过张家湾，投东入海，亦远接辽东。[①] 萧太后河的使用意味着中国游牧民族对运河的倚重真正开始。[②] 这种历史性转折引发金、元两朝的回响。大运河提升了通州的交通地位，康熙时期，沈喻《通惠漕运图》（图 1-2-5）长卷将忙碌的通惠河与高耸的燃灯塔一同入画。

图 1-2-5 《通惠漕运图》局部（清 绢本 中国国家博物馆藏）

京杭大运河通州、天津间的部分叫北运河，天津、临清间的部分叫南运河，两河于海河分界，相向而流。清直隶省境内的这两段运河追随隋永济渠的大致走向，还与曹操利用过的平虏渠等约略对应。元代以前，南、

[①] 吴文涛：《北京水利史》，北京：人民出版社，2013年，第 63-64 页。
[②] 此前，北魏孝文帝曾因军事原因修复过中原地区的运河。 史念海：《中国的运河》，第 146-147 页。

北运河和海河三流交汇处的天津就是临近渤海湾的水路要冲，北京跃升为统一政权的首都后，天津位置愈加突出。明初，天津始得今名，取永乐帝津渡之意，又因拱卫京师，号曰天津卫。

天津的兴盛离不开大河与大海，运漕、海漕均取径此处，长芦盐业也构成城市经济支柱。[①] 在 1860 年开埠通商前，天津的发展与运河息息相关。明弘治元年（1488），朝鲜官员崔溥意外渡海来华，登陆浙江台州，尔后顺着浙东运河、京杭大运河北上，终达北京。途经杨柳青、大直沽、天津卫的崔溥对这片"舟楫之利通于天下"的土地印象很深。[②] 杨柳青是天津的卫星镇，明代设有驿站，清代以盛产木版年画而知名。吉祥而鲜艳的年画为老百姓喜闻乐见，容易在大运河沿途传播。杨柳青年画细腻、雅致，材料和工艺等方面从苏州获益良多，实因运河而勃兴。[③]

崔溥在舟中眺望了天津卫城东门外的天妃庙。天妃庙也叫天后宫，供奉妈祖。宋时，妈祖信仰原生于福建莆田。元廷封妈祖为"护国明著天妃"，在北方建造天妃庙，希望其护佑海运。久而久之，妈祖信仰扩散到含大运河在内的广大近海地域，世人崇敬的水神应运而生。[④] 晚清杨柳青年画中有一种描绘天后宫的图像，主旨却非保驾护航。名为《拴娃娃》（图 1-2-6）的画面取景自天后宫，三位女性神祇呈"品"字形列坐龛中，主尊是天后娘娘，两侧怀抱婴孩者应代表送子娘娘。"赵大姐"等几位年轻女子正在殿内祈愿，洋溢着喜庆的氛围。"拴娃娃"指"拴"住女神面前的娃娃像，寓意孕育生子。中国的送子女神常由观音菩萨、碧霞元君担任，天津人将这种能力转嫁给妈祖，显示出民间文化的流变。

另一种转嫁的信仰见于南运河畔的沧州。沧州有新旧两城，明代州城濒临运河，旧州在新城东南 30 余里。康熙四十二年（1703）的《运河全

[①] 傅崇兰：《中国运河城市发展史》，成都：四川人民出版社，1985 年，第 240-251 页。
[②] ［朝鲜］崔溥著，葛振家点注：《漂海录：中国行记》，北京：社会科学文献出版社，1992 年，第 141-142 页。
[③] 王进：《京杭大运河漕运经济对杨柳青木版年画兴起之影响》，《苏州工艺美术职业技术学院学报》2018 年第 2 期，第 51-54 页。
[④] 李泉、王云：《山东运河文化研究》，济南：齐鲁书社，2006 年，第 276-285 页；胡梦飞：《中国运河水神》，济南：山东大学出版社，2018 年，第 45-55 页。

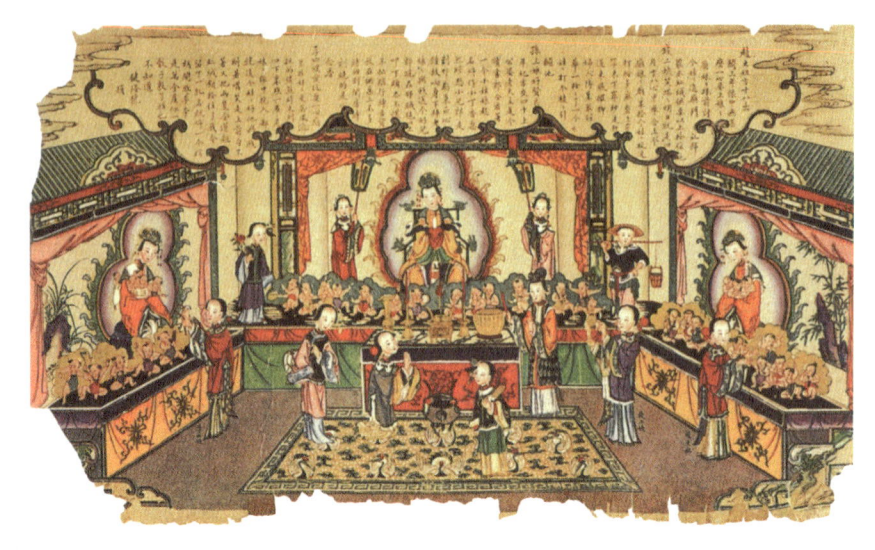

图 1-2-6　杨柳青年画《拴娃娃》（清）

图》中，两城都被画了出来，旧州城似乎也与运河建立起某种关系。土垣旁五代所铸高大雄壮的铁狮子兀然挺立，仿佛真实的巨兽[①]（图 1-2-7）。硕果仅存的铁狮系开元寺遗物，高 5.4 米，体表布有佛经等铭文，立于后周广顺三年（953）。[②] 作为文殊菩萨坐骑，它最初从属一个铁质造像阵列，然而清人李之峥《铁狮赋》却将其认作镇水兽："昂首西倾，吸波涛于广淀；掉尾东归，抗潮汐于蜃楼。"[③] 时过境迁，大运河足以吸引城市易址，也能重新定义古物的文化内涵。[④]

　　运河南延至山东境内，遇到的第一座城市是德州。在山东，卫河从河南向北流淌而来，与会通河相汇。今天，河北馆陶至山东德州一线的卫河、南运河还充当着冀、鲁两省的分界线。居水陆通衢的德州在清代皇帝南巡的过程中扮演显要的角色。乾隆帝的队伍自陆路南下时，于此凭浮桥横渡

[①] 王耀：《水道画卷：清代京杭大运河舆图研究》，北京：中国社会科学出版社，2016 年，第 39 页。
[②] 吴坤仪、李京华、王敏之：《沧州铁狮的铸造工艺》，《文物》1984 年第 6 期，第 81 页。
[③] [清]徐时作修，[清]胡淦纂：《沧州志》卷 16，清乾隆八年刊本，第 2a 叶。
[④] 有关中国传统观念里铁器镇水的分析见曾磊：《蛟龙畏铁考原》，《中国史研究》2019 年第 4 期，第 188-195 页；郑岩：《铁袈裟：艺术史中的毁灭与重生》，北京：生活·读书·新知三联书店，2022 年，第 142-148 页。

图 1-2-7 《运河全图》所见沧州城与铁狮子（清　纸本　天津图书馆藏）

运河,《乾隆南巡图》第二卷《过德州》（图 1-2-8）表现了这一场面。

德州南郊的四女寺枢纽是南运河上的一处水利要塞，承受由永济渠演变而成的卫河的水势。四女寺地势低洼，加之漳河、卫河在馆陶汇合后带来丰沛的水流，且含沙量较大，不时面临洪涝之虞。明清两代均在四女寺置减河，借以削弱北上的南运河流势[1]，乾隆《南巡盛典》采纳了相关图景。人们又在这片区域营造出高度曲折的运道及险工，用来捍卫城乡、保障漕运。民国时期，解放区人民政府将四女寺前方漳、卫归并后的一段流程称作卫运河，特加重视。新中国成立后，蜿蜒的卫运河被改直，四女寺枢纽得到重新设计，现代技术对大运河水量施以有力调控。

---

[1] 蔡蕃：《京杭大运河水利工程》，北京：电子工业出版社，2014 年，第 147 页。

图1-2-8 徐扬《过德州》中的运河浮桥场景(清 绢本 加拿大阿尔伯塔大学博物馆藏)

山东与淮扬

元代新辟的济州河和会通河均在山东西部,可统称会通河,也叫山东运河、鲁运河。会通河和淮河之间的泗水故道很早就被开发为运河延长线,所以,山东运河连接起南北两个方向的隋唐运河,大幅缩短了都城到南方的水程。这条裁弯取直的捷径意义重大,然则工程颇为艰难,历时多年,阻碍主要在于地形高差与水源匮乏。[①]要解决这些问题,必须对自然环境进行大胆干预,本书第五章有详细讨论。终元之世,会通河"岸狭水浅,不任重载"[②],到明初情况方才好转。

在山东运河城市里,临清的繁盛曾首屈一指。[③]临清城位于新、旧大运河路线的交点,是与运河共兴衰的典型案例。会通河引汶河之水,由

---

① 邹逸麟:《山东运河历史地理问题初探》,载中国地理学会历史地理专业委员会编《历史地理》第1辑,上海人民出版社,1981年,第80-98页。
② 《明史》第14册,北京:中华书局,1974年,第4203页。
③ 傅崇兰:《中国运河城市发展史》,第287-305页。

东而西贯穿临清，在城西侧与卫河合流，一齐北上注入南运河。明万历三十九年（1611），城北郊南运河旁的舍利塔破土动工，历六年完成。这是一座出于风水考虑而修筑的宝塔，高九级，砖石结构，采用了本地出产的"贡砖"。卫、汶二水涛流浩荡，舍利塔"厄塞两河水口，弘开万里天关"[1]，具有振兴当地风气的意味。守望运河的高塔又为旅人提供了登临抒怀或暂时寄居的场所；如今走进塔内，我们不难找到时间线上绵延不断的涂鸦式题刻或墨书。舍利塔自身也构成隽永的运河一景，18世纪末以后乃至出现在欧洲的水彩画和版画中。[2]

据《元史·河渠志》载，会通河"建闸三十有一"，故这段运河又有"闸河""闸漕"之谓。[3] 密集建闸源自地势南北低而中间高（见图5-1-2），目的是控制水位，实现行舟。元以后的山东运河闸关尚余一定比例，譬如，临清城内外便有临清、会通、戴湾等砖、石闸遗迹。不过，随着

---

[1] 李德楠、吕德廷：《民变、风水、舍利塔：万历后期临清社会的重建》，载周晓光主编《徽学》第15辑，北京：社会科学文献出版社，2021年，第146—159页。
[2] [英]托马斯·阿罗姆绘图，李天纲编著：《大清帝国城市印象：十九世纪英国铜版画》，上海古籍出版社，2002年，第4、160—161页。
[3] 朱偰编：《中国运河史料选辑》，南京：江苏人民出版社，2017年，第86—89页；李泉：《中国运河文化的形成及其演进》，《东岳论丛》2008年第3期，第61页。

元代运河故道在明代失去通航功能，临清、会通两闸均被改造成了桥梁（图1-2-9）。城内新运河取径旧河南侧，鳌头矶即其分流之处。纵横的运道带来如云的舟楫，古代临清的水运盛况缘此产生。

大运河向南推进，次第到达聊城、济宁。乾隆《南巡盛典》收录了这两座城市的风貌，且均选择隔运道瞭望城市的视角。通过闸群的控制，大运河在两城之间的南旺镇分水口耸起水脊，也就是水面最高的位置。为有效督办日

图1-2-9　临清会通河与会通闸遗迹

趋严峻、复杂的黄河、运河等的治理工作，继工部尚书宋礼兼理修河之后，明成化年间朝廷在济宁开设专门负责治河的河道总督署，清初迁之于淮安，后济宁复置河南山东河道总督。

自古以来，黄河对山东运河牵制极大。南宋至元，改道后的黄河夺泗、汴、涡等水入淮，一度摇摆不定，对包括鲁西南在内的苏鲁豫皖四省交界地带影响弥远。时常泛滥的黄河终究促成了泗水故道一线的多个大湖。[1]16、17世纪之交，微山湖形成。狭长的微山湖囊括微山、昭阳、独山、南阳等四湖，大体呈南北方向展开。从此以后，穿越湖区的运河航线部分借道于湖面，保存下来的南阳古镇目前仍是四面环水的状态。新中国时期延续使用湖上运道，同时因推广种植莲藕，大运河济宁段迎来荷花映日、莲叶接天的湖景。（图1-2-10）

微山湖地区的运道非止一线。明代后期黄泛加剧，出于躲避黄河干扰的目的，万历时朝廷以泇河为基础，修成泇运河，接续了此前湖东新建的

---

[1] 邹逸麟：《山东运河历史地理问题初探》，第96-97页。

图 1-2-10　微山湖内的航道

南阳新河。①洳运河更加偏东，经韩庄、台儿庄等在宿迁与黄河相汇，宿迁北郊的骆马湖随之形成。微山湖东西两侧的新旧河道均连接鲁、苏二省，是典型的大运河复线。

19世纪中叶，黄河北返，横扫山东，再归渤海，但其依旧反复无常的脾气使下游沦为泽国。这一阶段，山东运河遭受巨大冲击，水道崩坏，沿途城市迅速衰落下去。20世纪以后，新兴的铁运、空运和日益强大的海运进一步削弱了京杭大运河的运输功能。然而，自济宁至江南的大运河经过修复和改造，至今全年通航，并且对周边城乡起到供水、灌溉、泄洪等多重功效。

辞京而出，循着大运河来到山东，天际线上始现丘陵。微山湖与连绵的远山相映，意韵尤为悠远。行至江苏徐州，则山景迫近。徐州城一带丘陵丛生，西汉时期的楚王陵墓多卜址其间，凿石为室。北洞山王陵就靠近大运河所借泗水河道，其东侧不远有所谓的"桓魋石室"。实际上，长期暴露的石室并不是春秋遗迹，而是汉代的楚王后墓。实地探访墓址，可见满壁摩崖题刻。另据文献资料，苏东坡不止一次寻幽到此，写有"舣舟桓

---

① 欧阳洪：《京杭运河工程史考》，南京：江苏省航海学会，1988年，第214-218页。

山下，长啸理轻策""暮回百步洪，散坐洪上石"等有关运河的诗句。①

从徐州到长江北岸的扬州，大运河所过地界清初皆属淮扬，今属江苏省境。这片地界里，自邳州以北的省界至淮安为中运河，自淮安到长江为里运河，也即淮扬运河。康熙年间，为保漕运平稳，靳辅将运河从黄河中分离出来，于宿迁、淮安之间开辟与黄河并行的中河。中河与沽运河相接，组成中运河。这时候，淮安的清口就出现了黄河、大运河和淮河三流相交的壮观场面，其中清口西面的淮河表现为苍茫浩渺的洪泽湖。洪泽湖的扩大受黄河夺淮的激发，明人潘季驯在淮河边增筑高家堰，助长了湖面的拓展。潘季驯筑堰是为了"蓄清刷黄"：积蓄和引导淮水，以其东流之势，冲刷黄河淤积的泥沙，从而维持清口枢纽的正常运转。这种富有想象力的策略有利于保障漕运，减轻水患，一直应用到清代，相关内容亦叙于第五章。

明景泰间，淮安府城中央设立了漕运总督署，负责漕运管理等事务。淮安地区古来有东西双城：一为山阳城，东晋置，唐宋称楚州，明清称淮安府，现属淮安区；一为清河城，南宋始置，靠近秦汉淮阴故城甘罗城和清口，现属淮阴区。②清河治所历经迁徙，乾隆时移治清江浦，即今天的淮安市主城区，当时市镇"北负大河，南临运道，淮南扼塞，以此为最"③。淮安地理变幻复杂，始终与水系、漕运保持着紧密的关系，集中反映了大运河体系里人、水和城的交互作用。

连通淮安、扬州二城的淮扬运河联络了淮河、长江。这段河道依托平原，基本延续了先秦邗沟的走向，隋代开山阳渎后，路线趋于顺直。清人刘文淇《扬州水道记》发掘史料，指出唐以前从扬州到淮安，地势由高转低，所以运河北流，与黄河淤垫里下河地区之后的情况判然有别。④

江淮之间的运道上高邮堪称首邑。秦代在高邮设邮亭，故得其名。洪

---

① 张士魁：《苏轼三游桓山》，载李瑞林主编《徐州访古》，北京：中国新闻出版社，1990年，第418-419页。
② 王聪明：《双城记：明清清淮地区城市地理研究》，北京：社会科学文献出版社，2020年，第47-78页。
③ [清]卫哲治修，[清]叶长扬纂：《淮安府志》卷5，清乾隆十三年刊、咸丰二年重刊本，第34b叶。
④ [清]刘文淇著，赵昌智、赵阳点校：《扬州水道记》，扬州：广陵书社，2011年，第2-4页。

泽湖扩为巨浸,相应地,淮扬运河沿线首尾相接的高邮、邵伯诸湖也发生了明显的扩容,于大运河西侧铺陈了辽阔的水面。高邮西邻运道,隔水可眺高邮湖,城市环境优美。然则仅凭运河堤堰难以抵挡盛涨的湖水。例如,1931年夏,特大洪水袭击长江全域,淮河流域罹灾严重,高邮运堤便出现了多处决口。由于淮扬运河的延续使用,新中国初期改造了高邮古城的形状:1956年起,拓宽运河,将主航道东移,侵入西城墙,原本在城内一隅的镇国寺塔有幸保留;1974年,塔西侧新辟水道,于是塔下生成一座中流孤岛。[①] 在这种城与河的结构里,自运河航船中观览佛塔更加便利。(图1-2-11)

图 1-2-11　高邮古城及镇国寺塔

　　镇国寺塔现高36米左右,以砖砌成,平面作正方形,外观类似西安慈恩寺塔,虽经修葺,但唐风依旧浓郁。即使在整个大运河遗产系统里,如此凸显于地表的早期建筑景观也可谓凤毛麟角。清嘉庆《重修扬州府志》记载:"光孝禅寺,州旧城西南隅,即镇国寺,唐时建,今毁。寺旧有浮图九级,相传举直禅师所造,龙爪去,仅存六级,因谓之断塔。州人增修至七级焉。"[②] 举直禅师乃唐僖宗之弟,驻扬州,肇创镇国寺。《重修

---

① 欧阳洪:《京杭运河工程史考》,第121页。
② [清]阿克当阿修,[清]姚文田纂:《重修扬州府志》卷29,清嘉庆十五年刊本,第6b-7a叶。

扬州府志》认为，高邮镇国寺实为唐代始建的光孝寺。

康熙四十三年（1704），带有画家王翚款识的《全黄图》（图1-2-12）具体摹写了扬州境内运河和城市。高邮湖等大湖东岸的运河主线经过宝应和高邮西侧，自右下向左上直趋扬州。临近扬州府城时，运道转而西折，沿着城东往南投长江而去，在江边经过瓜洲城西。瓜洲以北的扬子桥呈现三岔河道，西行的支流即直抵仪征城东的入江路径——仪扬运河。中古时期，扬州南郊江岸逐渐南移，由此产生的过渡区域里，运道延长线存在变动。隋以前的数百年间，仪扬之间的运河提供唯一的入江运道；及至隋代，大运河自扬子桥就近通江，盛唐时代凿伊娄河，运道从扬子桥南延至瓜洲。[1] 尽管属于舆图，但是《全黄图》犹然具有一定的再现性，所见城市、山川、船只等景物分明。

得益于大运河的复兴，从明中叶开始，扬州城迎来再一次高度繁荣。此一阶段，盐商云集维扬，城市建设大兴[2]，迄今留存的扬州行宫、寺院、园林、宅院等故迹多数与盐业有关。明《扬州府图说》（图1-2-13）即反映了绿杨城郭的新旧双城结构及周边山水形势[3]，蜀岗、雷塘等人文和自然景象历历在目。

扬州东境的黄海之滨遍设盐场，海盐通过人工修治的运河输送至府城。通往大海的运河支线起源很早。日本僧人圆仁入唐，在扬州地面登陆，途经笔者家乡，由"掘沟"舟行西进。[4] 掘沟可能始于隋代，而早在西汉时，吴王刘濞便自扬州向东开通了运盐河。运盐河串联起的庞大水网还具有排涝、灌溉等作用。里下河腹地兴化十分低平，受上游来水冲击大，湖沼湿地遍布，人们依据这种特殊地貌设计了水中的垛田。油菜花弥漫的垛田已成为当代旅游名胜。（图1-2-14）

---

[1] 邹逸麟、李泉主编：《中国运河志 · 总述 · 大事记》，第63-64页。
[2] 傅崇兰：《中国运河城市发展史》，第341-345页；王振忠：《明清徽商与淮扬社会变迁》（修订版），北京：生活 · 读书 · 新知三联书店，2014年，第82-99页。
[3] 余国江：《〈扬州府图说〉考述》，《江苏地方志》2016年第3期，第63-65页。
[4] 朱江：《远逝的风帆：海上丝绸之路与扬州》，第53-58页。

图 1-2-12 王翚《全黄图》所见扬州大运河水系（清 纸本 英国大英图书馆藏）
【审图号：GS（2023）2169号】

图 1-2-13 《扬州府图说》中的扬州城（明　纸本　美国国会图书馆藏）

图 1-2-14　兴化千垛油菜花田

由江及海

"京口瓜洲一水间",大运河纵贯长江,迎接南渡帆樯的是镇江及群山。镇江城北的京口三山——江中金山、焦山两岛及临江的北固山在明清艺术中被赋予强烈的仙山意味。[1] 运河上的旅人由北向南望时,它们势同一簇神秘高峰的序章。状写京口三山的明清绘画屡见不鲜,清张崟《京口三山图》即采用向南瞻顾的视角。18世纪末,英国使者马戛尔尼离开北京,沿大运河前进,感慨眼前的金山、焦山"犹如一位巫师通过魔法在江面上变出的迷人的建筑"[2]。江南运河与长江的交点有五处——大京口、小京口、丹徒口、甘露口、谏壁口,统称"江河交汇处"。唐宋以来,运河与镇江互动密切,穿过或绕过城市。由于扬州城东的运河业已取直,镇江东郊与之相对的谏壁口现为航运孔道。

镇江附近的长江渡口西津渡素为登陆江南的必经之地,六朝时即成要路,历代遗迹叠加,尚存依山而建的历史街区。西津渡街区最古老的地面建筑是元代过街塔——昭关石塔(图1-2-15)。该塔为石结构,采用南方罕见的覆钵塔式,下方呈开放式的门道形态,供车马和路人通过。元代流行过街塔形制[3],北京居庸关口的云台顶部起初便立有三座覆钵塔。作为江南运河的北起第一城,镇江自然常是江南士人送客北行时的

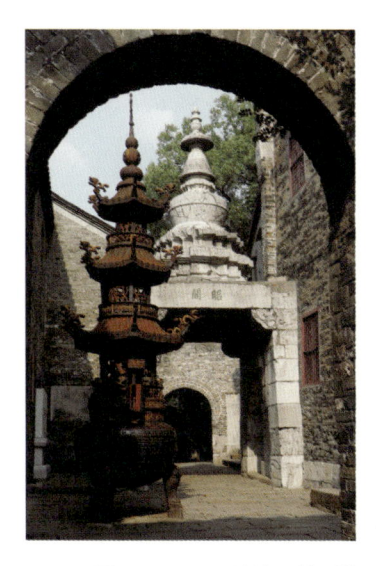

图1-2-15 西津渡昭关石塔

---

[1] 许彤:《明代中晚期"京口三山"图像及其仙山意涵》,《中国国家博物馆馆刊》2019年第6期,第111-121页。
[2] 张环宙、沈旭炜:《外国人眼中的大运河》,杭州出版社,2013年,第130页。
[3] 曹汛:《藏传佛教过街塔和门塔》,载王贵祥主编《中国建筑史论汇刊》第2辑,北京:清华大学出版社,2009年,第18-36页。

分别处。唐代诗人王昌龄在此吟出:"寒雨连江夜入吴,平明送客楚山孤。洛阳亲友如相问,一片冰心在玉壶。"

江南运河沿线以丹阳水位最高。镇江至丹阳的运河引江水为补给,《明史·河渠志》曰:"丹徒以上运道,视江潮为盈涸。"① 江河交汇处其一大京口的京口闸曾是有名的运河设施,起到调控江、河间水位的作用,唐代以来的遗迹通过考古发掘得到揭示。② 丹阳以东的运河向东南流,在太湖北岸的苏州城畔调头南下,于湖东南侧抵地势最低处。丹阳地面原有为运河补水的湖泊练塘,有"决水一寸,为漕河一尺"③ 的说法。这种具备蓄水、给水等功能的大湖类似微山湖群,被比喻成大运河的"水柜"。

从丹阳到苏州,开挖于平原的江南运河路线顺直。常州至苏州一线的运道两侧有不少支线,北通长江,南连太湖。太湖既滋养吴地,也是水患之源,故在利用与疏导湖水方面,前人进行了长久的实践。明人张国维所纂《吴中水利全书》涉及江南运河苏南区段的历代开发和治理,汇集了翔实的资料,并附有诸多包含运道的水系图示。

穿越太湖流域的江南运河为水乡泽国拥抱,风物独绝,书写了格外璀璨的水韵华章。镇江、苏州间运河城镇联结紧密,丹阳、常州、无锡等城邑外,又有吕城、奔牛、横林、浒墅关等市镇,明代实景图集《水程图》按照从东向西的顺序记录了它们在大运河映衬之下的一面。苏州的水乡情致尤具代表性,在这里,广阔水网中的大运河也起到纲领作用。历史上苏州城乡桥梁密集,绘成一道亮丽的运河风景线。自明初的洪武《苏州府志》起,本地方志就用浓重的笔墨对历代桥梁加以梳理和记述。本书第二章以《姑苏繁华图》为窗口叙及苏州城,第四章就苏州古典园林展开分析,暂不赘言。

苏南运河一线富庶日久,奠定了现代经济地理的根基。20世纪初,

---

① 《明史》第 7 册, 第 2104 页。
② 南京市博物馆、镇江博物馆:《江苏镇江京口闸遗址发掘简报》,《东南文化》2014 年第 1 期, 第 23-42 页。
③ [宋] 卢宪纂:《镇江志》卷 17, 清道光二十二年刊本, 第 8a 叶。

火车汽笛的奏响预示了时代变革。1908年，上海至南京的沪宁线在中英势力的博弈下竣工[1]，其中苏州至丹阳长两百余里的铁轨紧贴运河主道。当时，沪宁线设站众多，行驶时间或超过十个钟头；时隔一个世纪，高铁令这段车程缩减至数十分钟，但清季奠定的路线仍在服役。继沪宁线之后，沪杭、津浦等铁路的运营最终实现了连接京、杭的新型通途，铁路时代真正来临。陆路交通的升级没有完全抹除大运河的光辉，江南运河繁忙依旧。[2] 民国时，丹阳陵口镇建造了水泥结构的中山桥，以便行人过运河。近几十年来，为提升运力，运河经过数次改造，中山桥也几度重建，现为公路桥。高跨波澜之上的中山桥利于货船通过，而漫步桥面的路人也获得了俯瞰运河的绝好角度。（见图1-1-9）

江苏的运河城市里，由古代县城升格为近现代都市的无锡急速进步。无锡旧属常州府，地扼北通长江的锡澄运河与大运河的交汇处。运河主道中有黄埠墩，南宋文天祥的《过无锡》即写于该岛。清代皇帝南巡，流连江南名胜，黄埠墩、寄畅园等无锡胜景崭露头角，都被写仿于乾隆时期的清漪园内。清末、民国时期，无锡实业大振，以棉纺、缫丝、面粉等产业称雄，创下许多全国纪录，经济活跃度一度赶超了苏州。除却铁路、公路外，大运河同样供给了建设无锡的驱动力，大量工厂、仓库临河而居。（图1-2-16）

太湖东岸攒集大小河湖，苏州、嘉兴的大运河两旁聚拢着一众水乡古镇。号称"江南六大古镇"的乌镇、周庄、南浔、同里、甪直、西塘尽皆在焉（图1-2-17）。距大运河主线最近的是同里，南浔坐落于由平望向西直通湖州的支线頔塘运河，乌镇则在嘉兴西部的澜溪塘上。江南运河的复线化程度很高，与运河主线走向趋同的澜溪塘航道就是南下杭州的一条捷径。正是强大的运河体系与自然水网造就了吴越之交的如画人间和别样物候：千百年间，舟行乡里，水路胜过陆路，"咫尺往来，皆须舟楫"[3]。令人惋惜的是，现代文明不可避免地与社会传统和自然资源发生碰撞，江南

---

[1] 陈国灿主编，戴鞍钢著：《江南城镇通史·晚清卷》，上海人民出版社，2017年，第74-77页。
[2] 邹逸麟、李泉主编：《中国运河志·总述·大事记》，第143-144页。
[3] [清]陶煦：《周庄镇志》卷2，清光绪八年刊本，第1a叶。

图 1-2-16　大运河无锡段旧影

图 1-2-17　江南水乡村镇位置示意图　【审图号：京 S（2023）G 第 1117 号】

市镇、乡村的物质遗产快速消亡①，以水为摇篮的非物质文化也失去了依托。太湖地区的茭白、莼菜、芡实等食材有"水八仙"的雅称，极具地域特色，但迫于环境变迁，有关种植已面临危机。

南浔盛产蚕丝，晚清时就以湖丝闻名全球，古镇主要保存有明清以降的桥梁、民居、园林、会馆等建筑，大半与丝商有关。南浔刘氏家族富甲一方，清光绪时在镇南辟小莲庄，池水开阔，气度不俗，民国时又在池旁建嘉业堂，藏书量高达50余万卷。刘氏园宅彰显浓郁的中式建筑风格，同时期建造的张石铭故居却中西合璧，内含品质优良的懿德堂院落及西洋楼等，部分采用了进口建材（图1-2-18）。②张宅前临贯连全镇的市河，门前设埠头，北行可至頔塘运河。跻身世界遗产子项目的頔塘运河创自西晋，东西延展，垂直且偏离于大运河主线，使太湖南岸的湖州、南浔等城镇加入了江南运河路网。③

图1-2-18 南浔张石铭宅科林斯式柱头

大运河南延到浙江，先经过嘉兴和南湖，继而在嘉兴以南又经复线西南行，通往终点杭州，与钱塘江口相遇。这段运河在地势上南侧略高，需从钱塘江或杭州西湖引水，北流之水至吴江地界与南流之水相逢。④钱塘潮凶猛且多泥沙，所以杭州湾并不是完美的海港，甚至需要大筑海塘，以

---

① 参阅阮仪三主编：《江南古镇》，上海画报出版社，2000年，第282-290页；阮仪三主编：《遗珠拾粹：中国古城古镇古村踏察（一）》，上海：东方出版中心，2018年，第5-19页；[美]那仲良著，[菲]王行富摄影，任羽楠译：《图说中国民居》，北京：生活·读书·新知三联书店，2018年，第180-195页。
② 单霁翔：《大运河漂来紫禁城》，北京：中国大百科全书出版社，2020年，第66页。
③ 浙江省文物局：《大运河遗产》，杭州：浙江古籍出版社，2012年，第72页。
④ 郑肇经主编：《太湖水利技术史》，北京：农业出版社，1987年，第170-171页。

御海浪。从钱塘江口南岸起，浙东运河投东而去，经宁波三江口入海，终将大运河航线顺利地推向海洋。始于北京的大运河水路因此突破国土界限，在内河航运和海运的互联中直接抬眼展望寰宇。

在相当长的时间里，和苏州并称人间天堂的杭州被认定为相对于北京的大运河终点。毋庸置疑，杭州城持续充任大运河南缘的枢纽城市。南宋立基江南后，杭州跃升为大朝国都，称临安。凭借前代奠定的基础，临安快速发展，孕育了长江下游的崭新政治格局和景观结构。到了清代，康熙、乾隆二帝南巡频仍，行程多以杭州为终极目标，钱塘湖山遂留下广泛的帝王游踪。西湖十景等以水为底色的胜观塑造了杭州这座城的人文气质，在绘画史上屡屡出镜。苏轼曰"杭州之有西湖，如人之有眉目"，署名为戴进的《浙江名胜图》长卷融汇了以西湖开篇的一系列代表性景点。[①]卷首，一泓湖水掩映在群山丛中，苏堤横陈，寺塔相望。有趣的是，堤右涯渚上鼎立三塔，移植了嘉兴西门外大运河畔的茶禅寺奇景。

浙东运河又称杭甬运河，全长约 240 千米，西起西兴，掠过绍兴鉴湖[②]，跨曹娥江等河流，顺余姚江东到宁波。杭州湾南岸的平原地带曾以越国故都绍兴为中心，南临广袤的丘陵，古称山阴。缘于地形南高北低，流程高差明显，浙东运河穿过了几条自南向北流的潮汐河流，而且需要使用较多堰坝。[③]过堰有待人力或畜力牵船，而潮汐对过堰的影响也很大。总之，环境的复杂令浙东运河上的航运殊显不易。平地挽船需要陆路，浙东运河绍兴段的石纤道非常壮观。柯桥阮社一带，纤道或脱离河岸，或沿岸铺设，绵亘达数里（图 1-2-19）。此处纤道奠定于唐代，从明代起使用石材，迭经修葺，至今坚固。为方便纤夫和船只活动，水中石径靠近南岸，往往间隔一段距离就架起石桥，而在石径与河岸之间，也可用桥联系。

[①] 《浙江名胜图》传达了古代人对浙地景物的理解和表现。 王国平主编：《西湖通史》，杭州出版社，2014 年，第 194-195 页；王双阳：《西湖图像志》，杭州：中国美术学院出版社，2018 年，第 62-63 页。

[②] 鉴湖又称镜湖，东汉形成，面积广大，曾是浙东运河的航道组成部分。 陈桥驿主编：《中国运河开发史》，北京：中华书局，2008 年，第 465-512 页。

[③] 陈桥驿：《浙东运河的变迁》，载唐宋运河考察队编《运河访古》，上海人民出版社，1986 年，第 33-42 页。

绍兴是苏州之外另一座典型的水城。绍兴城河道辐辏，城外湖泊星罗棋布，故而这里同样因古桥繁多而著称，有桥乡之谓。将石头用作造桥的媒材于南宋时在江南扩散开来，到目前为止，宋桥实例或相关石构件尚且数量可观，绍兴八字桥即构造完整的一处城市古迹。本书第三章从宋桥谈起，分析了大运河沿线的桥梁风光。

唐宋宁波称明州，成长为东海之滨的大型港口，加盟海上丝路。明州市舶司设立于北宋，主管海洋贸易，尤其注重与东亚近邻的交流。宁波城中央的平桥河故址立有一处特殊的水则碑，属于"国保"大运河子项目。南宋开庆元年（1259），吴潜测水立碑[①]，但原物已毁，现存宋亭石基与明清二碑。碑面赫然刻写宽大的"平"字，参照水面与其横画的位置关系，人们能够决定本地闸口的操控，保持城乡水位稳定。水则碑的妙用折射出冀望人与水和谐相处的朴素愿望，也寄寓着祝福海不扬波的家国之思。

元代重整运河的工程并不涉及江南，但北方运河的畅通无疑增进了南方运河城市的活跃。简而言之，近世江南的文化史几乎就是一部围绕运河的历史。

图 1-2-19 阮社纤道

[①] 张芳：《宋代水尺的设置和水位量测技术》，《中国科技史杂志》2005 年第 4 期，第 337 页。

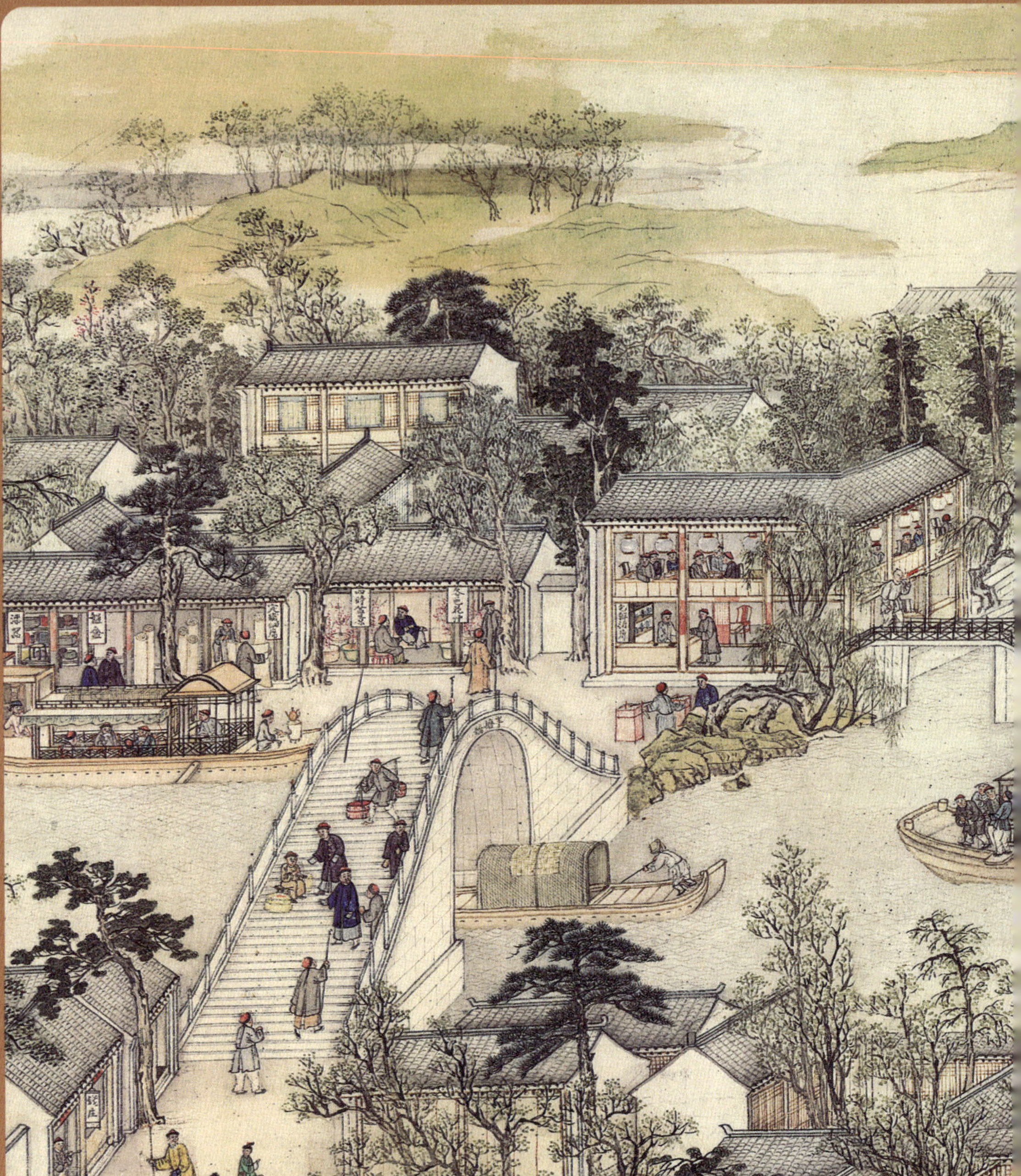

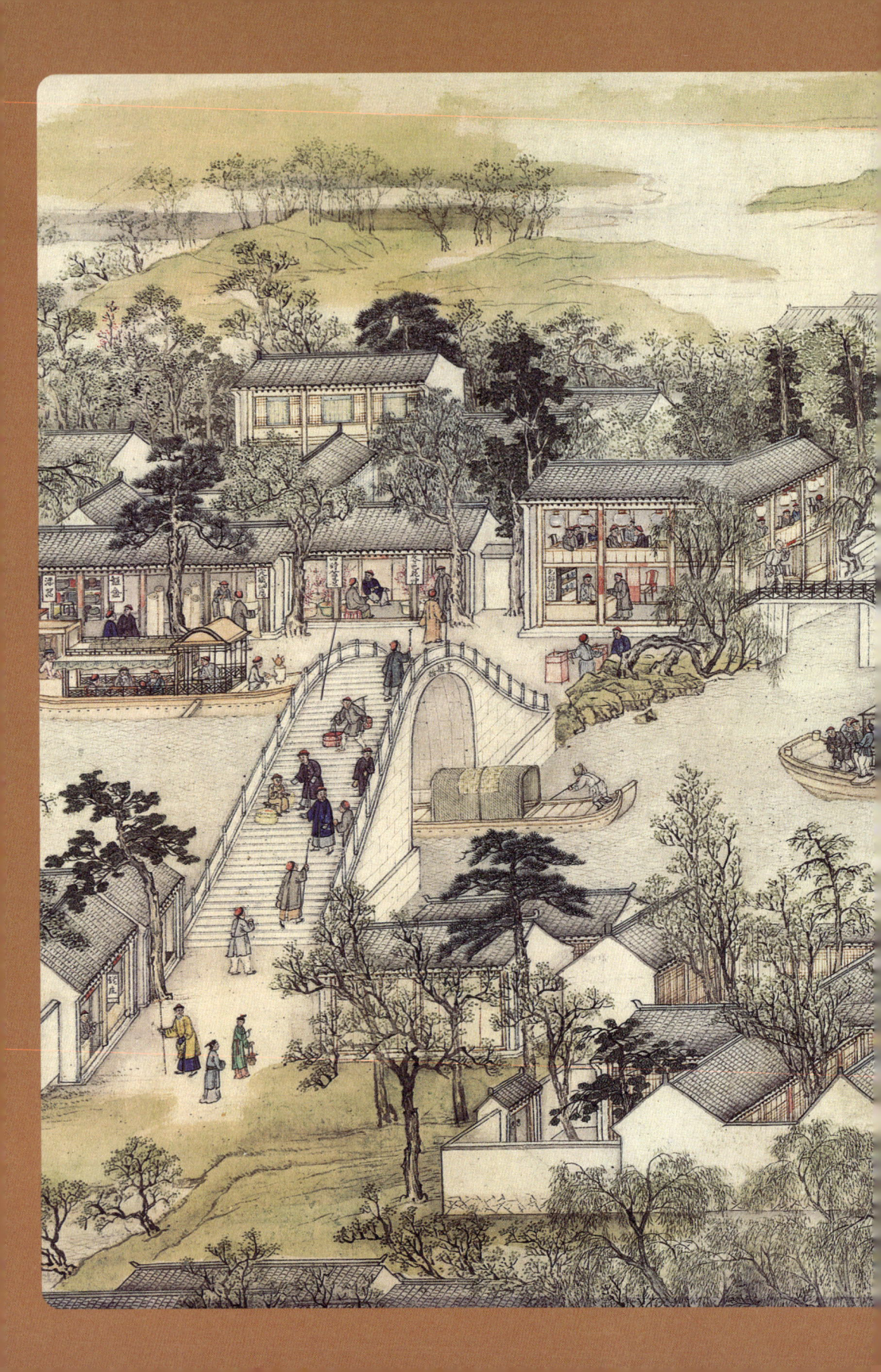

第二章

画中河

第一节　神游汴梁：管窥《清明上河图》

北宋政和二年（1112）正月，元宵灯会还在上演，宋徽宗赵佶与百姓一齐目睹白鹤翔空。有感于瑞象的天子用画笔记录了此景。[①]徽宗绘制的作品名《瑞鹤图》，现存辽宁省博物馆。借助这张画，我们得以窥探北宋国都的神秘一角。

群鹤翔集的端门即大宋宫门宣德门，也称宣德楼。新春时分这里华灯万点，皇帝登楼现身。《瑞鹤图》（图2-1-1）中，透过缭绕的云雾，宣德楼顶以正面示人，两侧斜廊连接朵楼。楼上方，青郁郁的天色映衬着白鹤，使其身姿更加醒目。画面后方，徽宗以瘦金体题识曰：

> 政和壬辰，上元之次夕，忽有祥云拂郁，低映端门，众皆仰而视之。倏有群鹤，飞鸣于空中。仍有二鹤对止于鸱尾之端，颇甚闲适。余皆翱翔，如应奏节。往来都民无不稽首瞻望，叹异久之。经时不散，迤逦归飞西北隅散。感兹祥瑞，故作诗以纪其实：

[①] 关于《瑞鹤图》等作品是否为皇帝亲笔存在争议。　徐邦达：《宋徽宗赵佶亲笔画与代笔画的考辨》，《故宫博物院院刊》1979年第1期，第63-67、50页。

清晓觚稜拂彩霓，仙禽告瑞忽来仪。

飘飘元是三山侣，两两还呈千岁姿。

似拟碧鸾栖宝阁，岂同赤雁集天池。

徘徊嘹唳当丹阙，故使憧憧庶俗知。

图 2-1-1　赵佶《瑞鹤图》（北宋　绢本　辽宁省博物馆藏）

落款作"御制御画并书"，上钤"御书"印章，最后是花押"天下一人"。

古时候大气质量远胜现在，绝不缺少青天，但卷轴画里的蓝色天空殊为罕见。黄小峰先生认为，因为《瑞鹤图》展现"上元之次夕"的夜空，所以特意用深蓝色，并提及南宋《百花图》的类似处理。[1] 严格来说，由题诗开头的"清晓"二字，可知画面对应清晨，也就是正月十七日晨。当时，东方既白，宫门外尽夜欢庆的百姓尚未散尽，故而见证祥瑞的发生。[2]

鹤有道教意味，赵官家信道渊源有自。1008 年正月，宫里出现一条黄帛，宋真宗赵恒宣称天书降临，下令改元大中祥符。徽宗道教情结尤甚，

---

[1] 黄小峰：《皇帝的天空：〈瑞鹤图〉为什么这么蓝？》，载氏著《古画新品录：一部眼睛的历史》，长沙：湖南美术出版社，2021 年，第 325-335 页。
[2] 有学者论证白鹤系宫廷蓄意释放，以期感化国人。周高宇：《〈瑞鹤图〉考》，《新美术》2021 年第 2 期，第 162-172 页。

自封"教主道君皇帝",大建宫观,压制佛教。不过,表面的升平无法掩盖危情,"瑞鹤"现身后15年,金兵便攻破宋都,靖康之难爆发。又过去20年,一位名叫孟元老的北宋遗民"暗想当年,节物风流,人情和美,但成怅恨",在临安撰成《东京梦华录》,追诉故国往事。

宋都开封府号东京,坐拥汴河等运道,西距洛阳200千米,但唐末水路已塞。五代至北宋阶段开封的崛起从根本上夺走了长安、洛阳的光辉。后两座古都曾交替控御天下,但唐灭以后再也没有成为安稳的都城,表明兵燹之于城市的破坏力。开封自金人掳掠之后,同样无复旧观。文献之余,故宫博物院藏张择端《清明上河图》成为我们回望东京的另一个窗口。这张长5.28米、高0.25米的风俗画状写城市景观,内容丰满,物象毕现,人物、舟车、树木、水道、屋舍、城池等蔚为大观。

《清明上河图》表现了汴河附近的街市,而汴河即隋唐通济渠的一部分。[①]从宋代起,除了明初定都南京外,汉文化版图内的历代都城均处在大运河沿线,足证漕运的深远意义。1952年,杨仁恺先生重新发现宋代绢本《清明上河图》[②],该作品的艺术水平和史料价值逐渐引起世界性的关注,学术研究积累,遂成显学。

门临东南

宋本《清明上河图》是现存最古老的大运河图卷。随着汴河水波,来到画面后段的城门。这是一座陆门,门前为木构平桥。夯筑的墙体在城门处包砌砖面,城台上庑殿顶的楼屋面阔五间,深进三间,设有平坐(图2-1-2)。楼屋结构绘制得十分仔细,高规格的七铺作斗拱历历可辨。建

---

① 邹逸麟、李泉主编:《中国运河志·总述·大事记》,南京:江苏凤凰科学技术出版社,2019年,第21-22页。
② 杨仁恺编著:《国宝沉浮录:故宫散佚书画见闻考略》,上海人民美术出版社,1991年,第362-366页。

图 2-1-2　张择端《清明上河图》中的城门（北宋　绢本　故宫博物院藏）

筑属界画内容，但画家并不全程借助尺子，因而赋予作品更多生气。陆门为开封内城东南的东角子门，前临通向外城东水门的汴河。[①] 这是南方货物入都的水程尾段，构成图像叙事的线索。汴河从西面流淌而来，逶迤穿越内外两城，与宣德门以南的城市中轴线御街交叉，水面跨以州桥。

对于中国古代城门的形象，我们不算陌生。唐代高等级墓葬常在墓道过洞或墓门上方细致地画出楼屋正视形象，有的就象征宫城之门。[②]《清明上河图》的城门采用透视构图，视角取自近景里的城垣上方。张择端如此精准地再现了建筑外观，势必详察过实物，甚至有可能登上了城墙。画中城墙踏道的门户半开，但楼旁有人看护，一般人无从随意登览。面对含城门在内的各类市井景物，作者何以获得观摩的机会呢？第一段跋文有所提示。[③]

金代人张著写道：

[①] 杨新：《〈清明上河图〉地理位置小考》，《美术研究》1979 年第 2 期，第 75-76、52 页；周宝珠：《〈清明上河图〉与清明上河学》，开封：河南大学出版社，1997 年，第 172-177 页。
[②] 李星明：《唐代墓室壁画研究》，西安：陕西人民美术出版社，2005 年，第 137-143 页。
[③] 本画题跋均见余辉：《隐忧与曲谏：〈清明上河图〉解码录》，北京大学出版社，2015 年，附录第 38-52 页。

> 翰林张择端，字正道，东武人也。幼读书，游学于京师，后习绘事，本工其界画，尤嗜于舟车、市桥、郭径，别成家数也。按《向氏评论图画记》云，《西湖争标图》《清明上河图》选入神品，藏者宜宝之。

这是金代大定二十六年（1186）的叙述，言简意赅。按张著的说法，张择端是翰林，跻身北宋皇家画院——翰林图画院，以此推之，《清明上河图》最早的拥有者和预设的观看者为宋徽宗。宋初成立皇家画院，为绘画英杰设待诏等职。徽宗当政时，因天子本人雅好丹青，画院极盛，"独许书画院出职人佩鱼"，且画院地位凌驾于其他文艺机构之上。[1] 朝廷通过考试罗致人才，来自山东东武（今诸城）的张择端擅长界画，自成一体，早年又有读书的功底，进宫之路应比较顺利。他带着翰林身份在京内游走，自然便于收集绘画素材。

"清明上河图"一名也见于张著的跋。"河"即汴河应无疑义，在普遍的观点里，"清明"被释作时令。另一位金代人贡献了第二段跋文。张公药题诗：

> 通衢车马正喧阗，只是宣和第几年。
> 当日翰林呈画本，升平风物正堪传。

热闹的街道、漕河等场景容易与升平世道联系起来，他还推测，张择端供职宣和画院，作品成自宣和年间。[2] 上距北宋末不远的金代信息基本界定了《清明上河图》的创作背景，不过需说明的是，从古及今对该作的认识分歧颇多。

一是作画时间。明代时，董其昌等判断《清明上河图》是南宋"追摹"之作，称"张择端《清明上河图》皆南宋时追摹汴京景物，有西方美

---

[1] [宋]邓椿著，黄苗子点校：《画继》，北京：人民美术出版社，1963年，第124-125页。
[2] 《清明上河图》的绘制应早于宣和，余辉先生将其论定在崇宁年间。 余辉：《隐忧与曲谏：〈清明上河图〉解码录》，第21-37页。

人之思"①，批评其用笔无力。董氏没有见到宋本原作，更未过眼金代题跋，他谈到的只是后世版本。绘画和写作不同，离开汴京现场，难以想象高度写实的城市再现可以完成。张择端《清明上河图》固为北宋产物，金代跋文较多说明它在东京城破后被携至北方。

二是画中季节。明中期，李东阳两题宋本《清明上河图》，提到"清明上河俗所尚""花棚柳市围春风"。"清明"指节气，"上河"谓习俗，"若今之上冢然"。将"上"作动词解，也合乎宋代文献。②更早的材料中，找不到直言《清明上河图》呈现春色的评议，关注点集中在画作流露的"丰亨豫大"之态。除前揭跋文外，另有"车毂人肩困击磨，珠帘十里沸笙歌""歌楼酒市满烟花，溢郭阗城百万家""谁识当年图画日，万家帘幕翠烟中"。夸赞之余，人们大多转而抨击徽宗的淫逸。缘于春景说晚出，加之画内物品及人物衣着、行为每每不合春季，当代学者提出秋景、四时景等新观点。③"清明"故被释为画家心目中的政治清明。④事实上，在史料缺环面前，无法也不必穷究《清明上河图》的季节设定，扩大素材范畴以增强戏剧性本是作画的合情选择。

三是创作立意。与金代人感叹浮华、惋惜世变不同，元明之际屡有跋文聚焦《清明上河图》触发的观者的忧患意识。元代人李祁强调，该图对后世有讽谏之效："然则观是图者，其将徒有嗟赏歆慕之意而已乎？抑将犹有忧勤惕厉之意乎？"明以后，这种视角还在延续。李东阳思绪一转，想到了北宋时郑侠的《流民图》；邵宝断定张择端作画在南宋初年，"明盛忧危之志，敢怀而不敢言，以不言之意而绘为图"⑤。由于看似井然的社会图像里的确夹杂着交通危险、人员摩擦、管理失职等不和谐因素，以上评论虽出自后世视角，却紧扣不容回避的视觉内容，入木三分，得到现代学

---

① [明]董其昌撰，印晓峰点校：《画禅室随笔》，上海：华东师范大学出版社，2012年，第70页。
② 周宝珠：《〈清明上河图〉与清明上河学》，开封：河南大学出版社，1997年，第29-30页。
③ 参阅周宝珠：《〈清明上河图〉与清明上河学》，第160-161页。
④ 参阅吴雪杉编著：《张择端〈清明上河图〉》，北京：文物出版社，2009年，第44-51页。
⑤ 邵宝跋文已被裁去，载于史料。余辉：《隐忧与曲谏：〈清明上河图〉解码录》，第215-218页。

界的充分肯定。

作为艺术家,张择端在时间、空间上均对东京实景进行了明显的剪裁和拼接,这是绘画上的蒙太奇。时间方面,清明上冢人群、秋日新酒幌子、汛期汴河急流一起出现,已经错综复杂;空间方面,画卷右端从郊野直接过渡到汴河,省去外城,选材大胆而巧妙。这些设计使《清明上河图》脱离了纯粹的现实复刻,突显士流风格。尽管如此,作者布置城市地标时仍力求忠实,其中城门、桥梁最具标志性,客观上记录了历史景观。

先说城门。开封位于黄泛区,古代城址重重叠压。北宋东京的地层埋在现代地面之下,有的地方深达 10 米,考古发掘难度大,已揭示的城门形态有限。《东京梦华录》对城门叙述周全,时有特写:

> (东都外城)东南曰东水门,乃汴河下流水门也。其门跨河,有铁裹窗门,遇夜如闸垂下水面。两岸各有门通人行路,出拐子城,夹岸百余丈。①

东水门即通津门,这一段介绍了水陆城门的大略形态。书中又载,旧京城"东壁其门有三,从南汴河南岸角门子"②。"角门子"就是张择端所画城门,又叫东角子门,乃陆门。汴河自此门北侧进入内城,图文吻合(图 2-1-3)。旧京城即内城,唐代始筑,原称汴州。伴随五代外城的出现,内城的军事防御功能削弱,所以画中门旁的墙头满生杂树。

汴河列通漕四渠之首,其城东部分遥临江淮,运量远胜其他漕河。③《东京梦华录》曰:"(汴河)自西京洛口分水入京城,东去至泗州入淮,运东南之粮。凡东南方物,自此入京城,公私仰给焉。"④宋初,参知政事张洎言:"唯汴水横亘中国,首承大河,漕引江、湖,利尽南海,半天下

---

① [宋] 孟元老著,伊永文笺注:《东京梦华录笺注》,北京:中华书局,2006 年,第 1 页。
② 同①,第 19 页。
③ 赵广超:《笔记〈清明上河图〉》,北京:生活・读书・新知三联书店,2005 年,第 6-7 页。
④ 同①,第 24 页。

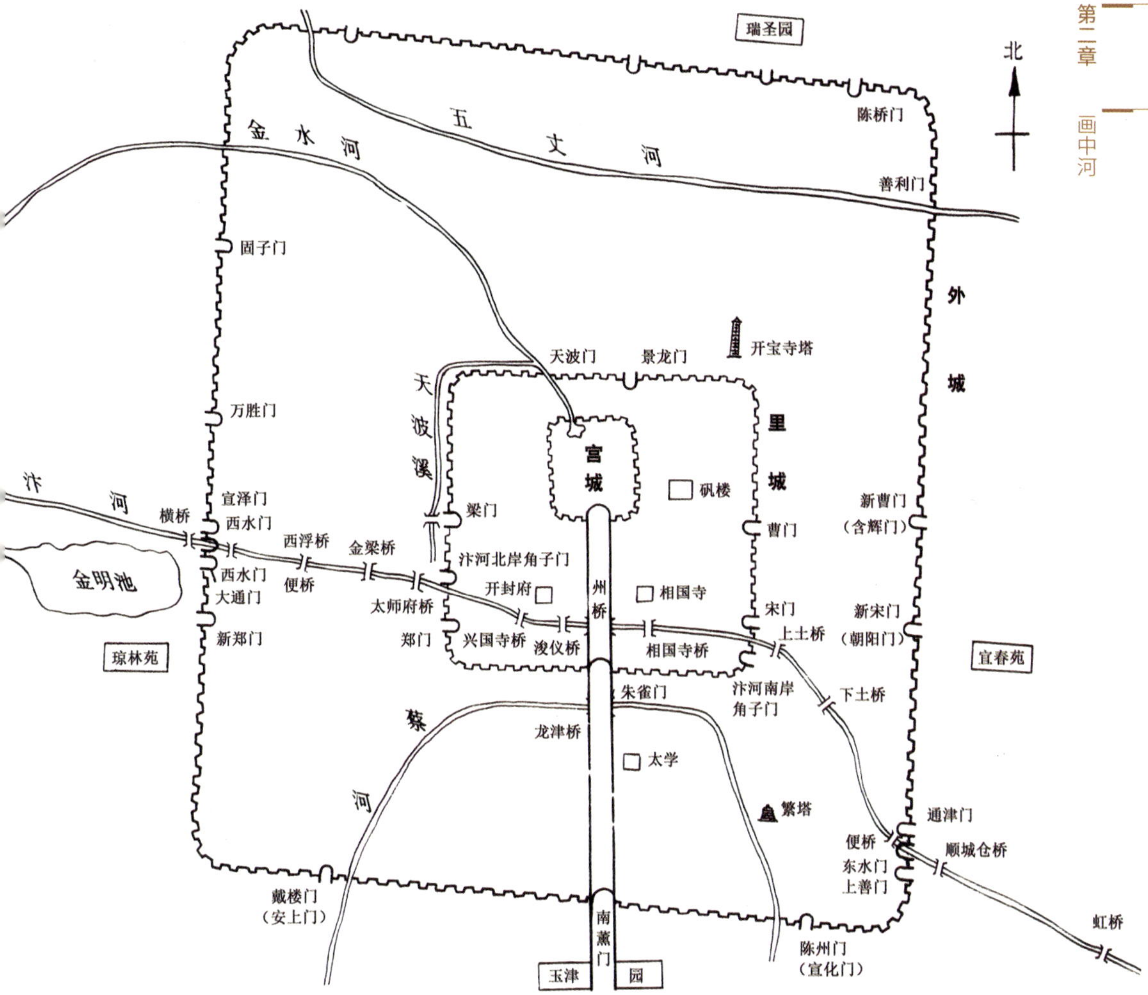

图 2-1-3　北宋东京城复原平面图

之财赋，并山泽之百货，悉由此路而进。"① 由此不难看出国家对汴河的依赖。从东水门到东角子门，汴河连穿外城、内城两垣。内城桥梁低矮，不便行大船，两垣间的河道是漕船卸货的集中场所，沿岸布列粮仓。

怀想当年，来自南方的旅人自大运河入都，泊船上岸，在前方等待他们的就是东角子门。循汴河信步进门，经过大相国寺，可至京中集市

---

① 宋太宗曰："天下转漕仰给在此一渠水。"《宋史》第 7 册，北京：中华书局，1985 年，第 2317、2321 页。

之最——州桥。《清明上河图》中城门左近行人如流，一支驼队穿过门洞，队列前方是一位胡人。[1] 摩肩接踵的人群里，这个与众不同的角色得到宏伟城门的烘托，不致为观者的目光所遗落。若论胡汉杂处中华，宋代的情况远逊唐代。五代后周时，开封还是"华夷臻辏，水陆会通"的面貌，但北宋以后陆上丝绸之路被西夏等对立政权隔断，中原不通西域。张择端所画胡人更有可能来自世居华夏的家族。虽则陆路不畅，宋代沿海口岸尚能与世界对话。因而，都城掌控的漫长运河既关联国内沃土，亦沟通万里之外的异邦。《周礼》将国都之门称作"国门"，在某种程度上，迎接海内外宾客的开封城门确是大宋国的门庭。

由刻画入微的城门可见，门内采用排叉柱，与后来盛行的砖砌券门有别。排叉柱是门道两壁的密集木柱，上支横梁，构成方形的开口。北宋颁布的官方建筑准则《营造法式》记载了这种柱子，嘉峪关明代城门存有实物。[2]《清明上河图》的门洞顶部还有立面呈梯形的木构，加强了稳定性。在券顶门洞普及前，排叉柱作用较大，唐代丹凤门遗址展示了它们的布局。[3] 丹凤门系大明宫正门，设五门道，每门宽约 9 米。门两侧的方坑原本用于安放柱础（图 2-1-4）。柱础尺寸表明柱子用材很大，以便承受墙体和楼屋的巨大重压。然而排叉柱式门洞毕竟不如券门坚固，元代以后便趋于式微了。北京西直门发现的元代门洞即作券顶。

图 2-1-4　大明宫丹凤门遗址所见门道

---

[1] 荣新江：《〈清明上河图〉中唯一的胡人》，《紫禁城》2013 年第 4 期，第 59-63 页。
[2] 陈明达著，丁垚等整理补注：《〈营造法式〉辞解》，天津大学出版社，2010 年，第 320-322 页。
[3] 中国社会科学院考古研究所西安唐城队：《西安市唐长安城大明宫丹凤门遗址的发掘》，《考古》2006 年第 7 期，第 39-49 页。

北宋人眼中最能代表东京的门应数大内宣德门。旅人初到京中，自州桥北望，隐约可望见壮丽的宣德门城楼。前面谈到，这座华美的建筑为世人共享，年节灯会时徽宗在此处与民同乐。记忆犹新的孟元老写道：

> 大内正门宣德楼列五门，门皆金钉朱漆，壁皆砖石间甃，镌镂龙凤飞云之状。莫非雕甍画栋，峻桷层榱，覆以琉璃瓦。曲尺朵楼，朱栏彩槛，下列两阙亭相对，悉用朱红杈子。①

五门规制崇高，为皇家独享，丹凤门便属此制，唐人呼为"五门"。宣德门两旁伸出朵楼，朵楼前阙台凸出，势如合抱。

图像直观地反映了这种恢宏气势。北宋灭亡后，随金兵北迁的宫廷画师王逵在山西繁峙的岩山寺绘就大型佛传壁画，画中频频出现仿似人间宫阙的建筑群。② 南殿东西两壁俯瞰角度下的城楼及双阙都令人想到作者曾经供职的宋廷。辽宁省博物馆收藏的一件北宋铜钟表面有正视的五门道城门，其上部形象贴近《瑞鹤图》。需指出，宋宫的五门是在蔡京的倡议下改建而成的，宣德门原先以三门面对世人。敦煌莫高窟壁画图像含高等级的三门道城门，让人能够推想瑞鹤翔空时的宫门旧貌。③（图 2-1-5）

最后，跟着南宋使金诗文再次审视汴京。等到孟元老梦回东京，为金人控制的故都正在不断老去。当时，真正能"重返"故都的宋使视宣德门

图 2-1-5 莫高窟第 197 窟壁画里的城门

---

① [宋]孟元老著，伊永文笺注：《东京梦华录笺注》，第 40 页。
② 傅熹年：《山西省繁峙县岩山寺南殿金代壁画中所绘建筑的初步分析》，载氏著《傅熹年建筑史论文集》，北京：文物出版社，1998 年，第 281-313 页。
③ 萧默：《敦煌建筑研究》，北京：中国建筑工业出版社，2019 年，第 157-163 页。

为凭吊故国的场所。南宋乾道六年（1170），范成大《揽辔录》记："侧望端门，旧宣德楼也，金改为承天门。五门如画，两旁左右升龙门。"①诗人穿行在传说中的富丽街衢上，以大小诸门为坐标，引领读者神游。只是几十年逝去，多数景物早已凋敝。范成大抑制着笔底溢出的情绪，然伤心之情莫过于那句"州桥南北是天街，父老年年等驾回"。

虹桥梦华

宋本《清明上河图》的中心位置有一座迷人的木构拱桥，演绎着戏剧性的冲突。拥挤的桥面上，南来的骑马者和北去的轿子狭路相逢；桥拱下，一艘客船在波心失去控制，冲向泊在对岸的货船，未及放倒的桅杆仍有撞击桥身的可能。从卷首宁静的郊外风光渐次画到这里，作者第一次营造了人物众多的图像高潮，尽现巧思与妙笔。如果不考虑已佚失的卷尾②，桥梁一节堪称画眼。

不妨跟着张择端设定的路线，从城外开始读图。《清明上河图》的郊景交代了闹市外围的空旷环境，以古木、草庐、行人、小桥等透出野逸之气，欲扬先抑。这种场景恰是舟人沿汴河进京前的视觉记忆。尽管形如序曲，卷首却予人深刻印象，因其有类北宋盛行的山水画③，构图颇似符合士大夫趣味的赵令穰的平远小景④。赵令穰身为皇族，不能邀游，所作之画多为"京城外坡坂汀渚之景"。苏东坡有时会开他的玩笑："此必朝陵一番回矣！"⑤一如借谒陵采风的宗室，张择端图写城郊，应当也以实

---

① [宋]范成大：《揽辔录及其他一种》，王云五主编《丛书集成初编》第3110册，上海：商务印书馆，1936年，第2页。
② 戴立强：《今本〈清明上河图〉残缺说》，《中国文物报》2005年4月27日，第7版。
③ 陈婧莎女史推断卷首原有山峦。陈婧莎：《两则史料与〈清明上河图〉"残缺"问题的一点探讨》，《美术学报》2021年第3期，第40-49页。
④ 石守谦：《山鸣谷应：中国山水画和观众的历史》，上海书画出版社，2019年，第53-54页。
⑤ [宋]邓椿著，黄苗子点校：《画继》，第8-9页。

际观看为基础。重视观看实践是宋人的宝贵精神，郭熙便强调"身即山川而取之"①。

郊野衔接了汴河。整个运河部分，张择端安排了不同面向的舟船图像。这些船以货船、客船或客货两用船为主②，形态准确，细节丰富，小到绳索、铁钉亦用心落笔。加上车马、街市、城门和与船相关的桥梁等对象，《清明上河图》便囊括了张择端最拿手的"舟车、市桥、郭径"等图绘内容，令观者全面领略到宋人界画的表现力。

城区宽敞的大型拱桥创造出复杂的立交空间，《清明上河图》中，桥面列满摊位，竟形成热闹的集市（图 2-1-6）。在此，细心的观者很快领会到船与桥的矛盾，可是张择端设计的险情究竟是怎么一回事呢？众说纷纭。③

辨明真相需结合历史回溯和图像细读。首先应补充说明，汴河自黄河引水，缺点突出，绝非一湾清波：一则河水泥沙量大，易致淤滞；二则汛

图 2-1-6　张择端《清明上河图》中的木拱桥场景

---

① [宋] 郭熙：《林泉高致集》，载于安澜编著，张自然校订《画论丛刊》第 1 册，开封：河南大学出版社，2015 年，第 46 页。
② [日] 山形欣哉著，郭锡泰译：《〈清明上河图〉中的船》，载辽宁省博物馆编《〈清明上河图〉研究文献汇编》，沈阳：万卷出版公司，2007 年，第 722-733 页。
③ 参阅余辉：《隐忧与曲谏：〈清明上河图〉解码录》，第 145-148 页。

期洪涛凶猛；三则入冬后水量不足，乃至河面冰封，闭闸断航。即使是在正常通航的时候，水流湍急或漕运忙碌也会导致舟船撞击桥柱的事故频生。这就为拱桥的诞生埋下了伏笔：伴随木拱技术的成熟，汴河桥梁规避了水和船的威胁，安全性大为增强；另一方面，行船自由度也获得提升。

出于戏剧化的艺术构思，《清明上河图》讲述的是一个高度特殊的故事。据水波可知，汴河流速较快，这时，重舟逆流进城显得吃力。从桥东驶来的一艘由纤夫牵引的客船犯下低级错误，没有及时降落桅杆，使得舟、桥之间形成潜在的张力。这是画中危险的根源，体现了作者的第一处匠心。发觉险情的舟人立即采取补救措施，操作降桅，桥下北岸的纤夫松开了系在桅顶的纤绳，让船减速，力求避免碰撞。慌乱的气氛延及两岸与桥面，一些热心的看客参与到抢险指挥中来，而更多人只是聚精会神地围观。客船东侧，被大树遮挡的另一艘船还在急进，气氛愈加紧张。

在画面选定的瞬间，客船临近桥体，桅杆基本被放倒。[①] 为减小舟桥碰撞的概率，舵早已左偏，驱动船头左转，忙乱中舟人顾不得舱门，门扇向外敞开。新的问题随之暴露出来：转弯之后受水流冲击的客船严重偏向，正朝河心行驶，再发展下去，可能撞到南岸的船。南岸近桥头处停泊着一艘货船，船头落着锚。客船上多名男女朝前方高喊，提醒货船避让，嘈杂声里一个孩童呆立在女子身旁。不过，警觉起来的货船舟人动作并不迅速。这是第二处匠心。纠正客船方向十万火急，船头之人奋力向船左侧撑篙，船尾则有篙抵向右侧，他们试图令船身回直，尽量往高敞的桥下空间移动。左舷有两人还在错误地向后撑篙，引起后面一人的疾呼。视线移到船顶，一个男子手举黑白相间的长杆，这本是测量水深的工具，现在却抵在桥体巨木边沿，意在维持舟桥间距。不管怎样，防止撞损木桥才是底线。

桥上的精彩一幕暗示结局，也是第三处匠心。画面定格了这样的动态：可能来自纤夫团队的五人攀在桥栏外侧，内中一人攥着绳子的一头，

[①] 南京博物院藏元代《江天楼阁图》绘有类似的界画船只和降桅情节。 余辉：《超越两宋的写实艺术——谈元代工笔画》，《紫禁城》1998 年第 3 期，第 27-30 页。

将其掷往船顶；船顶的人张开双臂，正在接应；另一人许是没丢成功或还未尝试，绳子沿着桥边直垂下来。如果绳子系住船，众人从地面合力拉拽，将大大有利于控制船向和船速，最终化险为夷，助船逆流而上。

以上对图像细节的解释能连缀成一个完备的叙事。至少可以肯定，作者曾亲眼目击过类似的事件，或掌握相关的经验。换句话说，画面冲突应来源于事实。国内外学界针对宋本《清明上河图》直露和暗藏的社会危机，从古代题跋出发，提出作者上呈画卷的目的在于通过图绘隐忧规劝宋徽宗的观点。[①] 这种论调与认为画作昭示"丰亨豫大"的观点相左，提醒我们深入揣度士人张择端的内心。

正如对城门的原型各抒己见，围绕张择端描绘的是哪一座桥也有争论。画内某些店铺招幌醒目，文字可辨，城门牌匾却不能提供有效的字面信息。拱桥同样缺乏题名，似乎作者故意隐晦了其所指。若以东角子门作为参照，则此桥是下土桥。不过，同一类型的桥在都城东南方向实有三座，均跨汴河。《东京梦华录》载：

> 自东水门外七里至西水门外，河上有桥十三。从东水门外七里曰虹桥，其桥无柱，皆以巨木虚架，饰以丹雘，宛如飞虹，其上、下桥亦如之。[②]

虹桥在外城之外较远处，无柱、涂朱等特征与《清明上河图》相符，内外城垣间的上、下土桥外观与之接近。继续扩大视野，可知都城以东、汴河沿线的数百里内，名叫虹桥或形如彩虹的桥远不止这三座，其中就包括陈希亮主持建造的"飞桥"。这些桥同出一个蓝本，而画家仅需一个意象。

关于北宋的木拱桥实验，值得稍加梳理。北宋庆历年间，陈希亮在宿州造桥。《宋史·陈希亮传》记：

[①] 余辉：《隐忧与曲谏：〈清明上河图〉解码录》，第 191-193 页。
[②] [宋]孟元老著，伊永文笺注：《东京梦华录笺注》，第 24 页。

（宿）州跨汴为桥，水与桥争，常坏舟。希亮始作飞桥，无柱，以便往来。诏赐缣以褒之，仍下其法，自畿邑至于泗州，皆为飞桥。①

南宋时楼钥出使金国，途中顺大运河舟行，渡淮后改走陆路。他的《北行日录》称："自离泗州，循汴而行，至此（宿州）河益埋塞，几与岸平，车马皆由其中，亦有作屋其上。"显然，中原帝京覆灭后，运河和旧桥皆遭毁弃。楼钥在宿州以西的谷熟县（今虞城南）遇见一座雄伟的桥，他写道："县外有虹桥跨汴，甚雄，政和中造。今两旁筑小土墙，且敝损不可行。"②该桥即受到飞桥启发的一例。

"虹桥""飞桥"都是编木型拱桥的美称。这些桥使用圆拱，省去柱子，一方面与水无争，不容易毁坏，另一方面利于行船，不妨碍运输。它们凌空贯连粗实的木料，跨径较大，不惟造型优美，技术要求也颇高。③此法非由陈希亮首创，王辟之《渑水燕谈录》提到，陈氏"法青州所作飞桥"④。宋明道间，夏守青主持建造青州飞桥，发明者是一名聪颖的"牢城废卒"。起先，因"水与柱斗"，南阳河上的桥屡遭冲毁。飞桥以巨石为基，搭起木拱，50余年后仍然完好。据《宋会要辑稿》，11世纪初有官员倡议在汴京修"无脚桥"，"编木为之，钉贯其中"，惜以失败告终。⑤成功研制编木拱桥经历了不短的年岁，必非一人之功。陈希亮在汴河上架飞桥关涉漕运，反响不俗，因而赢得朝廷的褒扬，于是11世纪中叶该桥式流传到汴河全线乃至更多地方。

综上所述，宋人在大运河主线上推广的木拱桥熔科技和艺术于一炉，制造了夺目的建筑奇观。张择端图绘京城，状写汴河，自然不会遗漏虹桥之景，甚至将其打造成整卷的亮色。传为赵伯驹所作的宋画《江山秋色

---

① 《宋史》第28册，第9919页。
② [宋]楼钥：《北行日录》卷1，清知不足斋丛书本，第12a-13b叶。
③ 茅以升主编：《中国古桥技术史》，北京出版社，1986年，第102-109页；刘妍：《编木拱桥：技术与社会史》，北京：清华大学出版社，2021年，第74-102页。
④ [宋]王辟之：《渑水燕谈录》卷8，清知不足斋丛书本，第6b叶。
⑤ [清]徐松辑，刘琳等校点：《宋会要辑稿》第16册，上海古籍出版社，2014年，第9543页。

图》也纳入了木拱桥。此桥位于作品末尾的山径，具体而微，不太起眼，估计原型仅长10米左右。桥的架构很简单，去除两端作用不大的短斜木，主拱只剩三折边，但仍属编木系统。①《清明上河图》中的拱桥采用了完备的五折边拱，推测长逾20米，技术难度远超前例。②由汴河下游的宽度可以想见，陈希亮所建飞桥应更为庞大。从简至繁的结构恰好提示了人们发明这类对象的思维过程。

有意思的是，在15世纪的意大利，全能天才达·芬奇也发现了编木原理。③在幸存的手稿《大西洋抄本》中，达·芬奇罗列了多种编木图示。这位热衷发明的智者不仅考虑到逼近半圆弧的七折边拱，而且思考了搭造编木穹顶的可能性，把二维的结构逻辑推向了三维。有证据表明，除了在纸上进行推演外，达·芬奇曾实现过他的创意。木拱桥技术浑如沟通中国与世界的文化桥梁，带领今人穿越并互鉴。

宋代木拱桥烟消云散，明代以后的同类遗迹不容错过。后者主要散布在浙江南部和福建北部山区。南方的木拱桥均有廊屋，今称廊桥或风雨桥。像《江山秋色图》的拱桥一样，它们中的大部分融入了山道。因涧深谷阔，水中怪石嶙峋，两崖林木茂盛，这些桥往往与山水环境组成奇秀的风景。有时候，横空出世的桥拱跨度达30余米。目前的遗存中，福建寿宁清嘉庆间的鸾峰桥是单体桥拱规模最巨的一座，跨度为37米（图2-1-7）。④站在涧边，可仰望鸾峰桥下交织

图 2-1-7 寿宁鸾峰桥的桥拱结构

---

① 刘妍：《编木拱桥：技术与社会史》，第342-343页。
② 欧阳洪：《京杭运河工程史考》，南京：江苏省航海学会，1988年，第166页。
③ 同①，第15-28页。
④ 龚迪发：《福建木拱桥调查报告》，北京：科学出版社，2013年，第210-213页。

的颀长圆木；而在宋画里，桥拱用方木。受到材料和结构的影响，鸾峰桥的五折边拱形如三折边，这是浙闽地区的常态。毫无疑问，于崇山峻岭之间修建木拱桥，困难程度和危险系数都很高。不过，今天仍活动着掌握此项绝活儿的匠师，尽管没有过多资料证明大山深处的乡人从何处继承了古法。[①]

我们能看到的最早的木拱桥是浙江庆元明天启五年（1625）的如龙桥（图2-1-8）。[②] 该桥位于月山村，跨越举溪。这条溪蜿蜒南下，直通鸾峰桥，所以两桥据守同一条省际要道。区别于飞架陡崖之间的鸾峰桥，如龙桥横卧在山坳平缓地带，跨度较小，拱顶也甚是低矮。贴近水面的桥体以廊屋擅场，廊内自南向北耸起三座次第高升的桥亭，轮廓富于韵律，远远望去仿佛画中水殿。

木拱桥设廊取决于湿润多雨的气候，有廊则可庇护行人与桥体。封闭的桥内空间还催生了其他场所意义——供设神龛，祭祀各路神灵。[③] 在宗

图 2-1-8 庆元如龙桥

---

① 参阅刘涤宇：《历代〈清明上河图〉：城市与建筑》，上海：同济大学出版社，2014年，第 295-298 页。
② 刘妍：《编木拱桥：技术与社会史》，第 222-237 页。
③ Ronald G. Knapp, A. Chester Ong（photo.）, *Chinese Bridges: Living Architecture from China's Past*, Tokyo, Rutland, VT and Singapore: Tuttle Publishing, 2008, 78-81.

族集会、乡民穿行、旅人跋涉等过程中，祈祷有意无意地发生于桥上。造桥行为本身即凝结着人们对自然世界的敬畏和祝福。走进廊桥，透过什锦窗可览远山近水佳色，抬眼则能读到造桥的历史：施工时间及相关人员姓名等信息常书于梁枋之上。

图 2-1-9　景宁接龙桥题记

浙江景宁的接龙桥（1917）题记繁多，记录了不同身份的造桥参与者（图 2-1-9）。这座桥建在山溪上方约 20 米的半空，宛若霓虹。顺着小径走进桥廊，细读墨书题记，官民助钱合资、匠人分工协作的事迹可略知一二。而"海晏河清"等语句更是蕴含对家国和山乡的美好期许。

图绘群生

张择端的作品完成后，宋徽宗题写了"清明上河图"，他的字迹于明末至清初丢失。数百年间，在南来北往的流传过程中，《清明上河图》一石激起千层浪，召唤了多种多样的临摹与写仿。[1] 数量浩繁的同名绘画由此渐次面世，其中明清商业产品"苏州片"属于大宗。

张择端的原作兼施勾勒和晕染，几乎纯用水墨，仅在局部淡着色彩，气息质朴。画中人物超过 800 个，但处理得有条不紊，各类行迹跃然纸上。一方面，人像被设计得很小，身高均不满一寸；另一方面，对于复杂的相

---

[1] 陈传席：《〈清明上河图〉的创作及收藏流传》，《美术研究》2009 年第 2 期，第 51-57 页；陈靖莎：《通行版本〈清明上河图〉的出现及其与宋本关系的猜想》，《美术学报》2021 年第 6 期，第 50-60 页。

貌和服饰，作者落笔从容，线条洗练。明清版本用笔、用色追求富丽堂皇，相应地损失了灵动的韵味。尽管它们袭用宋本构图，具体内容却被替换为后代的同类对象[1]，叙事基调也有很大调整。举例来说，由于木拱桥退出市廛，明清版本选择刻画当时习见的砖、石构造的拱桥。雍乾之际，清宫陈枚等人绘成院本《清明上河图》。图上船、桥冲突被淡化，纤绳和竹篙合力驱动的重船已驶临桥拱，桅杆与桥身的矛盾不再是重点，众人的注意力集中于防止船身触碰桥基。（图 2-1-10）

清宫的这件作品受到"苏州片"的影响，时令特征模糊，强调喜庆氛围。卷首有山川，卷尾为宫苑，城门以内的街市非常宽广。画中宫殿和池

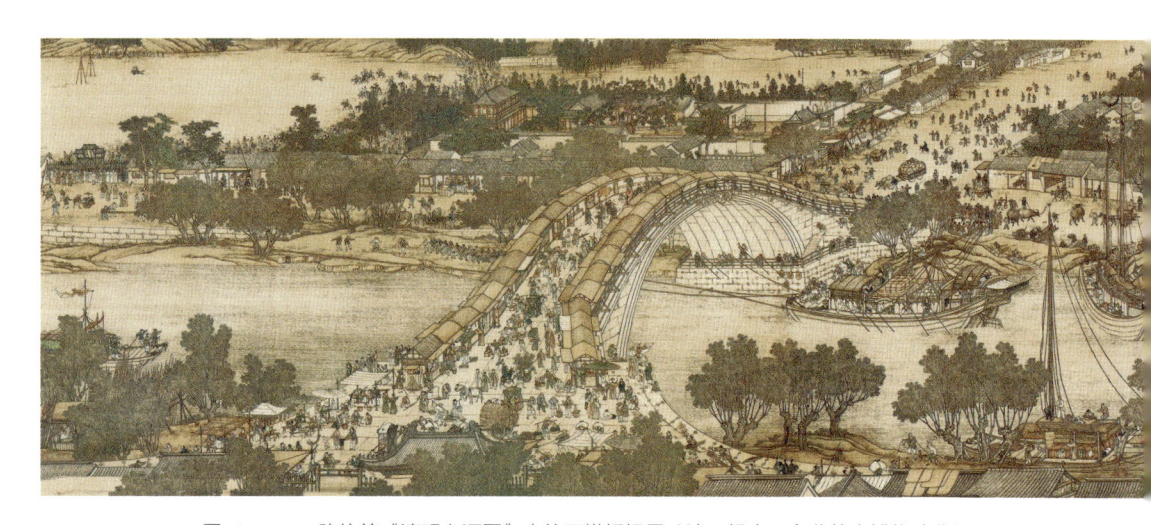

图 2-1-10　陈枚等《清明上河图》中的石拱桥场景（清　绢本　台北故宫博物院藏）

水指向北宋皇家园林金明池，呼应了张著跋文提到的《西湖争标图》，表明后世画者不惟写仿，还锐意重塑。实际上，苏州人摹写的是他们熟稔的水乡，将原来的汴京景观替换为眼前的江南，在某种意义上大运河已经从汴河转变为江南运河（图 2-1-11）。"苏州片"传播范围极大，可谓人所共知，以至于在清初就流入了朝鲜、日本等国。[2] 由此也可推知，晚期

---

[1] 清院本采用明代人物装扮。余辉：《清院本〈清明上河图〉》，《紫禁城》2010 年第 4 期，第 12-13 页。
[2] 陈婧莎：《18 世纪朝鲜文献中的〈清明上河图〉》，《美术研究》2019 年第 2 期，第 63-71 页。

《清明上河图》对乾隆时期徐扬绘《姑苏繁华图》应有所启示。

回到宋本。张择端给予大众浓重的笔墨，就目前所见而言，除却卷尾露出一角的"赵太丞家""王员外家"等大宅，全卷再未点明权贵私密空间。较之人物设定舞台化的明清版本，宋本更像是在城市上空的随机取镜，出场角色状态相当自然，浏览市井，似乎使人听见尘嚣之声。虽说不乏惊险、松弛的场面，士女集聚、车马如流的景象仍让观者喟叹东京梦华。《哈佛中国史》评价，北宋"开封逐渐变成一座几乎是完全放任自由的消费者天堂"[①]，我们眼前的图像正是这样。

饮食是最具烟火气的一面，张择端笔下的酒楼十分抢眼。东京的大型

图 2-1-11　仇英款《清明上河图》局部（明　绢本　辽宁省博物馆藏）

酒楼叫"正店"，例如城内路北那座气派的"孙羊店"，而正店的分店叫"脚店"，例如拱桥南首路西的一座。两处酒楼生意兴隆，宾客满座，门外则男女错杂，人潮涌动。作者所绘有名目的场所都不见于史料，悉为作者捏造的元素。不过，街市风俗取自现实。东京宫城东华门外的丰乐楼坐享地利，是真实存在的天字第一号酒家，豪奢程度赛过孙羊店，"三层相高，

---

① [德]迪特·库恩著，李文锋译：《儒家统治的时代：宋的转型》，[加]卜正民主编《哈佛中国史》第4册，北京：中信出版集团，2016年，第273页。

五楼相向，各有飞桥栏槛，明暗相通，珠帘绣额，灯烛晃耀"①。

《清明上河图》的阔绰店铺前均搭彩楼欢门（图2-1-12、2-1-13）。《东京梦华录》记，"凡京师酒店，门首皆缚彩楼欢门"。彩楼欢门是用捆扎木料的方式建成的临时装饰物，模仿了楼阁的造型，可悬挂招幌、商品及彩帛等。②彩楼欢门又叫楼子，因形态复杂，极其考验画家的功夫，张择端竟不厌其烦地画了五座。孙羊店前的一座最为华贵，饰有仙鹤、团花等图案，张灯结彩，玲珑多姿，店内店外均可欣赏。上海博物馆藏《闸口盘车图》时代与宋本《清明上河图》相仿，同样体现了界画的神采，画内也见酒店楼子。据文献可晓，此类配置后来随都城迁移，来到大运河南缘的宋都临安。

孙羊店的彩楼欢门悬有瓶形花灯，让人想起形态相近的山棚。每年岁尾年初，东京四处搭造山棚，彩灯胪列，争奇斗艳，号称"灯山"。关于

图2-1-12 张择端《清明上河图》之孙羊店彩楼欢门

① [宋]孟元老著，伊永文笺注：《东京梦华录笺注》，第174页。
② 刘涤宇：《历代〈清明上河图〉：城市与建筑》，上海：同济大学出版社，2014年，第234-245页。

图 2-1-13　张择端《清明上河图》脚店彩楼欢门

这一幕，孟元老描述道：

> 正月十五日元宵，大内前自岁前冬至后，开封府绞缚山棚，立木正对宣德楼。游人已集御街，两廊下奇术异能，歌舞百戏，鳞鳞相切，乐音喧杂十余里……①

准备周密的灯会持续十余天，各种官方和民间表演登场，外国宾客亦进献歌舞，实在是一场全民的盛会。

宋代取消宵禁，汴京成为不夜城，元宵之乐登峰造极。《水浒传》引

---

① [宋]孟元老著，伊永文笺注：《东京梦华录笺注》，第 540-542 页。

用过丁仙现的《绛都春·上元》,单表元夜:

> 融和又报,乍瑞霭霁色,皇都春早。翠幰竞飞,玉勒争驰都门道。鳌山彩结蓬莱岛。向晚色、双龙衔照。绛霄楼上,彤芝盖底,仰瞻天表。
>
> 缥缈。风传帝乐,庆玉殿共赏,群仙同到。迤逦御香,飘满人间闻嬉笑,须臾一点星球小。渐隐隐、鸣梢声杳。游人月下归来,洞天未晓。

丁仙现是出入宫廷与勾栏的杂剧名角,时称丁使。勾栏原是建筑结构,引申为表演的舞台,因设在瓦舍中,所以也合称瓦舍勾栏。京中大小瓦舍日复一日地上演戏曲、说书、杂技等节目,观者如云。《清明上河图》没有表现固定的瓦舍,但画出了流动表演者[①]:孙羊店西边的街角,长髯者正在说书,身前立着诸多听众,包括小孩、僧人和道士;视线转向十字路口的斜对面,又一位说书人在凉棚下开讲,大家围坐聆听。

言归饮食。好的酒家少不了招徕顾客的佳酿。孙羊店的后院,酒缸堆积如山;桥南脚店的楼子上,"新酒"的幌子高及桥头的华表,很是诱人。新酒一般在秋天开售,这个细节是前揭"秋景说"的主要立论依据。京城从不缺美味,除了州桥外,东华门外也是老饕的天堂。《东京梦华录》记:

> 东华门外,市井最盛,盖禁中买卖在此。凡饮食、时新花果、鱼虾鳖蟹、鹑兔脯腊、金玉、珍玩、衣着,无非天下之奇。其品味若数十分,客要一二十味下酒,随索目下便有之。[②]

应有尽有的食货从四面八方汇聚到京城,越靠近城市腹心的宫阙,就越是充盈。画笔无从诠释酒席菜肴,但摆在街边的摊位使人可鉴品类之盛。

---

① 薛凤旋:《清明上河图:北宋繁华记忆》,上海人民出版社,2020年,第173-175、177页。
② [宋]孟元老著,伊永文笺注:《东京梦华录笺注》,第41页。

来自大运河的外乡人也受到首都店家的善待。孟元老回忆了开封相国寺等地的南食店，其间有鱼鲜、蛤蜊、螃蟹等。南宋时，吴自牧《梦粱录》记："向者汴京开南食面店，川饭分茶，以备江南往来士夫，谓其不便北食故耳。"[①] 由此得知，运河在向中原输送稻米的同时，一并捎来了南方的特色物产。

　　《清明上河图》塑造的人物角色涉及三教九流：农人、劳工、商贩、舟子、车夫、挑工、轿夫、家丁、军健、僧侣、道士、乞丐等，芸芸众生绘成红尘图卷（图 2-1-14）。当然，画面里也有稍显特立独行的官员、文士等社会上流及其眷属。但在精神上跳脱俗世的是出家人。说书地点西侧不远，"田"字形井口旁边，一位向东行走的行脚僧人颇显另类。僧人身负装满经卷和物品的笈[②]，步履并不轻松，然而他的行程可能极其遥远。北宋熙宁年间，曾有日本僧人成寻远道而来，经大运河从杭州到达开封，他的《参天台五台山记》载叙了沿途情形。[③] 画中行脚僧何去何从，我们不得而知。他是否会在汴河畔登舟启程？

图 2-1-14　张择端《清明上河图》所见街市各色人等

---

① [宋]吴自牧：《梦粱录》，杭州：浙江人民出版社，1980 年，第 145-146 页。
② 关于类似行装的讨论见黄小峰：《与行脚僧同行：重观〈溪山行旅图〉》，《美术观察》2022 年第 3 期，第 26-30 页。
③ 张环宙、沈旭炜：《外国人眼中的大运河》，杭州出版社，2013 年，第 133-134 页。

第二节　吴门胜概：《姑苏繁华图》细读

从吴王夫差掘河，连接阖闾城与长江，到隋代疏浚江南河，再到京杭大运河竣工，苏州一直坐拥便利的水运交通。唐宋以后，在南方长足发展的背景下，太湖流域腹地的苏州不啻江南经济重心。南宋范成大《吴郡志》录谚语"天上天堂，地下苏杭""苏湖熟，天下足"[①]，盛赞苏州之丰饶。及至明代，苏州不仅富甲一方，而且人文冠绝，有"文运莫盛南畿，而尤盛吾苏"[②]的说法。

绘画领域吴地代不乏贤，胜流辈出。清代康、乾二帝南巡，兼有征召地方人才的意图。乾隆十六年（1751），乾隆帝首次下江南，苏州人徐扬呈献画作，深孚圣心，于是"入画院供奉"，晋身内务府如意馆。徐扬，字云亭，有才学，《书画纪略》称其擅作山水、梅花等。[③] 从存世及著录的作品来看，徐扬在宫中主要从事实景和纪事创作，他笔下的建筑、人物通常绘制细腻，加之惯用色彩鲜艳的青绿山水，故作品流露强烈的宫廷格

---

① [宋]范成大撰，陆振岳校点：《吴郡志》，南京：江苏古籍出版社，1986年，第660页。
② [明]黄暐：《蓬窗类纪》，载《续修四库全书》第1271册，上海古籍出版社，2002年，第593页。
③ [清]冯金伯辑：《国朝画识》卷12，清道光十一年刊本，第14b叶。

调。其中建筑反映出线性透视法，也就是清宫档案所谓的"线法"，并且略见明暗关系，这与徐氏身处宫廷，能够接触西方来华画家有关。① 在亲历两次南巡后，徐扬于乾隆二十四年（1759）完成的《姑苏繁华图》正是一件这样的代表作。

《姑苏繁华图》今藏辽宁省博物馆，描绘了苏州城内外的民俗风韵，物象琳琅满目，耐人玩味。全卷长逾12米，高近40厘米，纸本设色，用笔工整，赋彩淡雅。卷尾自题"盛世滋生图"，继而作者又写道：

> 其图自灵岩山起，由木渎镇东行，过横山，渡石湖，历上方山，从太湖北岸介狮和两山间，入姑苏郡城。自葑、盘、胥三门出阊门外，转山塘桥至虎丘山止。其间城池之峻险，廨署之森罗，山川之秀丽，以及渔樵上下，耕织纷纭，商贾云屯，市廛鳞列，为东南一都会。至若春樽献寿，尚齿为先，嫁娶朱陈，及时成礼，三条烛焰，或抡才于童子之场，万卷书香，或授业于先生之席，耕者歌于野，行者咏于途，熙皞之风，丹青不能尽写。

徐扬参加了乾隆《苏州府志》的舆图编绘②，熟稔故里城乡风物，在题识中极具逻辑地介绍了画卷的空间脉络。图卷自右及左铺展，观者的视线灵活移动：先从城西灵岩山向东行，经木渎、横山、石湖与上方山，转而北折，离开太湖，穿过狮子山、何山之间，到达苏州城；然后顺时针经葑、盘、胥诸门，到达城西北的阊门；最后由阊门外的山塘河趋西北，直至虎丘。③ 这是一个多次变换方向的游览路线，最大程度地串联了城西名胜，且城区风貌也能大体收入。通过假想的俯瞰角度，观者获得了宽广的视域。必须强调的是，所有场景之间隐藏着一条水路——大运河。画幅里，

---

① 聂崇正：《清代外籍画家与清宫画风之变》，载氏著《清宫绘画与"西画东渐"》，北京：紫禁城出版社，2008年，第180-181页。
② 苏州市城建档案馆、辽宁省博物馆：《姑苏繁华图》，北京：文物出版社，1999年，第9页。
③ 同②，第19页。

主河道穿村镇，依城墙，傍街衢，曲折伸展，一以贯之。它们依次是胥江、护城河和山塘河，均属大运河体系。

《姑苏繁华图》不只图绘山水和建筑，还留心传达风俗，精心设计了寿庆、婚礼、科考、读书、耕织、渔采、商贸、行旅、嬉游等情境，赋予图像淳朴、安乐的社会氛围。如各本《清明上河图》一样，缘于追求活动类型的丰富，不免要牺牲全卷内容的时令统一性。综合来说，画面呈春季景象，随处可睹新绿与杂花，对应乾隆帝南巡的时间。尽管画家感叹姑苏民俗"丹青不能尽写"，但是"图写太平"的初衷已然达成，这种粉饰盛世以极力颂圣的主旨区别于宋本《清明上河图》。《姑苏繁华图》所叙之事固然有虚拟的成分，但环境基本写实，具备史料意义，足够引导我们回访吴门。

七里山塘

先看卷尾一段。

从《姑苏繁华图》左端的虎丘至右侧距离最近的城门，是闻名遐迩的七里山塘。七里山塘即阊门至虎丘长约七里的河道及沿河街市。河曰山塘河，街称山塘街。由大运河南下苏州，舟船面临的第一座城门就是阊门，所以山塘河无疑是开集设市的宝地。这片街区的繁荣在明清时登峰造极，唐寅诗中这样描述："门称阊阖与天通""万方珍货街充集"，如有人想再现其景，连他都认为"画师应道画难工"。[①]《红楼梦》第一回写道，阊门"最是红尘中一二等富贵风流之地"。山塘河一线水道属大运河，与主运道上塘河在阊门相汇，提供了一条捷径：走山塘河进苏州，比循上塘河、过枫桥路程更短。[②]

---

① [明]唐寅著，周道振、张月尊辑校：《唐寅集》，上海古籍出版社，2013年，第48、51页。
② 图示见《江南运河图》。苏州市文物局：《大运河苏州古城段遗产研究报告》，北京：文物出版社，2016年，第103页。

唐宝历年间，吴郡太守白居易开山塘河，沿河筑路，当时叫武丘路，后来又名白公堤。白太守诗云："自开山寺路，水陆往来频。银勒牵骄马，花船载丽人。"① 山指虎丘，上有虎丘寺，唐代因避讳改称武丘寺，即云岩寺前身。衔接郊外名胜的水路和陆路从阊门径直通往虎丘，起初遍生荷蕖和桃李，拓展了苏州城的交通和景致。

徐扬做到了唐寅眼中的难事。七里山塘实是《姑苏繁华图》的豹尾，其取景焦点落在阊门（图 2-2-1）。阊门是作者着意突出的一座城门。城楼前设宽敞的瓮城，再前为高耸的石梁桥吊桥。王翚领衔绘制的《康熙南巡图》中，第七卷所画阊门视角不同，瓮城含两圈墙垣，合乎事实。② 徐扬强调情节性，阊门吊桥一带集合了大量人群，桥上都在进行买卖。桥南侧有一个装卸货物的码头，泊有若干货船。岸边熙熙攘攘，隔着看客可见一位表演走索的女子。阊门内热闹的街道和今天相仿，一些劳力正将水路运来的货物送往城中。街旁店铺、住宅鳞次栉比，徐扬宅原本就在附近。远处树立着北寺塔，即报恩寺塔，系苏州现存最高大的塔。

古代绘画中的阊门曾以另一种方式出场。③ 清顺治四年（1647）中秋节，画家张宏与友人游虎丘，回船至阊门时遇到严重拥堵。虽暂时被困不前，张宏心情还算不错，由于手头恰有一把空折扇，便把眼前的境况记录了下来。名为《阊关舟阻图》的扇面里，城门水关前大小船只竞相进城，阵仗犹如现代交通晚高峰。张宏的朋友袁尚统也遇到过这样的水路拥塞，绘有立轴《晓关舟挤图》。此件作品里，船内男女长幼粗辨面目，在混乱的状态下，人们有的焦躁，有的无可奈何，有的依旧闲适。

值得一提的是，张宏善于营造具象的实景，而且时常高度符合视觉经验。他强调目见对创作的帮助，但高居翰认为，张宏颇具特色的画面

---

① [唐]白居易著，丁如明、聂世美校点：《白居易全集》，上海古籍出版社，1999 年，第 372 页。
② 注意到瓮城细节的还有张烨：《徐扬〈盛世滋生（姑苏繁华）图〉卷的真伪辨》，《美术大观》2009 第 2 期，第 100-103 页。
③ 黄小峰：《阊门、辫子与无序的都市：〈晓关舟挤图〉解读》，载氏著《古画新品录：一部眼睛的历史》，第 121-133 页。

图 2-2-1　徐扬《姑苏繁华图》中的阊门与山塘街东段（清　纸本　辽宁省博物馆藏）

还与西方版画在中国的流布有关。[①] 他的一些作品的确支撑这种推断：《越中十景图》所绘长桥使用了中国罕见的线性透视法（图 2-2-2）；《止园图》之园林总貌虚构了高空俯瞰视角，地平线斜向延伸，作近大远小的构图。如高居翰所言，严谨的透视观念最终未在张宏的时代产生大范围的影响，可清代宫廷的情况略显特殊。[②]

　　来自欧洲的传教士画家促使透视法正面传播到清宫。徐扬进宫前，可能已掌握一定的外来概念，进宫后则兼师中西，《京师生春诗意图》最能反映他对城市空间的透视处理。《姑苏繁华图》在近景阊门和远景虎丘中间，将整个山塘河置入中景。随着卷轴慢慢打开，河道渐渐变窄，并偏向上方。对山塘河的全景式忠实展示胜过后来他在《乾隆南巡图》中运用的手法，河道、街市描摹细致，然而景物仍有所删减。作品视野中，主河六座石桥仅见三座，右边两座题写着"山塘桥""半塘桥"，起到标识作用。

　　山塘街在河北岸，也就是画面远端。徐扬复刻的街景细部臻于极致：沿街店铺通过文字招幌招徕生意，售卖对象从酒食点心到粮油日用、花木

---

① [美] 高居翰著，李佩桦等译：《气势撼人：十七世纪中国绘画中的自然与风格》，北京：生活·读书·新知三联书店，2009 年，第 2-48 页。作者详论了张宏作品和西方版画的联系，由此也引起争议。
② 高居翰又指出，北欧技法对清代绘画影响更大。[美] 高居翰著，杨多译：《致用与移情：大清盛世的世俗绘画》，北京：生活·读书·新知三联书店，2022 年，第 87-125 页。

图 2-2-2　张宏《越中十景图》其一（明　绢本　日本大和文华馆藏）

药材,乃至字画古玩,可谓目不暇接。有的幌子还写出商品产地,内含"山东""南河""宁波"等大运河周边地带。行人不时地被路边的货物吸引,连游船中的客人都不免投去猎奇的目光。山塘街是典型的江南水乡市井,代表了依托水路发展起来的立体化的交通和商业空间。不惟苏州城区如此,周边市镇也是这样,例见《姑苏繁华图》卷首部分着力再现的木渎镇(图2-2-3)。木渎镇怀揽大运河支线胥江,倚靠灵岩山,拥有名园遂初园[①],是城西南的大镇,乾隆帝屡次到访。徐扬用木渎镇制造了开篇的亮点,辉映卷尾。

图2-2-3 《姑苏繁华图》所见木渎镇

让我们走一遍现实中的山塘街。从阊门出发,过吊桥、山塘桥等遗址,西行穿过景区,就到了原生态街区。星桥附近老字号云集,若在桥北转进小巷,你会遇见隐藏的江南风味市集,一连串店面门口陈列着品类丰盛的河鲜。星桥是清同治年间重建的单孔石拱桥,体量不大,但很陡峻,登至桥顶能清楚地眺见西北方向的虎丘塔。

继续向西,一路上不断经过石桥、牌坊、会馆门楼等遗迹。最大的一座桥是康熙四十九年(1710)的普济桥,乃横越主河的三孔拱桥。《姑苏繁华图》中该桥被树木遮蔽,不见桥名,且仅含一孔。乾嘉以后,桥拱内

---

① 陈婧莎:《中国风俗画稀世珍品:姑苏繁华图》,北京:中国青年出版社,2015年,第65-67页。

添刻了"放生官河"等大字，朝向两岸，明令禁捕，在某种程度上显示了维护水体生态的意志。稍早时，治理污染是山塘河面临的紧要问题。[①]乾隆二年（1737），苏州府勒石禁绝虎丘一带的染坊，这才扭转了"满河青红黑紫"的恶劣情况。治污之举源自本地士民和僧人的联名倡议，碑记现在虎丘头山门。

普济桥西的五人墓同样彰显了民风。走进幽谧的墓园，透过门坊，望见享堂中立着一块碑，正面刻擘窠大字"五人之墓"，填以朱色，为明崇祯元年（1628）韩馨手笔。《姑苏繁华图》里此碑露置街畔，右边是红墙环绕的报恩寺，未注文字。[②]墓碑侧后方，墙体所嵌碑石写有张溥的《五人墓碑记》，开篇叙述："五人者，盖当蓼洲周公之被逮，激于义而死焉者也。"故事的缘起在明天启六年（1626），魏忠贤派爪牙到苏州逮捕东林党人周顺昌，最后引发苏州百姓的激烈反抗，以至群起冲撞衙署。事后，颜佩韦、杨念如、马杰、沈扬、周文元五人受到追究，慷慨赴死。魏忠贤倒台后，人们将山塘街的魏氏生祠改为五人墓，张溥、文震孟等参与其事。

五人以布衣身份垂之不朽，姓名赫然列于合葬墓的丘垄前，为大运河景观增添了平民因素。《五人墓碑记》曰："而五人亦得以加其土封，列其姓名于大堤之上。凡四方之士，无有不过而拜且泣者，斯固百世之遇也。""大堤"为白公堤，也即山塘街。五人墓院落中，藏有万历三十九年（1611）的方形石幢，刊有王稺登撰写的《重修白公堤碑》。与运堤共存的义士墓广受瞻仰与咏叹，自古及今恒为苏州人的精神标杆。[③]（图2-2-4）

到了山塘街尽头，便是虎丘头山门。进寺向北，过海涌桥，迎面是二山门，其整体形制和部分构件体现出宋代特征。[④]至此便到了山麓。虎丘

[①] 苏州博物馆等：《明清苏州工商业碑刻集》，南京：江苏人民出版社，1981年，第71-73、286-288页。

[②] 乾隆时，秦仪《虎丘山塘图》全面记录了七里山塘，"五人之墓"碑标有文字。[清]陆肇域、[清]任兆麟编纂，张维明校补：《虎阜志》，苏州：古吴轩出版社，1995年，第27-37页。

[③] 同②，第245-249页。

[④] 周淼：《虎丘云岩寺二山门实物年代与形制年代分析》，载贾珺主编《建筑史》第35辑，北京：清华大学出版社，2015年，第72-85页。

四面环水，不算高峻，妙在人文典故和历代文物繁多。从《姑苏繁华图》可以看出，它是山塘游人的终极目的地。北宋时，苏轼作诗称赞虎丘，注里引用了别人的话，后世误传作："东坡尝言：'过姑苏，不游虎丘，不谒闾丘，为二欠事。'"① 有了东坡钟情虎丘的传说，就更利于大显其名了。

虎丘之景以云岩寺为中心，寺院依山布局，岩壑奇秀，构成园林式的山野空间。寺内五代、北宋之交营建

图2-2-4　五人墓碑

的砖塔特立山巅，引人瞩目。塔共七层，平面为八边形，立面有明显的倾斜。太平天国时期塔周木构尽毁，明代虎丘实景画保留着完整塔影。② 例如，吴门艺坛领袖沈周的《虎丘十二景图》册页中云岩寺塔两度出现，一图以山前视角统摄全山，一图拉近距离，突出寺院核心建筑，空间表达虽不够准确，但塔身刻画仔细。（图2-2-5）

虎丘前临山塘河，且距城池较近，是观看运河风光的佳所。据袁宏道《虎丘》记文，我们知道从山上可瞭望远处的天池山，甚至能看见常熟的虞山。③ 毋庸置疑，可以登临的云岩寺塔更适合瞻眺近水远山。这种古人真实掌握的宝贵的凌空视角，对于创作实景画大有裨益。徐扬在构思《姑苏繁华图》的宏大场面时，极可能得到了虎丘及苏州城区高塔的帮助。

明人谢时臣《虎丘图》（图2-2-6）采用长卷形式，由南而北铺陈名

---

① "闾丘"乃名士闾丘孝终。　朱红：《虎丘识小》，《苏州杂志》2012年第6期，第36-37页。
② 晚明绘画屡屡表现含云岩寺塔在内的虎丘实景。　许彤：《胜景纪游：中国古代实景山水画》，北京：人民美术出版社，2021年，第120-138页。
③ [明]袁宏道著，钱伯城笺校：《袁宏道集笺校》，上海古籍出版社，1981年，第157-158页。

图 2-2-5　沈周《虎丘十二景图》其一（明　纸本　美国克利夫兰艺术博物馆藏）

胜全貌，从清流小桥至苍岩古塔尽收眼底。①这幅作品是作者因雨困在山寺，戏墨而成，状物完备，层次分明，只是运河显得野趣盎然。明代文人画家的视角充满变化，清代的官方绘画却对全景虎丘情有独钟。康熙时，焦秉贞《南巡苏州虎丘行宫图》绘秋夜，左半段是包含新建行宫的虎丘，略如《康熙南巡图》中的做法，右半段顺着山塘河一直画到阊门。整个画卷中游人络绎，舟楫不绝，一派治世气象。山塘河东段渐入远景，天尽头，苏州城隐约呈一条水平线，报恩寺塔巍然高出城表。这恰是昼时在虎丘上肉眼可见的情形。乾隆《南巡盛典》收录版印虎丘图像，寺前运河如带。此图基本袭自乾隆《虎丘山志》，景物、行宫等注出名目。②《姑苏

---

① 吴洪德：《名胜古迹的再现与其变形——14至18世纪传统绘画中虎丘的视觉形象建构》，《建筑遗产》2017年第2期，第56—70页。
② 参阅吴洪德：《"空间"的产生：18世纪虎丘山康熙行宫的兴建及其再现》，《时代建筑》2021年第6期，第50—57页。

图 2-2-6　谢时臣《虎丘图》局部（明　纸本　美国波士顿美术馆藏）

繁华图》末尾的构图与之相似，起到压轴作用。[①]

明清两代，虎丘逢中秋最为热闹，张宏所遇舟阻就发生在这一天，故清代绘画所见山塘盛况实为历史的一种写照。袁宏道《虎丘》曰，"每至是日，倾城阖户，连臂而至"。又据张岱《陶庵梦忆》，中秋日的虎丘众生云聚，夜间曲会大兴，能者竞相献艺，舞台竟蔓延到河面的画舫。[②]山林、酒肴、明月、笙歌，十二个时辰的欢乐洋溢在秋高气爽的节令，姑苏的烟火味与文人气无缝衔接。

水陆萦回

视线沿着如虬龙般的城垣，跳转到《姑苏繁华图》最右侧的城门——盘门。

徐扬笔下，盘门内外勾画出瑞光塔、吴门桥（图 2-2-7）。护城河水

[①] 对有关图像间关系的讨论见王正华：《乾隆朝苏州城市图像：政治权力、文化消费与地景塑造》，载氏著《艺术、权力与消费：中国艺术史研究的一个面向》，杭州：中国美术学院出版社，2011 年，第 154-163 页。

[②] [明]张岱著，夏咸淳、程维荣校注：《陶庵梦忆·西湖梦寻》，上海古籍出版社，2001 年，第 85 页。

图 2-2-7 《姑苏繁华图》中的盘门至胥门一带

逐渐流向远处,一起远去的还有星星点点的风帆。近处的光景截然不同,河面几乎布满船只,有的并排停泊,有的挤作一团,有的升帆起篙准备起航,有的正穿过石桥的桥洞。这种状况不难理解,因为环绕苏州城一圈的护城河都是运河。在这个环线上,南宋建造的六座城门前均汇入外来河道,组成放射形的水网。自城西北的阊门南下,经胥门和盘门至城东南角,是大运河的主线。同时,自西向东流的水系又贯穿整座城。① 在南宋石刻舆图《平江图》(图 2-2-8)里,苏州城区河道一览无余。

前述舟楫集散地实际靠近胥门。直抵胥门的胥江是始自春秋的早期运河,沟通了苏州城和太湖;胥江的横塘与上塘河的枫桥这两大水路节点南北相连,因而胥门面对的也是运河复线。② 缘此,胥门成为仅次于阊门的苏州运道要津,有"金阊门,银胥门"之谚。《姑苏繁华图》中盘门左侧的城门便是胥门,门前有大型码头,人员稠密。前文提到的单孔桥系胥门前枣市街的泰让桥,名称采用了泰伯奔吴让位的典故。胥门以左,徐扬倾力描摹了全卷尺幅最大的一座桥——乾隆时创建的万年桥(图 2-2-9)。该桥的画法与行世的版画《姑苏万年桥图》有关,桥为三孔石梁形制,石栏和朱漆木栏相间,两端置石牌坊与木构碑亭。画内,牌坊的云纹柱头等雕饰清晰可认,作者甚至还写出了题额和对联。《姑苏繁华图》塑造的人物带有虚构的色彩,戴冠冕者比例极高,相应地,其对环境的表现也有美化的成分。③ 不过,除却堂皇的商铺、酒馆,胥门街市里还插进了不起眼的客栈和浴室,含蓄地向观者提示着民间旅行者的辛苦。

徐扬所绘船只多达数百,种类繁杂。④ 护城河上以各式各样的官船、民船为主,山塘河上以悬着灯笼、日夜行游的画舫为主,石湖内则以扁

---

① 《长洲县志》:"城内河道,西南自盘门入,西北自阊门入,东南由葑门出,东北由娄门出,北由齐门出,三门水汇于运河。城内河渠,国初可通漕舫……"[明]张德夫修,[明]皇甫汸纂:《长洲县志》卷 10,明隆庆五年刊本,第 4b-5a 叶。
② 傅崇兰:《中国运河城市发展史》,成都:四川人民出版社,1985 年,第 123 页。
③ 参阅 [美] 高居翰著,杨多译:《致用与移情:大清盛世的世俗绘画》,第 181-184 页。
④ 席龙飞:《中国造船通史》,北京:海洋出版社,2013 年,第 388-393 页;陈婧莎:《中国风俗画稀世珍品:姑苏繁华图》,第 54-63 页。

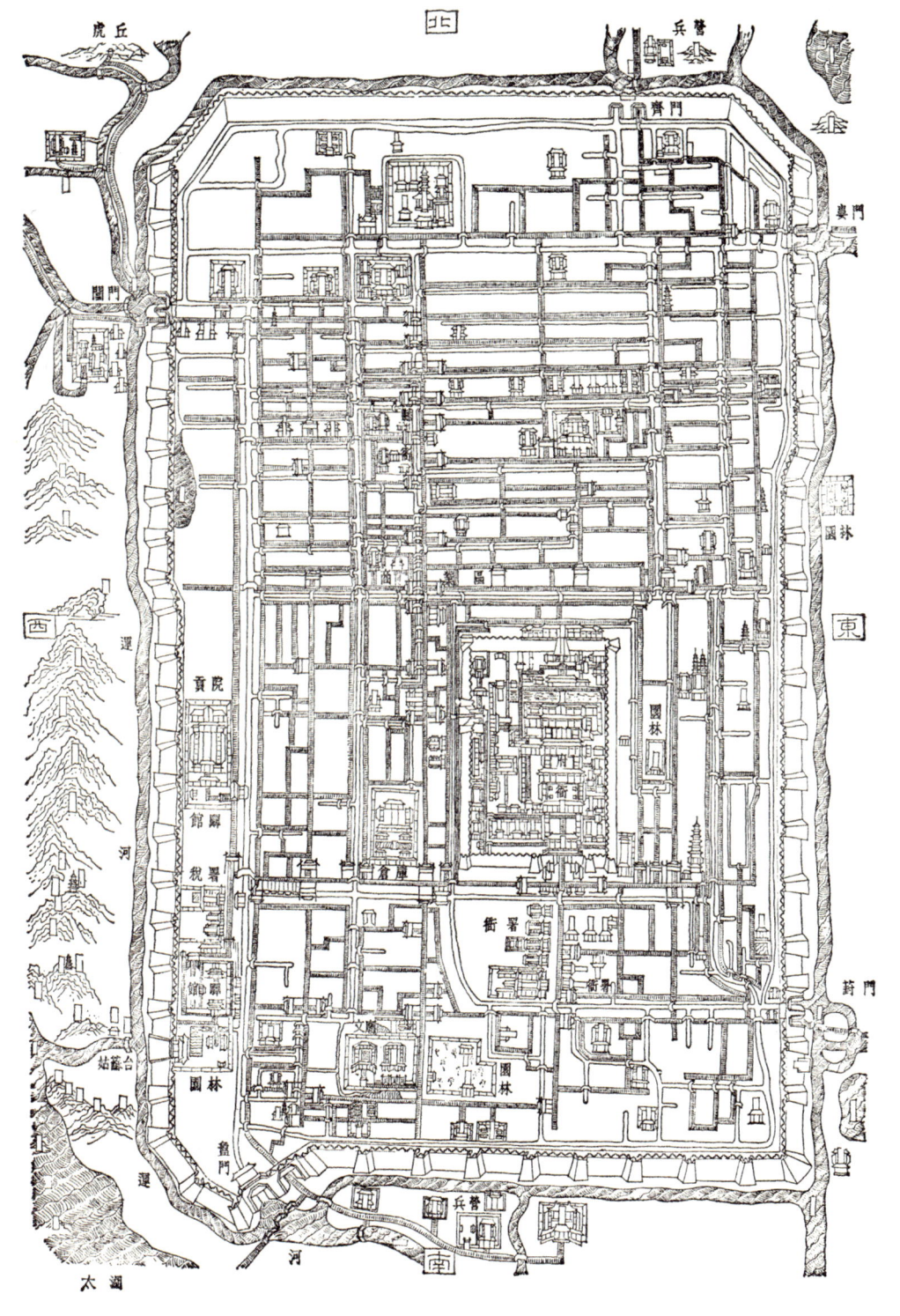

图 2-2-8 《平江图》线描图

图 2-2-9 《姑苏繁华图》之万年桥

舟一叶的渔船为主。万年桥左侧绘有木渎镇迎亲喜船[1]之外最大规模的船，需要十个人一起撑篙驱动，周身修饰华丽。画家还通过船顶众人升桅的情节致敬了《清明上河图》，因为已经顺利过桥，水波之上洋溢着轻松的气氛。除了船只外，桥的右侧还漂动着大型木排和竹筏。

舟船辐辏的水运大观并不为江南独享。明万历年间，钱縠与张复师生合作《水程图》册页计84幅，比较全面地汇集了赞助人王世贞过眼的从苏州到北京的大运河图景[2]，中有一幅记录山东临清城（图 2-2-10）。临清适逢多条运河，城池裹挟运道，水路异常发达，因而也呈现仿若姑苏的樯桅林立的景象。

南宋平江取消了胥门，盘门成为城市西南角进出城垣的孔道。一说盘门得名自"水陆相半，沿洄屈曲"[3]，这种特点确实存在。盘门剩有元至正时的遗迹，格局与南宋《平江图》所见略同（图 2-2-11）。南侧的水门分为前后两道券洞，上方置绞关，用以升降闸板，北侧的陆门含有瓮城，二者安全性都很高。整座门位于城墙南段，但朝东，所以城角向外凸出来一

---

[1] 范金民：《〈姑苏繁华图〉：清代苏州城市文化繁荣的写照》，《江海学刊》2003年第5期，第155-156页。
[2] 陈远：《王世贞的〈水程图〉与明代大运河之旅》，中国美术学院博士学位论文，2019年，第139-143页；叶雅婷：《明代的宦游文化——谈院藏〈水程图〉的纪实特色及其观众》，《"故宫"文物月刊》第432期（2019年3月），第82-94页。
[3] [唐]陆广微：《吴地记》，清文渊阁四库全书本，第4b叶。

图 2-2-10 《水程图》里的临清城（明　纸本　台北故宫博物院藏）

图 2-2-11 《平江图》碑所刻盘门
（苏州碑刻博物馆藏）

块，如此墙体就能抗衡从胥江奔涌而来的太湖方向的洪流。[1] 元代恢复胥门，但不置水门，也出自同样的考虑。由《平江图》可知，宋人甚为重视盘门的水门，原因在于通进城里的河道也具有运输功能。我们在原碑上可以看到，凹陷的河道旁刻着"运河"字样。盘门特异的设计反映了苏州城的营造智慧，也使人窥见运河理水的精微操作。

萦回宛转的盘门交通结构可谓江南城镇的缩影。盘门

---

[1] 郭黛姮：《南宋建筑史》，上海古籍出版社，2018 年，第 64-65 页。

前的护城河较宽，向东分为两支，有时候水流十分迅疾，所以桥的作用很大，但建桥颇有挑战性。《平江图》中，盘门外的吴门桥、如京桥等延展陆路，与水道相互编织，汇为综合的路网。吴门桥是盘门景观的一部分。南宋绍定年间，城下始创石桥，"环以三石洞，尤为壮伟"[①]。从图像可以看出，桥的形状较为奇特，相当于由三座独立的单孔桥前后拼接而成。这种建桥方式是自然条件和技术限制共同的结果，效果自然不尽理想：桥身贴近并侵占水面，妨碍了运道的使用。类似做法另见于南宋赵伯沄率众重建的黄岩五洞桥，实物尚在。五洞桥串联五个石拱，桥面跌宕起伏，为此专门做出排水口。[②] 三桥合一的设计可追溯到更早，北宋庆历年间，初置吴门桥，时称新桥、三条桥，"横绝漫流，分为三桥，往来便之"[③]。彼时采用的大概是盛行的木构。对于宋人来说，建造大型桥洞的经验还不普及，能够徒步渡河已经值得欣慰。

现存的吴门桥系清同治十一年（1872）"苏省水利工程总局"重建，桥联位置列有施工单位和年月。这是一座雄伟的单孔石拱桥，形制与《姑苏繁华图》所绘三孔桥式有别，却符合宋骏业《康熙南巡图》所见景况[④]。20世纪80年代，大运河航道退却到了古城远郊，明清之际便不如阊、胥二门喧闹的盘门愈发沉静下来。近年，"运河游"兴起，新的画舫载着游人穿梭在吴门桥下，倾听运河往事。桥如其名，它仍是苏州的象征。

平江旧迹

徐扬怀着对故乡的深情，完成实景巨制《姑苏繁华图》，将乾隆帝欣

---

① [明]卢熊：《洪武苏州府志》，扬州：广陵书社，2020年，第106页。
② [宋]陈耆卿：《赤城志》卷3，清文渊阁四库全书本，第10a叶。
③ [宋]朱长文撰，金菊林点校：《吴郡图经续记》，南京：江苏古籍出版社，1986年，第25页。
④ 吕晓：《宋骏业〈康熙南巡图〉初探》，《美术研究》2019年第3期，第11页。 该图一名《康熙南巡苏州图》。

赏过的苏州风物罗致于天子座前。多年后，徐扬奉命绘《乾隆南巡图》，其第六卷《驻跸苏州》再次展现了吴门胜概。这一次，主人公乾隆帝的龙舟在运河上隆重登场。较之《姑苏繁华图》前半段渲染胥江沿线的灵岩山、石湖等妙境，《驻跸苏州》前半段致力于摹画运河重镇浒墅关。两幅作品空间叙事的方向大相径庭，但城区部分频见重合的元素。

巡礼姑苏城需要暂时离开运河主道。《姑苏繁华图》所见清代苏州不乏宋代旧迹[①]，事实上，南宋奠定的古城平面形态迄今保留。宋代，苏州易名平江。由于金兵毁城，南宋平江几乎是一座再造的城市；然而，都城的南移助推了江南的飞速开发，百年岁月已使苏州恢复元气。据一般观点，南宋绍定二年（1229），知府李寿朋主持制作官方舆图《平江图》（见图2-2-8），刻石立碑，定格了彼时的全城规模。[②]

先看宗教建筑。《平江图》掺入绘画手法，主要建筑粗具形态。图的右上部，大型道观天庆观里勾勒了一座重檐大殿。该殿即"雄杰冠浙右"的现玄妙观三清殿，今在观前街，南宋淳熙时的原貌依稀尚在，目前是长江以南体量最大的宋构。《平江图》中多绘佛寺，城里城外皆见佛塔，如巨刹报恩寺及塔。进阊门东行，可达该寺。塔作九层楼阁式，砖木结构，高约76米，八面威风（图2-2-12）。塔身设内外重廊，副阶周匝。入塔拾级而上，至高层能周览全城。传言报恩寺始于东吴，南梁时立有十一级巨塔，现在的砖

图2-2-12　苏州报恩寺塔

---

① 对苏州早期建筑的调查见刘敦桢：《苏州古建筑调查记》，载氏著《刘敦桢全集》第3册，北京：中国建筑工业出版社，2007年，第1-42页。
② 另一种意见认为该碑刻于李氏离任后的绍定三年。张维明：《宋〈平江图〉碑年代考》，《东南文化》1987年第3期，第109-112页。

构源自南宋绍兴年间,迭经修补,清末复建了木构。

  塔是大运河沿岸风景的重要组成。古往今来,无论矗立于城镇、峰峦还是原野,它们既能为天地开画图,又能化作水程的标记物。唐宋时期,通济渠边的泗州城里,僧伽塔及泗州大圣像引来无数观者,佛塔与护航之间也建立起关联。① 久而久之,僧伽信仰及其图像传播到大运河上下,以至全国各地。明清以后,带有实景画性质的不同功能的古代运河画作纷纷流露出对塔的兴趣。不单宫廷绘画、方志插图,文人作品亦屡现大运河与塔影同框的情形,王世贞的《水程图》就囊集了各地的塔,包括虎丘云岩寺塔、惠山龙光塔、常州天宁寺塔、高邮镇国寺塔、济宁崇觉寺铁塔等。这套作品构图灵活,充分利用纵向塔影与横向水面的搭配,营造了一系列佳景。

  《平江图》中的市井深处还隐藏着一对北宋砖构双塔。这对塔在城东定慧寺巷罗汉院故址,也作楼阁式。两塔犹呈宋初样态,造型灵秀,檐牙高啄。因为尺度偏小,其内供攀登的空间不大。塔的后方原有同时期的正殿,仅余石构。部分石柱雕刻华美,表面排布缠枝莲花或牡丹,化生童子嬉戏枝叶间,憨态喜人。②(图 2-2-13)

  再看礼制建筑。苏州文庙在盘门以内不远,由范仲淹创立于北宋,南宋初年重建。已辟为苏州碑刻博物馆的文庙主要呈明清时期的面貌,

图 2-2-13 罗汉院正殿石柱与东塔

府学设在庙西,俱为一体,赓续着《平江图》显示的原始格局。博物馆内

---

① 吕德廷:《黄河、运河影响下僧伽信仰的演变》,载李泉主编《运河学研究》第 3 辑,北京:社会科学文献出版社,2019 年,第 130-141 页。
② 张朋川:《苏州宋代雕塑艺术》,载苏州大学非物质文化遗产研究中心编《东吴文化遗产》第 4 辑,上海三联书店,2013 年,第 148-150 页。

石刻如云,《平江图》碑等南宋四碑就收藏在这里。四碑中的另外三方稍晚刻成,分别刊布《天文图》《地理图》和《帝王绍运图》,史料价值珍贵。① 自南宋起,四碑就陈列在文庙里,面向世人。1917年,《平江图》经过名手黄慰宣的再次加工,恢复为清晰状态,且未失真。近观《地理图》,江南一隅因受到历代观者的反复摩挲,内容早已磨灭,恰如唐寅的那句"苏州两字指摩穿"②。

对比《姑苏繁华图》和《驻跸苏州》,前者对苏州文庙和府学进行了具象的描画,影壁、棂星门、大成殿、明伦堂、尊经阁等一应俱全,并且庙内庭院古木森森、气氛庄重,较之后者画面里的背影益发详尽。(图2-2-14)

最后是住宅区。白居易诗云"扬州驿里梦苏州,梦到花桥水阁头"③,杜荀鹤咏曰"君到姑苏见,人家尽枕河",可知唐代苏州的水乡韵味已令人难忘。纵览《平江图》,则得见当时的城市水路主干。④ 各河之上,画出桥梁约三百座。除城中央为封闭的子城所占据外,水路及周边陆路纵横交叉,四通八达。至明代,河网之盛甚至稍有进益,但是清代以后因为人口激增等缘故,兴起填埋河道的做法,水路开始损失。嘉庆元年(1796),

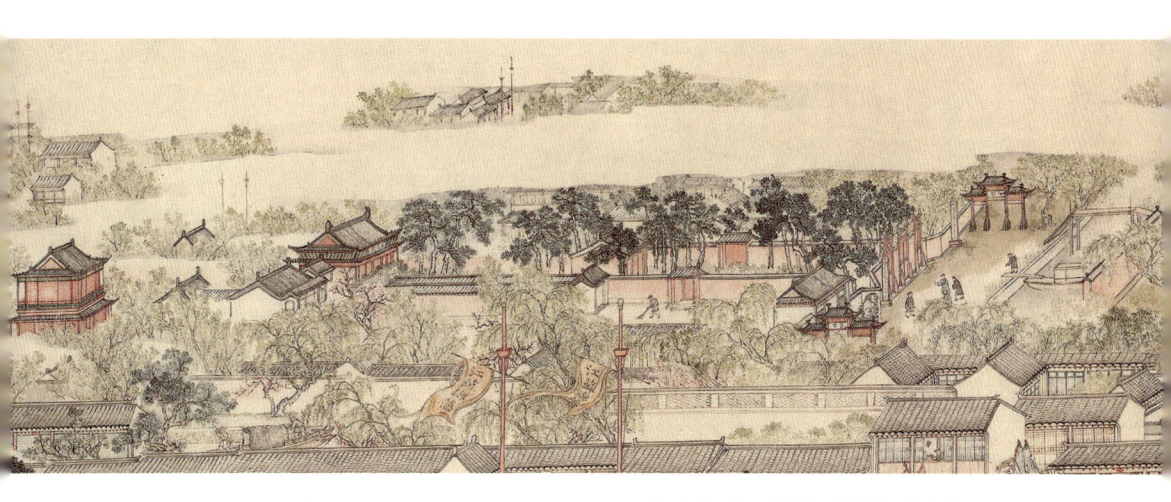

图 2-2-14 《姑苏繁华图》之文庙

---

① 张晓旭:《"四大宋碑"概述》,《文博》1991年第2期,第29-35页。
② [明]唐寅著,周道振、张月尊辑校:《唐寅集》,第51页。
③ [唐]白居易著,丁如明、聂世美校点:《白居易全集》,第374页。
④ 城内水路总长约合82千米。 郭黛姮:《南宋建筑史》,第66页。

苏州疏浚河道，刊刻了《苏郡城河三横四直图》碑[①]，原石在城隍庙。"三横四直"沿袭了《吴地记》中的早期概念，在明代《吴中水利全书》中有详细说明及图示，指的是除了城墙内濠以外较为连续的大河，从中能够把握长期存在的河网骨架。[②] 特殊的地理特点使得人们不得不协调苏州住宅与水的关系，所以频见同时傍依水陆道路的人家。[③]

即使到了水路再三减少之后的现在，苏州城内的河流密度仍然很高。观前街东侧的一大片历史街区竟然在基本布局上略同《平江图》的记载，因而称作平江路（图2-2-15）。作为南宋城市肌理的活化石和历史建筑的聚集地，平江路在2005年赢得了联合国教科文组织授予的"亚太地区文化遗产保护奖"。由于与运河一脉相通，它也成为世界遗产中国大运河的遗产点。

此间，水、陆道路以纵线为主、横线为辅，陆路紧贴水路，有"双棋盘"之喻。南北向的陆路干线关联着众多古桥，形如树干；东西向的巷子形如树枝，大枝上又生细枝，即里弄；枝头长出繁叶，也就是成片的民居，间或绽开几朵花，那便是园林、会馆、寺观、祠堂了。人工规划的水陆相济的人居场所本是苏州城中的平常景观[④]，在《姑苏繁华图》等作品里，小桥流水常在地标性元素的间隙起到填充画面的作用。区别于凌霄的宝塔，街区水平铺展，若非借助航拍，难以一窥全貌。然而，交错的双轨路径依然是高度立体的，吸引着行人徘徊街头，抑或流连水际，在"楼台俯舟楫"的空间里领略别样意趣。

在苏州老街寻觅宋代是件微妙的事。有时，宋物穿越时光来到你的面前；有时，你捕捉的只是历史的投影。《平江图》记载的桥在改造和更名后，往往与今日遗存仅仅共享地理坐标，缺乏实际联系。不过，平江路街区的寿安桥、思婆桥却沿用了宋代构件。踏进一座苏州园林，眼前景物大概率是清以后的手笔，可脚下的地基或许承托过宋人的园林梦。沧浪亭所

[①] 线图见傅崇兰：《中国运河城市发展史》，第118页附图。
[②] 苏州市文物局：《大运河苏州古城段遗产研究报告》，第51-53页。
[③] 陈从周：《苏州旧住宅》，上海：同济大学出版社，2018年，第72页。
[④]《苏州府志》："民居其间，又分水陆二路，纵横交错，是以水置桥梁，陆置坊巷，无非通舟车货财出入者如此。"[明]卢熊：《洪武苏州府志》，第85页。

对应的《平江图》里的位置画有园林,其地时属韩世忠家族,题为"韩园"。网师园也建在南宋园址之上。现今,园内乾隆间的"藻耀高翔"门楼高大精美,冠绝全城(图2-2-16)。扬州、徽州一般门楼临街,苏州民居却把繁复的砖雕反置于门里侧,似乎更重视宅内欣赏。这种内秀的格调恰也是苏州园林的特质。

图 2-2-15　平江路街区

图 2-2-16　网师园"藻耀高翔"门楼

盧家橋
宗利橋
安民橋
文家橋
方廣橋
普賢院
寺東橋
縣丞廳
吳縣
縣西橋
縣東橋
清嘉坊
朱明寺
朱明寺橋
三太尉橋
周太保橋
丁家橋
小平橋
黃土塔橋
琵琶橋
小市橋
寺後橋
陸侍郎橋
郎家橋
絲行橋
永定寺
鴨舍橋
魚行橋
慈悲橋
澄虛觀
洞橋
傳法寺

第三章

河与桥

第一节　石桥新风：技术与艺术

清季以后，海外学者在中华大地的历史遗迹考察陆续开展，留下一批文献与图像资料。其间，部分行程经过大运河，但通常依赖海路、陆路或长江航道，记录的对象集中在城区及其周边。大运河流域的桥梁也曾受到关注，例如苏州枫桥、杭州拱宸桥等。1906 年，德国建筑史家伯施曼在山东兖州城南拍摄了明代的泗水桥。[①] 这座雄伟的石拱桥含十五孔，有"鲁国石虹"之喻，原迹今已残损。此桥跨越泗水，而泗水西流汇入大运河，因而其属广义的运河遗产。1930 年，中国营造学社在北平（今北京）成立，中国本土的建筑史研究翻开崭新一页，由此中国古代桥梁考察也取得实质性的突破。

城镇与郊野环境中的桥不仅是陆路的节点，而且是水程的标志，为两种空间共享。讨论大运河系统内的社会场景，桥自然是无法规避的意象。然而，对以江南石桥为代表的运河桥梁的研究晚至新中国时期才真正发端。数千年的时光里，在太湖水乡泽国，舟船胜于车马，这种局面直到改革开

---

① ［德］伯施曼著，段芸译：《中国的建筑与景观（1906-1909）》，北京：中国建筑工业出版社，2009 年，第 67 页。

放初期仍很明显。那时候，尚无成形的公路通向周庄、乌镇等江南市镇。本地人家家户户备有船只，荡舟出入和行游。于水乡人而言，石桥可以说是司空见惯。

视线先投给江南的早期石桥。绍兴城街市深处，浙东运河南侧的八字桥（图3-1-1）是一座完整的南宋石梁桥，1958年始获调查。除了八字桥外，陈从周先生还在城里发现了时间相近的宝祐桥，可惜实物被拆毁。[1] 根据南宋嘉泰《会稽志》记载，"两桥相对而斜，状如八字，故得名"[2]，与现状并不全然相符。又据桥体主孔立柱题刻的"时宝祐丙辰仲冬吉日建"，可知南宋宝祐四年（1256）实施了重建工程。绍兴水、陆交通发达，《会稽志》开头在描述子城结构时，就写到好几座有地标意义的桥。万历《绍兴府志》中，较之宋《旧越城图》所见桥名，明《府城图》所见桥梁符号更多。[3] 直至今天，绍兴城的古代石桥数量依旧众多。

八字桥构造奇特，整体来看，属石梁桥。主孔跨度约4.5米，架于南北向的主河之上。主孔石梁两端各有一个平台，西平台向西、南延伸出踏道，东平台向南、北延伸出踏道，总的平面形态略如"下"字。向南的两条踏道夹峙在河两岸，从南侧望去，它们与石梁构成了"八"字形。复杂的桥梁结构源自交错的河道。目前，主河西侧尚有一段小河与之交汇，穿于"八"字撇画下方，常是泊舟之所。

用一座桥实现跨多条河的目的，这样的例子在历史上偶有问世。绍兴南郊栖凫村清代的三接桥设三组石梁，平面呈"丫"字形，通往"T"字形河道的三岸。该桥虽小，但展现了水乡人造桥的巧思。[4] 20世纪下半叶，

---

[1] 陈从周：《绍兴的宋桥——八字桥与宝祐桥》，《文物参考资料》1958年第7期，第59-61页；陈从周、潘洪萱编著：《绍兴石桥》，上海科学技术出版社，1986年，第67页。

[2] ［宋］沈作宾修，［宋］施宿纂：《会稽志》卷11，清嘉庆十三年刊本，第25b叶。

[3] ［明］萧良干修，［明］张元忭纂：《绍兴府志》卷2，明万历十五年刊本，附图；浙江省测绘与地理信息局：《浙江古旧地图集》，北京：中国地图出版社，2011年，第522-533页。参阅刘未：《鸡冠壶：历史考古札记》，上海古籍出版社，2019年，第74-80页。

[4] 类似的例子还有温岭李婆桥。陈从周、潘洪萱编著：《绍兴石桥》，第8、58-59页；茅以升主编：《中国古桥技术史》，北京出版社，1986年，第49-50页。

图 3-1-1　绍兴八字桥

技术的更新促使水泥结构的双曲拱桥大行于世，一举多得的"十"字形桥梁随之在江浙地区接连建成，呼应了石桥遗韵。

发现武康石

翻阅地方史志可知，宋代的江南地区桥梁营建非常频繁，形成了用石材取代木材的革命性潮流。[①] 以石易木首先证明了技术的进步。中古时期中国就有一定数量的石桥，但未能推广。洛阳旅人桥系文献所见西晋石拱桥："悉用大石，下圆以通水，可受大舫过。"[②] 河北赵县南郊的隋代石拱桥安济桥是宝贵的实迹。这座桥也叫赵州桥、大石桥，落成于 7 世

[①] 参阅孟传鲜：《从〈宋元方志丛刊〉管窥南宋桥梁概况》，《武汉交通职业学院学报》2007 年第 3 期，第 48-54 页；葛金芳：《南宋桥梁数量、类型与造桥技术述略》，载马明达主编《暨南史学》第 7 辑，桂林：广西师范大学出版社，2012 年，第 532-568 页。

[②] [北魏] 郦道元著，[清] 王先谦校：《合校水经注》，北京：中华书局，2009 年，第 260 页。

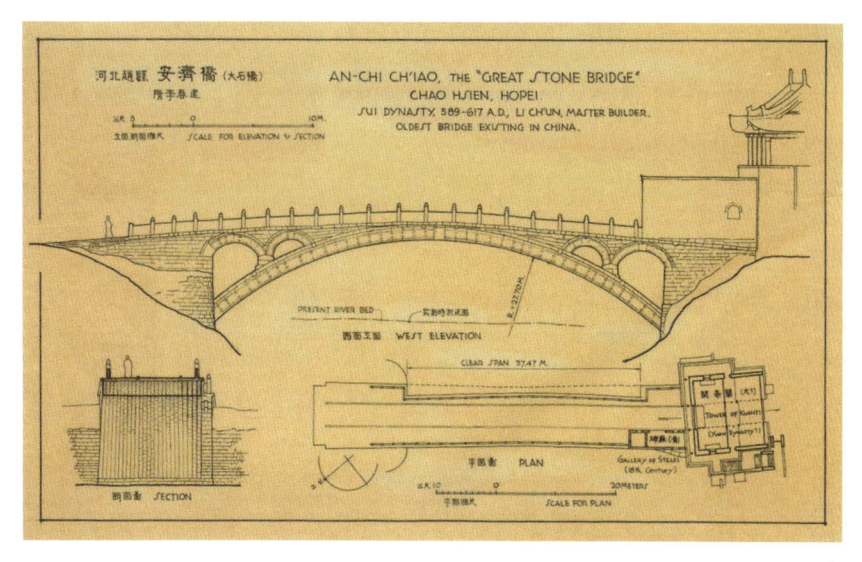

图 3-1-2　赵县安济桥中国营造学社测绘图（1933 年）

纪初，设计者名叫李春。安济桥（图 3-1-2）的拱券跨度达到惊人的 37.4 米，大拱两端的肩部各叠加两个小拱，在减轻自重的同时又缩小了洪水冲击面，堪称典范。中国营造学社成员梁思成、莫宗江前来调查、测绘时，它已屹立 13 个世纪不倒。[1] 可是，即使到了盛唐，像赵州桥这样的石桥仍属罕见。张嘉贞感叹曰，"（赵州桥）制造奇特，人不知其所以为"，张鷟《朝野佥载》则特加赞誉，写道："望之如初日出云、长虹饮涧。"

一种观点认为，圆拱技术是在石梁桥基础上逐渐演变成熟的，体现了对增强结构稳定性的要求。[2] 从梁桥到拱桥，跨度和通航性能都得到了提高。宋代时，福建沿海出现了超大规模的连续式石梁桥，譬如现存的泉州洛阳桥、晋江安平桥等，但在当时，制作大跨度拱券犹然充满挑战。前文提到的黄岩五洞桥串联了五个拱券，就是为了延长桥体且保证通航的一种折中手段。徽宗朝重建的洛阳天津桥虽然借鉴了赵州桥的经验，本质上采

---

[1] 有关资料见梁思成：《赵县大石桥即安济桥（附小石桥、济美桥）》，载氏著《梁思成全集》第 2 册，北京：中国建筑工业出版社，2001 年，第 225-249 页。
[2] 参阅罗英：《中国石桥》，北京：人民交通出版社，1959 年，第 12-27 页；罗英、唐寰澄：《中国石拱桥研究》，北京：人民交通出版社，1993 年，第 2-4 页。

用的还是多拱相接的做法。①

由实物可知，南宋以后常规尺度的石拱桥逐渐流布江南。建造石桥有待良好的原材料。浙江湖州出产紫褐色的武康石，这种石头质地粗涩，利于人行，是造桥的优选。湖州名石借由水道走进大运河系统，继而可被输送至遥远的他乡。从历史脉络中观察，造桥石料的颜色甚至能佐证其时代：宋元两代大量使用武康石，明清阶段武康石开采频遭禁约，故紫石之桥往往时代较早。江南桥梁史上，白色的青石元代以后盛行，而黄色的金山石从明中叶起占突出地位。可是，用这些石灰岩、花岗岩材料建成的桥表面容易变得光滑，雨天则愈加危险，需要调整做法，才能加强实用性。苏州太仓以青石构建的元代皋桥形似宋桥，桥面铺砌碎石，就出自防滑的考虑。

武康石的主要产地位于今湖州德清，其境宋元石桥遗存甚丰，包括单孔跨度达17.5米的南宋石拱桥之最——寿昌桥②（图3-1-3）。该桥跨德清南郊的上渚河，出产武康石的防风山近在咫尺。寿昌桥代表了宋人对拱券规模的极限试探，在元以前的江南石拱桥里，仅有苏州城东南角运河道上的灭渡桥可与之媲美③。

据明代《武康县志》载，寿昌桥"咸淳间邑人姚智建"④，时属南宋晚期。该桥仰赖圆拱的支撑力，虽体型高大，中段却很单薄，侧面看去，桥身上下两条弧线颇为接近。⑤

宋元拱桥继承了赵州桥

图3-1-3　德清寿昌桥

---

① 宋昇倡议仿赵州桥样式重建天津桥。 潘洪萱：《河南洛阳天津桥的演变史》，《古建园林艺术》1985年第4期，第53-55页。
② 孙荣华：《浙江德清宋代寿昌桥与永安桥、源洪桥比较研究》，《文物》2011年第4期，第63-74页。
③ 朱同芳主编，曹庆春摄影：《江苏古桥》，南京出版社，2015年，第109-110页；欧阳洪：《京杭运河工程史考》，南京：江苏省航海学会，1988年，第201-204页。
④ [明]程嗣功修，[明]骆文盛纂：《武康县志》卷3，明嘉靖二十九年刊本，第16b叶。
⑤ 这种结构称为薄拱。 茅以升主编：《中国古桥技术史》，第74-76页。

的风格，弧形轮廓线的弧度较小，形式轻灵优美。自桥头平地观察，桥身横截面收分明显，加之金刚墙嵌有横向穿插的长系石，结构稳固。桥体悉采武康石筑造，摒除兽首、蟠龙、狮子等北方同期石桥的常用图像，装饰性成分仅有望柱、抱鼓石及少许浮雕，流露出清雅的气息。

寿昌桥原本镇守杭州至南京的要道，现在尽管紧邻日夜忙碌的宁杭高速，但早已人迹罕至。站在寿昌桥上眺望，群山起伏的线条一如古桥般柔和，当初旅人的视觉印象里，大地景观与人为营造应当演绎着奇妙的默契。这条陆路东侧不远，有一组杭州至湖州流向的大运河支线。该运道借用了苕溪水系的自然河道，使大运河与支流频塘运河的航线得以闭合，也称江南运河西线。苕溪滋养了吴兴大地，米芾应邀赴湖州游玩，挥笔写出书法名作《苕溪诗帖》。德清宋元石桥大多保存于东苕溪流域，这批遗构后文将屡屡提及。

苏州地区留有数座完好的武康石桥。在造型方面，吴江同里西郊的思本桥（图3-1-4）恰如寿昌桥的缩小版。按照方志的说法，思本桥由南宋诗人叶茵出资建造，其实稍早于寿昌桥。[1] 二者建筑模式趋

图3-1-4 吴江思本桥

同，表明水路传递的不只是石材，还有技艺。叶茵隐居乡里，诗风清新，被称为"江湖间诗人"，有咏桥的句子"桥压平堤波卷绿，烟封远沚草舒蓝"。他还针对吴江的垂虹桥、小垂虹桥分别写下同名诗作。[2] 垂虹桥在大运河畔吴淞江口，当时还是木构长桥。小垂虹桥或许就是宝带桥的前身，

---

[1] [清]阎登云修，[清]周之桢纂：《同里志》卷2，民国六年铅印本，第2a叶。
[2] [宋]陈起编：《江湖小集》，清文渊阁四库全书本，卷39第1a叶，卷40第7a、14叶，卷42第5b叶。

南宋易木为石，与吴江塘路相续。①这条塘路连通了苏州和吴江，始自唐代，宋以后称石塘，被用作大运河的纤道，元代再建之后的遗迹尚存。

远距离运送石材，水路拥有优势。吴江县城位于江南运河主线，武康石从这里北上，便奔向苏州城。《平江图》是展示南宋苏州城内桥梁分布的最佳资料。《琴川志》中的《县境之图》反映宋代常熟城，与《平江图》相比，绝大部分桥的画法如出一辙。②风格化的图像留下城市框架与地理符号，但不足以记录建筑信息，让人很难区分桥梁的类型和大小。有时候，城内桥梁体量极小，苏州平江路的单孔石梁桥寿安桥跨度即不足4米。此桥见载《平江图》，原名寺后桥，存南宋构件。从侧面看，紫色石梁上缘凸起，作轻柔的曲线，不仅美观，而且坚固。

越大运河沿水路东进，武康石还能到达今天的上海地区。上海金泽古镇的普济桥是一座与思本桥相仿佛的南宋石桥，长度大过后者。思本桥现无栏杆，普济桥与寿昌桥一样，配备须弥座式栏杆。苏州城内的南宋石拱桥寿星桥（图3-1-5）也和思本桥相像，只是规模较小，跨径仅4.7米。此桥同样见载《平江图》，原名营桥，如今的栏杆取自百狮子桥，也是宋物，饰有群狮图像。③不难理解，单孔拱桥的尺度设计首先取决于河道的宽度，建桥者不能跳脱现实条件，必须因地制宜。换言之，左右桥梁规划的是人与河流双方。

武康石的大面积应用当和宋代政治中心南迁有关。而武康石的传播不仅促成江南石桥的营建风潮，而且改变了

图3-1-5 苏州寿星桥

---

① 参阅[宋]祝穆：《方舆胜览》卷2，清文渊阁四库全书本，第8叶。
② [宋]孙应时纂修，[宋]鲍廉增补，[元]卢镇续修，陈其弟校注：《至正重修琴川志》，北京：方志出版社，2013年，起首第8页。
③ 朱惠勇：《江南古桥风韵》，北京：方志出版社，2004年，第51-52页。

当时的园林风貌。杜绾《云林石谱》所载江南名石中，"湖州武康石"厕身其间，"大抵石性匾侧，多涮道折叠势"，园林常以之垒造假山的根基，"间有险怪尖锐者，即侧立为峰峦，颇胜青州"①。上海的明代豫园也有武康石假山。②杜绾说的"武康石"是武康（今德清东）县境石材的泛称，建筑采用的紫石只是其中的一部分，又叫作"蛮石"。③紫石的实际来源非止武康一端，去向亦不止造桥和造园，它也是雕刻基座、栏杆等构件的理想用料。

从前述垂虹桥可以发现，尽管南宋时石桥纷至沓来，木桥仍续写着华章，新旧建筑技术交织出带有时代特点的社会景观。宋代绘画纳入的桥梁图像俯拾即是，不过，各种类型的木桥比例极高，涉及城市、郊野、宫室等空间，突出的例子见于垂范后世的北宋《清明上河图》《千里江山图》以及南宋《万松金阙图》《水殿纳凉图》等名作。在南宋院画中能找到石桥的踪迹。刘松年《四景山水图》之春、夏两页皆含石梁桥，涂作青色。前者庭院正门前画有一座单孔石梁桥，桥头一人举步登桥；后者山崖水榭旁画出一座三孔石梁桥，桥边一个童子正在取水。包举杭州西湖全景的李嵩款《西湖图》中，白堤、苏堤沿线石桥比比皆是，但围绕该作品的时代大有争议。④元人所作汴京金明池图像描摹了巍峨而华美的砖石拱桥，场景原型或能上溯到宋代。⑤

石桥的剧增其实从北宋后期开始已经引人注意。北宋神宗年间，朱长文《吴郡图经续记》称，苏州桥梁"逮今增建者益多，皆叠石甃甓，工奇致密，不复用红栏矣"⑥，证明彼时石桥就大有取代木桥之趋势。木桥有髹朱漆的习俗，故红栏代指木桥，白居易诗叙唐代苏州："绿浪东西南北

---

① [宋]杜绾著，王云等整理校点：《云林石谱（外七种）》，上海书店出版社，2015年，第5页。
② 刘敦桢：《苏州古典园林》，北京：中国建筑工业出版社，1979年，第69-70页。
③ 唐寰澄、唐浩编著：《中国桥梁技术史·第2卷·古代篇（下）》，北京交通大学出版社，2017年，第862-863页。
④ 陈晓雯：《传李嵩〈西湖图〉卷研究》，中央美术学院硕士学位论文，2017年。
⑤ 参阅陆忠、梁刚：《寻找母本——王振鹏八件金明池主题作品真伪初考》，《收藏家》2018年第11期，第3-10页。
⑥ [宋]朱长文撰，金菊林点校：《吴郡图经续记》，南京：江苏古籍出版社，1986年，第23页。

水,红栏三百九十桥。"苏轼的词作也经常写到桥,其《青玉案》曰:"三年枕上吴中路。遣黄耳、随君去。若到松江呼小渡。莫惊鸥鹭,四桥尽是,老子经行处。"① 四桥即吴江塘路之甘泉桥,一名第四桥,典出茶品排名。② 坡公悠游在运河边,足迹离不开桥,木桥、石桥共同装点着他的闲情。

仿木

苏轼谪居黄州(今黄冈)时有一首《西江月》,写照桥边春色:

> 顷在黄州,春夜行蕲水中,过酒家,饮酒,醉。乘月至一溪桥上,解鞍曲肱,醉卧少休。及觉已晓,乱山攒拥,流水锵然,疑非尘世也。书此语桥柱上。

> 照野弥弥浅浪,横空隐隐层霄……可惜一溪风月,莫教踏碎琼瑶。解鞍欹枕绿杨桥,杜宇一声春晓。③

这里提到山溪和木桥,我们可由山水画大略想见其形。④ 躺在桥面的迁客醉眼惺忪,天地为之一新;他兴奋地爬起来,于桥柱题写了新词。

木结构始终是中国古代建筑技术的核心。尽管宋代木桥无一存世,但是石桥显然表现出复刻木构的倾向,所以同时期的石桥在视觉上保存了木桥的样态。木、石拱桥的形式相似性自不待言,笔者以德清蠹山村的石梁桥普济桥为例,试析其规律与逻辑。

---

① [宋]苏轼著,[清]朱孝臧编年,龙榆生校笺:《东坡乐府笺》,上海古籍出版社,2016年,第295页。
② 李纲有诗《松江第四桥》。 吴国良编著:《吴江古桥》,苏州:古吴轩出版社,2002年,第195-196页。 潘季驯《河防一览图》绘出此桥。
③ [宋]苏轼著,[清]朱孝臧编年,龙榆生校笺:《东坡乐府笺》,第161页。
④ 参阅傅伯星:《宋画中的南宋建筑》,杭州:西泠印社出版社,2011年,第167-170页。

第一，石桥外观模仿木作。与寿安桥一样，普济桥（图 3-1-6）石梁的纵剖面均被加工成中间向上隆起的梭状。连续拼接的梁的上缘画出一道缓和的曲线，与拱桥的桥面轮廓相近。另外，外侧梁面刻出一宽一窄两道厚度均匀的弧形条带，比拟了木构虹桥两侧的横、竖木板。石桥以假乱真，用另一种形式重现了北宋故国的运河之景。桥面上，石栏杆模仿木作早已是成例，赵州桥"上有勾栏，皆石也"，普济桥栏石柱所刻莲花柱头就源出木柱。

图 3-1-6　德清普济桥

第二，石桥结构保留木材。普济桥是三孔石梁桥，以石材作为主要的力学结构。桥柱由柱列合成，上置横帽石梁，用来承托纵向的石梁。该模式的梁桥是流行江南的宋元石桥类型，具体形制方面从最简易的单孔式到庞大的五孔式均存实例。因为石材不像木材那样具备抗弯性能，这些桥的石梁下方一般垫以成排的圆木，辅助保持石梁坚稳。① 木构原物不够耐久，但横帽石梁上固定木梁的凹槽不会消失，迄今可辨。

石桥的发展原本就参考了木结构。② 迨至宋代，桥梁的石结构业已完善，而仿木倾向显然还在继续。南宋石桥的桥身有时使用装饰性的斗拱，例如浙江义乌的古月桥。古月桥以纵横交替的条石起券，构成五折边拱，看起来如同木拱桥的骨架。③ 必须说明的是，宋代的石桥、木桥并非泾渭分明，另有一种主体兼用木石的做法。从南宋《重建夏侯桥记》能读

---

① 罗英：《中国石桥》，第 18 页；陈从周、潘洪萱编著：《绍兴石桥》，第 11 页。
② 罗英、唐寰澄：《中国石拱桥研究》，第 4 页。
③ 张书恒：《浙江宋代桥梁研究》，载浙江省文物考古研究所编《浙江省文物考古研究所学刊 · 建所十周年纪念（1980-1990）》，北京：科学出版社，1993 年，第 320 页。

出，苏州的夏侯桥两端筑起石墩，"如植半圭"，中间飞架木梁，"如浮修眉"，形成拱桥结构，最后桥面还铺砌了石板。①

对于江南石桥的建造时间等信息，在文献失载时，桥身的题刻或可弥补不足。梁桥下部碑石般的柱面提供了书写的绝佳媒介。普济桥没有宋代题刻，带纪年的案例中，与之同属一种形制的德清石桥有南宋绍熙二年（1191）的追远桥、宝庆二年（1226）的僧家桥等。苏州地区的南宋梁桥实物与以上诸桥并无本质差别，比如绍定年间的东庙桥等。这些实例跨越了12、13世纪，一定程度上表明其建筑制式的延续性。此种石梁桥模式实际沿用到元代，且在尺度方面呈扩大的趋势，德清的五孔石梁桥社桥即是一例。

从僧家桥、东庙桥等桥名出发，我们又能发现，桥的营建地点通常经过挑选，每与宗教、祭祀建筑为邻。在古代社会，除了官方斥资外，造桥资金多来自地方士绅、百姓的捐助或募集，而僧侣或信众多在其间扮演关键角色。②苏州有一处反映宋桥原始社会环境的例子。三孔石梁桥斜塘永安桥的构造和纹饰符合南宋特点，但仅存部分武康石构件。桥的南侧岸边是一座土地庙，由台基形状可知，主殿原为工字殿，由于前殿毁失，木构子余平面现作"丁"字形。深入观察可见，清代风格的殿堂外表下隐藏着带有早期特点的梁架和斗拱。由此推测，永安桥与土地庙可能从宋时起即保持共生关系。

离开苏州，沿大运河西行至太湖北岸，在无锡西郊的惠山边登岸，可以找到一座别样的小桥——金莲桥（图3-1-7）。该桥坐落在惠山寺中轴线上，甚为平矮，属三孔石梁桥，使用了龙首等饰件。桥体后代修补的痕迹深重，最初以紫褐色和黄褐色的石头建造，刻有"懋德堂李府"铭文，或与宋代名臣李纲家族有关。③紫色石梁的侧面雕刻细致，作缠枝牡丹纹，化生童子错杂其间，模仿横铺木板的弧形条带十分明显。仿木栏杆采用镂空形式，剩余的宋代构件设置了横向的瓜棱形寻杖，其下立瘿项和云拱。

---

① [明]卢熊：《洪武苏州府志》，扬州：广陵书社，2020年，第711页。
② 葛金芳：《南宋桥梁数量、类型与造桥技术述略》，第554-561页。
③ 参阅顾文璧主编：《无锡胜迹》，上海人民出版社，1992年，第99-100页。 一说其石材为阳山石。 中共江苏省委研究室：《江苏文物》，南京：江苏古籍出版社，1987年，第155页。

图 3-1-7　惠山寺内的金莲桥

同类情况又见于苏州郊外光福寺前的宋代石梁桥，它的栏板还雕刻出万字纹。缘于始建背景与山寺环境，金莲桥透出富贵典雅的园林韵味，和《四景山水图》春景中形态粗具的石桥意匠殊为肖似（图 3-1-8）。后者同样与建筑空间紧密衔接，也安有镂空的栏杆。

　　让我们回到浙江，自德清顺着江南运河西线南至杭州，再向东抵达绍兴。自绍兴城西北的迎恩门起，浙东运河流入城内，横穿城区北部，由都泗门流出。从运道上的广宁桥向南走大约 200 米，就是有名的地标八字桥。八字桥石料多为黄褐色的羊山石，体量阔大，结构复杂，从主孔石梁到指向不同街径的踏道，曲折变化的勾栏映带生姿（图 3-1-9）。该桥栏杆完备地留存着宋制，包含望柱、寻杖、瘿项、云拱、栏板、蜀柱等视觉元素，仿木程度很高。北宋时仿木栏杆即为惯用的石作设计，收录于《营造法式》。[1] 从北宋规制到南宋实物，石作装饰体系呈一定的延续性。然而，和《营造法式》所绘官式做派相比，石桥勾栏多属图像简单的较低层级。

　　八字桥望柱镌刻莲花柱头，有的柱面可读出捐资人信息。作为醒目的

---

[1] 郭黛姮:《南宋建筑史》，上海古籍出版社，2018 年，第 417 页。

图 3-1-8　刘松年《四景山水图》之一所画石桥（南宋　绢本　故宫博物院藏）

建筑组成，桥栏木柱曾是苏轼一吐胸臆的书写平台，无名造桥人的心理何其相似。举步迈上石桥，人们获得街巷深处的制高点，足以自由扫视远近屋檐和水陆道路，建构起多层次的古城视像，而俯身贴近勾栏，则能越过时间的屏障，与往昔岁月里的生命心意连通。

共享的装饰

《东京梦华录》介绍了北宋州桥的形制和装饰：

> 其桥与相国寺桥皆低平不通舟船，唯西河平船可过。其柱皆青石为之，石梁、石笋、楯栏。近桥两岸皆石壁，雕镌海马水兽飞云之状。桥下密排石柱，盖车驾御路也。①

---

① [宋]孟元老著，伊永文笺注：《东京梦华录笺注》，北京：中华书局，2006年，第24页。

图 3-1-9　八字桥勾栏

州桥本名天汉桥，石梁桥结构，因桥身低矮，不利于水路行船，但便于陆路过车。州桥位处京城的中轴线御街，所以侧重桥上交通。据文字描述，该桥配备镂空勾栏，桥两头的驳岸张布精彩的石刻图案，内容接近宣德楼的墙体装饰。

　　隋代赵州桥的装饰集中在勾栏部分。张嘉贞《石桥铭》曰："其栏槛华柱，锤斫龙兽之状，蟠绕拿踞，眭盱欻歙，若飞若动，又足畏乎！"[1] 20世纪50年代，人们发现了遗落在河床中的隋以降历代栏杆构件，隋代雕刻主要含兽面、蟠龙、花叶、竹节、斗拱等形式。[2] 坚牢、巧妙的赵州桥虽是绝响，但对后世产生了长远启迪，赵县西门外的永通桥即为诸多仿建实例之一。[3] 永通桥创自金明昌年间，相当于南宋，其结构雷同于赵州桥，然规模减小，故称小石桥。桥的栏杆经过替换，图案繁杂，较之赵州桥，桥身部分兽首更多。南宋石桥却基本不见流行北方的神兽类雕刻，而是常以花草、卷云为饰。这样的修饰系统风格婉约，独具一格，也使得石桥与同时代的其他事物共享图像母题。

　　先看桥面。无论拱桥还是梁桥，南宋石桥勾栏的望柱一般镌刻出覆莲柱头，《四景山水图》所绘二石桥就是如此。寿昌桥立十二根望柱，柱子均为方柱，与长系石上下相对（图3-1-10）。柱头的下垂莲瓣很具立体感，饱满可爱，有的还托起稍小的仰莲。望柱之间的桥栏作须弥座式，两端抱鼓石呈含涡卷纹的卷云形。因为南宋石拱桥桥面平缓，踏道分为两种，一种是铺砌的阶梯，另一种表现为对弧形石板表面的轻微刻凿，寿昌桥兼而有之，便于人和车马通过（图3-1-11）。石作踏道、勾栏的组合当然不是桥梁的专利，还依附在宋代殿、塔等建筑的基座上。苏州玄妙观三清殿前的月台就配有带莲花柱的宋式石栏，月台三面设踏道，末端亦置卷云纹抱鼓石。

　　从武康石到各种石材，莲花柱头已成为江南建筑的新风尚，影响下及元代。仿木石作的源头自然在木作。[4] 木作柱头莲花不只用于望柱，也用

---

[1] 李全庆：《赵州桥的重要石刻》，《紫禁城》1989年第4期，第44页。
[2] 余哲德：《赵州大石桥石栏的发现及修复的初步意见》，《文物参考资料》1956年第3期，第17-26页，图版1-39。
[3] 罗英：《中国石桥》，第47-54页。
[4] 傅伯星：《宋画中的南宋建筑》，第179-181页。

图 3-1-10　寿昌桥望柱

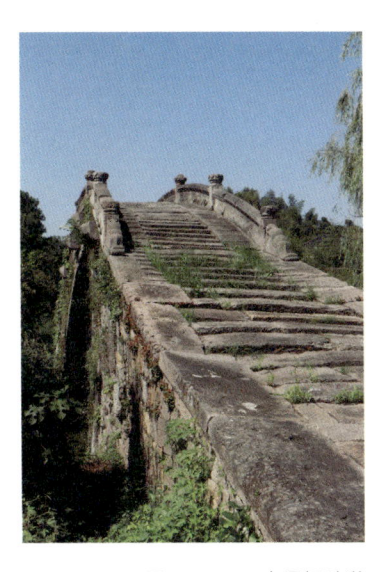

图 3-1-11　寿昌桥踏道

于垂柱，后者实例见于河北正定隆兴寺的北宋转轮藏等。[①]垂莲柱在中国沿用已久，或许与莲花藻井存在渊源关系。莲花形式还被建筑以外的工艺制品广泛吸收，牢牢占据南宋物质文化的一席之地。两宋瓷器、漆器、金银器均喜用莲瓣纹。龙泉窑、湖田窑以及大运河沿线的越窑等江南窑口富产雕刻出莲瓣的瓷器，特别是外壁带仰莲瓣的碗，而同时饰有仰、覆莲瓣的盖碗也很普遍。[②]

再看桥侧。南宋石桥不乏云纹，它们多被排布在桥的侧立面，具体而言，即梁桥石梁的侧面和拱桥金刚墙的上缘。寿昌桥金刚墙的最上方铺有两层弧形石构件，其外侧面露出一条纹饰带。两端是含如意云头的卷云，每两根长系石之间的区段端头为蔓草纹，其余部分散布圆形钉头纹，可能模仿自木桥。阴刻双钩楷书"寿昌"二字位于纹饰带中央。德清源洪桥在相同的位置有类似的图像和文字做法。追远桥在石梁两端雕出如意卷云，中央阴刻桥名。这些浮雕大多起位较高，

[①] 陈明达著，丁垚等整理补注：《〈营造法式〉辞解》，天津大学出版社，2010 年，第 343、374-375 页。

[②] 例见岑伯明：《上林湖唐宋越窑青瓷纹饰》，宁波出版社，2018 年，第 62-63、277-282 页；[英]杰西卡·罗森著，张平译：《莲与龙：中国纹样》，上海书画出版社，2019 年，第 130-131 页。

工艺属《营造法式》记载的高规格的"剔地起突"[①]。南宋建筑和器物中云纹非常普遍，不胜枚举，无疑也是一种共享的艺术。杭州南宋太庙遗址陈列着一块时代应属宋代的柱础，上刻山崖、海水、卷云和蟠龙，精美绝伦，但卷云部分样式化程度较高，近于石桥装饰。绍兴兰若寺南宋墓地出土的地面建筑的陶构件于2021年展出，亦见样式化的卷云。

花草题材还以拱桥的长系石、梁桥的横帽石梁为固定的分布区域。这两种构件都横向穿插在桥面下，起到加强结构整体性的作用，顶头突于桥身之外。因而，其顶端平面的浮雕花卉、草叶容易吸引观者的注意。因为所在石面较小，这些纹样以壶门形的边框为界，独立性很强，左右大致对称者比例颇高，时见仿若真实花草的高浮雕佳作。南宋早期乾道年间的德清兼济桥是一座三折边石梁桥，桥下立有相互分离的排叉柱，很像木结构原型。此桥在横帽石梁顶端和勾栏外侧均嵌入壶门花草，采用"压地隐起"刻法（图3-1-12）。宋代，成组的壶门和须弥座组成稳定样式，杭州南宋六和塔内的砖雕就是典型例证，而且其壶门分为"剔地起突""压地隐起"等类型。[②]工匠排列石桥的壶门图案时，还会通过不断变换样式来赢取强烈的趣味性。

另一种富有宋代范式的花草纹样是缠枝纹。[③]石梁桥上的这类图案铺展在石梁外侧，前述无锡金莲桥外，苏州甪直的香花桥又是一例。目前，香花桥仅有南面露出缠枝牡丹：两端以规则的蔓草纹为边界，中间连绵不断而又变化多端的花

图3-1-12 德清兼济桥纹饰

---

① 郭黛姮：《南宋建筑史》，上海古籍出版社，2018年，第415-417页。
② 同①，第418-419页。
③ 缠枝纹同样流行于宋代陶瓷器、漆器等。该纹样源头邈远，主要从中亚传入中国，唐以前已有长足发展。[英]杰西卡·罗森著，张平译：《莲与龙：中国纹样》，第63-89页。

枝占据整个石面的绝大部分面积，如不仔细辨认，难以找到花草间隐匿的人物（图3-1-13）。香花桥位处澄湖之滨，附近还有一座元代重建的宋式石梁桥——大觉寺桥，后者的装饰内容包括蟠龙、力士、海水、鸟兽等，可见地方传统自元代起开始转变。[1]

图 3-1-13　甪直香花桥浮雕

宋代，缠枝花卉纹在石作系统里与佛教化生图像相互结合，蔚然风行。前文提到，苏州北宋罗汉院大殿残存的石柱上饰有缠枝莲花、牡丹和化生童子。湖州城内的南宋飞英塔呈罕见的建筑形式，外部砖木塔笼罩着内部石塔，楼阁式的石塔也调用了缠枝纹及童子。就纹样的总体格套而言，或有可能两宋石作缠枝纹与彩画分享了视觉模式。[2]

解构与重构是中国古代建筑的恒定主题，石桥亦非例外。在一次次维护中，早期石桥的样子发生着显著或细微的变化，历史的痕迹就像桥上过客的故事一样，无法全然保存下来。后世干预造成的图像叠加有时候可凭肉眼甄别。登至明清石桥的顶部，低头即见桥面中央放置的作旋涡纹的桥心石；走上湖州长兴宋风浓郁的圣堂桥，就看到后人添刻的此种纹样。圣

---

[1] 朱同芳主编，曹庆春摄影：《江苏古桥》，第113-114页。
[2] 彩画图样例见刘敦桢主编：《中国古代建筑史》，北京：中国建筑工业出版社，1980年，第254页；潘谷西、何建中：《〈营造法式〉解读》，南京：东南大学出版社，2005年，第170-177页。

堂桥还叠压着不同时期的文字：纪年明确的是清嘉庆、光绪年间的重修题刻；阳刻桥名违背宋代惯例，四周有减地的痕迹，也是改造后的结果；起初的阴刻桥名唯余首尾两字，夹在清代文字的外侧。（图 3-1-14）

从木头转换为石头，人们追求持久的桥梁结构。共享的媒材与技术在宋代江南弥漫开来，桥的装饰系统也在与各种艺术系统的交流中形成，孕育了相对稳定的建筑图像理路，莲瓣轻舒，云霞漫卷。一代代人在水乡世界生活和行走，对石桥功能的要求日益提高。南宋石作传统最终退出了社会舞台，湮灭于更新颖的技术和艺术潮流里。无论匿迹江湖，还是安居闹市，存世的紫石桥梁都仿佛追忆着前朝，在万千桥梁合龙或倒塌的岁月长河中，它们守住了原初的坚实和光彩。

图 3-1-14　长兴圣堂桥清代题刻

第二节 水陆之间：观景与对话

桥、水、舟、人的相逢和对话生成了中国运河史上跌宕的传奇。两宋易代，石桥之风席卷江南，接续了木桥的故事。架设于城区及郊外的小型桥梁相对容易实现，但是直到拱桥技术实现改良，巨型石桥才得以成功地越过大运河的主线。

在世界遗产和"国保"单位的项目里，中国大运河的名字后面罗列了若干桥梁和以桥梁为纽带的街区。岿然横卧在运道水波上的石拱桥，成为乘船航行必然穿越的风景。缘于设计、营造得当，元代以后的大型石桥在服务于地面活动的同时，也保证了水路舟楫的行驶。陆治《白岳纪游图》、王世贞《水程图》等册页所绘江南运河情景便展现出它们建构的社会空间。[1]两套图描摹的桥梁绝大多数是石拱桥，充分说明了此种桥式的重要性。

台北故宫博物院《京杭运河图》（图 3-2-1）与浙江省博物馆《京杭道里图》画面相仿，堪称姊妹作品，前者文字标注更详。[2] 从这两幅清康

---

[1] 参阅[美]李铸晋编，石莉译：《中国画家与赞助人：中国绘画中的社会及经济因素》，天津人民美术出版社，2013年，第119-127页。
[2] 席会东：《海峡两岸分藏康熙绘本"京杭运河图"研究》，《文献》2015年第3期，第177-183页。

熙时期的再现性舆图长卷可知，江南运河一线高大的石拱桥很多。其中，画卷开头跨杭州城北主运道的石桥组群气势夺人，很好辨识。这些石桥里，最北侧的拱宸桥至今尚在，被视为京杭大运河南端的标志性建筑。此桥是清代三孔拱桥巨构，与南宋盛行的单孔拱桥相比，技术逻辑和形式特征均有明显的转型。

《京杭运河图》与同地收藏的《黄河图》风格相似，席会东先生推测，两图皆由河道总督靳辅主持绘制，原本被呈入内府，源自治河语境及考察经验。这批舆图以高空视角表现山川、城乡和胜迹，兼具实景画价值，峰岭的表达运用了青绿手法，艺术性也相当卓越。靳辅制图时，延请了画家周洽等人，因而，这种形式的运河舆图确实关联了中国山水画传统，能与宋以后的长江图像（见图 3-2-10）建立联系。《京杭运河图》虚拟了全景视角，较之王世贞《水程图》所见片段式的运河景观，打开了适合畅游的

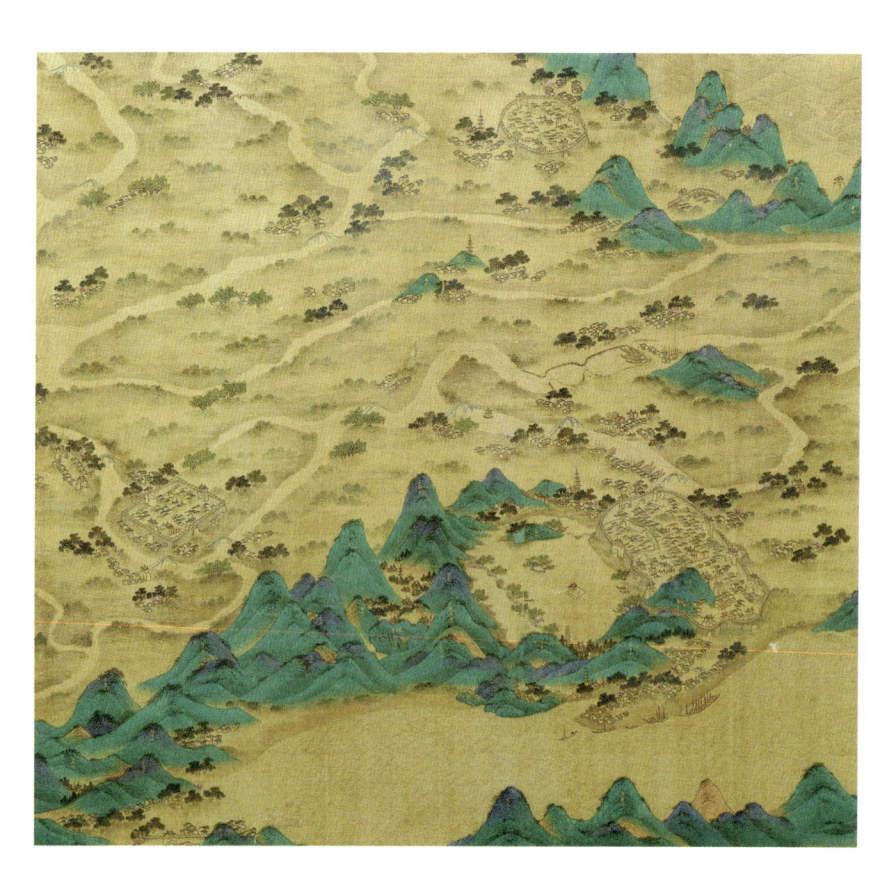

图 3-2-1 《京杭运河图》之大运河浙江段（清　绢本　台北故宫博物院藏）

精神世界的大门。但在当时，任何人都难以做到对大运河凌空俯瞰，缤纷的运河之貌仅能从地面、水面这两种视角欣赏。身为特殊的临界地带，桥一面是取景的媒介[1]，一面也是被观看的对象。

《京杭运河图》画出大运河上自南而北行驶的船只，又在京西通衢的节点卢沟桥画出进城的驿马、车辆和行人，含蓄地交代了水陆交通势必发生的相遇。实际上，每一座身居大运河航道或其附近的桥都见证着陆地与水系的频繁互动。下文仍以江南石桥为中心，叙述其视觉和空间奥秘。

交错的路径

唐人张继夜泊枫桥的经历表明，在大运河所属的社会空间里，桥的地位非同寻常。桥梁常择要津而立，一般来讲，靠桥泊舟对登岸以后的活动有利。陆游即有诗写道："最好长桥明月夜，寄船策蹇上兰亭。"[2] 然而，现代交通高歌猛进，陆路的畅达使人不由得淡忘了水路曾经的显赫。若想全面解释桥，则必须回溯到水运时代。

驾舟沿河行驶时，卧于水面的桥不容回避。因为妨碍运输，浮桥并不适用于运河环境[3]；而无论用木头还是砖石搭建的桥，均需设孔以通舟船。故此，理想的运河之桥是人与河流合作的成果，是生成"人之所履，物之所载，咸出焉入焉而无少窒"[4] 的立体交通的关键。通舟与否是评判水路兴衰的一个标准。有时，唯有坐船才能读出桥梁的全部图文信息。从南宋起，江南石桥的造桥题记一贯排布在拱券内壁或桥下立柱的内侧面。泛舟

---

[1] 不但桥上适合观景，桥下也是妙趣横生的取景地点。阮仪三主编：《江南古镇》，上海画报出版社，2000年，第103-104页；陈从周：《梓室余墨：陈从周随笔》，北京：生活·读书·新知三联书店，1999年，第420-422页。
[2] [宋]陆游：《陆放翁全集》，北京：中国书店，1986年，第879页。
[3] 对于长江、黄河等大河，浮桥长期起到重要作用。茅以升主编：《中国古桥技术史》，北京出版社，1986年，第147-156页。
[4] 语出《重建越城桥记》。[明]钱榖辑：《吴都文粹续集》卷35，清文渊阁四库全书本，第29a叶。

行至桥孔之内,是阅读记文最好的方式。

宋元时,流行布列铭文的格套——字堂。这种图像带有精美的边框,按照惯例,其中写有施工时间等信息。[1]纵向延展的字堂上端覆以莲叶,下端承以莲花,装饰采用浮雕做法,造型华美。饰有莲花、莲叶的字堂也见于其他石刻环境。重庆大足石门山石窟的南宋佛道洞窟中刻有同类图像,飞英塔的石塔表面也有这种设计。迨至明清,石桥下部类似的字堂仍偶尔可睹。

湖州长兴的畎桥位于西苕溪流域,规模较宏大,系五孔石梁桥。桥的主孔两侧柱面均刻作字堂,含赞助人"都劝缘檀越卢十七"等阴刻字样。此处字堂的加工异乎寻常,莲叶和莲花各自成双,莲瓣里含着莲蓬,而蔓草像流云一样恣意生长,幻术般地从石头里面舒展出来(图3-2-2)。匠师将美轮美奂的作品安排在桥下,陆地的旅人难以发现,这种做法并非刻意的隐藏,旨在向络绎而来的舟船献艺。水路保持忙碌,字堂所载造桥佳话便能借助雕刻的魅力,反复传扬。

该桥"重建"的次数很多[2],据字堂文字,南宋就进行了"重建"。必须声明的是,古人对营造中的"重建""重修"往往措辞含混。今天看来,面对可以拆解并重组的木、石结构,所谓"建""修"等历史行为的实质委实难以界定。

图3-2-2 畎桥桥柱上的字堂

[1] 孙荣华:《浙江德清宋代寿昌桥与永安桥、源洪桥比较研究》,第68-69、73页。
[2] 朱惠勇:《江南古桥风韵》,第257页。

有鉴于此，本书中"重建"特指大幅改建，而"重修"特指干预较小的维修。献桥沿用宋代旧料的情况显而易见，故知明清两代的"重建"主要是修缮。

桥既属于陆地，也属于河流，江南的街市因之变得立体。人马的足迹与桨橹的波痕在桥的坐标点相交，却并行不悖。《浙江民居》一书的研究者将陆路、水路、建筑综合起来思考，用图示归纳了江南人居语境中多种类型和尺度的石桥（图3-2-3）。[①] 从这些图可以看出，人是活跃的社会因素，而桥是水乡的交通肯綮，人、桥关系极度密切。设计街区内部的桥时，人们总是追求最大限度地满足群体生活的需要，创造适用的总体空间。对于《浙江民居》展示的桥梁和陆路的不同组合，我们能在江南城镇发现大量对应的实物。除少数宋元旧迹外，明清至民国时期的石桥数量巨丰。

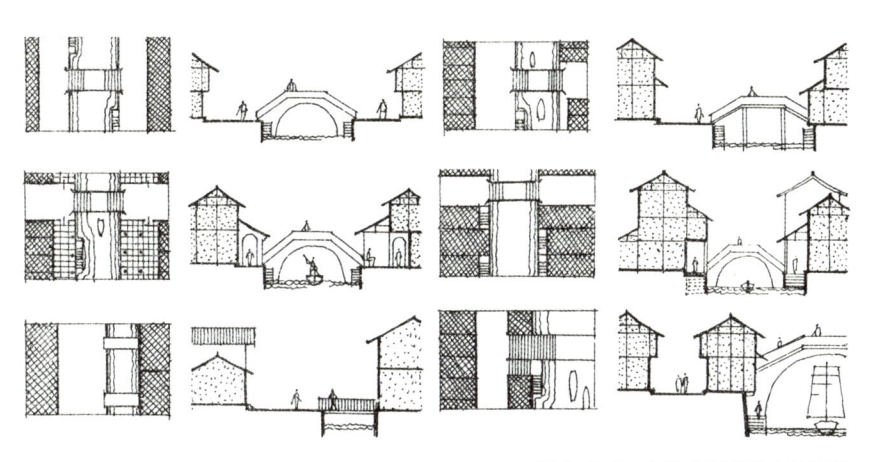

图3-2-3 水陆交通环境中的石桥

经过长时间的塑造，水乡聚落格局及其河网已经定型，桥的规划于是受到社会和地理环境的制约。常规情况下人们需跨越的水面较窄，可以选择梁桥或拱桥，桥孔或广或狭，最低限度是容小舟穿过。在河道交汇的地方，双桥、多桥相邻的景象不时出现，周庄双桥和同里三桥就是典型的例

---

① 中国建筑技术发展中心建筑历史研究所：《浙江民居》，北京：中国建筑工业出版社，1984年，第22-31、42-47页。

子。骨干水路相对较宽，且运输繁忙，须建造较长的拱桥或梁桥，无论采用多孔还是单孔形制，中心一孔应满足大船的通行要求。城市方面，见诸图像的大型运河石桥既有陆治《白岳纪游图》册页中的元代灭渡桥，又有《姑苏繁华图》中属明清结构的吴门桥、万年桥、吊桥、普济桥等。陆治所绘灭渡桥不仅造型写实，而且赋彩准确。市镇方面，在大运河主线或支线贯穿的平望、南浔等大镇，安民桥、安德桥、洪济桥、通津桥等众多跨运道的明清石桥无不予人深刻印象。

去一座水乡市镇，原先多依赖船。而当你踏进一座繁华的古镇，便不必担心步履受阻，因为在水面上方，桥将陆路连成另一张几乎与之套合的网。宽窄不等的陆路以石板路为纲，蔓延在建筑群落之间；石桥附着于陆路，又像水陆路网中的绳结，把并列或交叉的丝线牢牢捆扎起来。[1] 来看一个实例：乌镇水系四通八达，市河略呈"十"字形，南北向的河道是大运河复线式主道的一部分。该镇规模宏大，很长一段时间里，尽管分隶两个行政单位，缘起于宋代乌、青两镇的东、西、南、北四栅在物理上凭桥梁紧密联结为一体。[2] 现今，乌镇东栅保留的风貌最好，街道沿河铺陈开来。东栅中段的水面再次形成十字路口，以此为中心，方圆约百米的范围里，四座石桥串联出闭合的路径。[3] 太平、挹秀两座拱桥距离较近，一南一北叠影成趣（图3-2-4），仁

图3-2-4　乌镇东栅太平桥和挹秀桥

---

[1] 例见阮仪三主编：《江南古镇》，上海画报出版社，2000年，第52-55页。
[2] 王旭：《宋代跨界市镇——乌、青镇关系考》，《中国社会经济史研究》2020年第4期，第9-18页。
[3] 阮仪三：《乌镇》，杭州：浙江摄影出版社，2002年，第92-95、162-163页。

寿和永安两座梁桥东西遥相对望。这段街囊集的景致恰如江南水乡市镇的缩影。市河南岸太平桥两边的路面在廊下绵延，市河北岸则是成排的临水屋舍。两岸均错落着砌筑石阶的码头，是浣洗之地，也是泊舟之所。

绍兴八字桥一带是城市交通环境的代表。桥北不远，单孔石拱桥广宁桥从另一个侧面揭示了陆路的层次。这座桥部分保留南宋构件，明万历二年（1574）重建，按本地习惯金刚墙上镶嵌有碑铭，而桥拱内也刻着捐资信息。[①] 浙东运河主线穿绍兴城而过，在《康熙南巡图》第九卷里略有体现，广宁桥正当其道，"漕河至此颇广"。由于横跨宽阔的运道，广宁桥建造得平缓修长，南北长达60米，但目前河面因被民居侵占，已经变窄。原本这里视野极佳，景色宜人，桥头是登高南眺远山的佳处[②]，而从桥孔中沿河向西望，又恰好能看到大善寺塔。特别的是，广宁桥的拱券轮廓并非圆弧，而是接近半圆的七折边，与绍兴城中谢公桥、宝珠桥、拜王桥同属一种模式，也反映了地方风格。[③] 更有趣的是，广宁桥券洞两边和金刚墙脚留有窄小的纤道，可供纤夫行走，立交系统愈增繁复（图3-2-5）。现在，纤道已失去原始功能，化作绍兴居民浣洗、取水抑或垂钓的"埠头"。折边拱和纤道的搭配让人又一次想起《清明上河图》

图 3-2-5　广宁桥所反映的立交路径

[①] 陈从周、潘洪萱编著：《绍兴石桥》，第48-51页；绍兴市城市建设档案馆：《绍兴古桥》，杭州：中国美术学院出版社，2001年，第29-31页。
[②] 李合群主编：《中国古代桥梁文献精选》，武汉：华中科技大学出版社，2008年，第183-184页。
[③] 陈从周、潘洪萱编著：《绍兴石桥》，第8、12页。

所见木拱桥形象。

广宁桥提醒我们重新注意浙东运河沿线的纤道,而桥与纤道相互组合的遗迹在绍兴远远不止一例。绍兴柯桥西郊晚清时期的太平桥下,石板连缀成的古纤道从拱券南沿经过。拱桥形式的主桥北端延伸出一道九孔梁式引桥,南端桥堍平面作"丁"字形,让行人能自然地转入沿河陆路。1981 年,美国摄影师比尔·霍克来到绍兴,于此取镜,拍下一组彩色纪实照片。当时太平桥还处在一派田园风光当中,路径的汇聚在照片里体现得十分清晰。至于太平桥应用于水陆交通的实际情况,则在中央电视台 1986 年播出的纪录片《话说运河》中可以看到。

水面之眼

与艺术史日益增加交集的视觉文化领域重视对观看行为的思考。观看之所以值得研究,是因为"人之观看这一视觉行为的背后,隐含着许许多多复杂的社会的、历史的、文化的意义和机制"[1]。桥上观看与观看桥梁就是如此。

桥是地面的观景平台,举目可以眺远,凭栏可以观河。唐时,颜真卿行至江南平望驿,曾有诗"登桥试长望,望极与天平"[2]。两宋诗词里,桥的意象俯拾即是,以至于不乏夜晚游桥之句,譬如姜夔的"二十四桥仍在,波心荡,冷月无声"。一些古代桥梁建有亭、廊,或者径直将石栏加工成有靠背的凳子,这样桥顶便成了歇息、聚会乃至进行交易的场所,为人们创造出更多坐览风物的机会。

1935 年,卞之琳写过一段诗:

---

[1] 周宪:《视觉文化的转向》,北京大学出版社,2008 年,第 68 页。
[2] 朱关田编:《颜真卿年谱》,杭州:西泠印社出版社,2008 年,第 285 页。

　　　　你站在桥上看风景，

　　　　看风景的人在楼上看你。

　　　　明月装饰了你的窗子，

　　　　你装饰了别人的梦。

　　由诗句可以理解，以桥为视角的观景和以桥为对象的观看其实是微妙联系的问题的两面。桥本身就是风景，本节讨论的主要是发生在水面之上的观桥经验。

　　桥的侧立面一般更具观赏性。自水面望去，规则、庄严的石桥拱券宛如一道门，南宋《如京桥记》曰："洞门天成，面势山屹。"[1] 通过大运河航线上的桥和闸，仿佛穿越重重城门，缘于标志物的存在，视觉空间发生着明显的切换。故而，石桥算得上绝好的运河水程标记。清初王士禛泊船姑苏，有诗曰："疏钟夜火寒山寺，记过吴枫第几桥？"[2] 乘舟行到寒山寺，这位渔洋山人已记不清看到了几座苏州的石桥，但是著名的枫桥绝不会错过。

　　航行于苏州城外的大运河，眼前密集的桥群委实标新立异。乾隆五十八年（1793），英使马戛尔尼沿大运河南下，看见距苏州城不远的一座单孔石桥上搭起临时的牌坊，站着一队士兵向他们致意。使团中的制图员威廉·亚历山大记录了这特殊的一幕，其图稿后来演变成着色铜版画。[3] 作品里框住城楼和宝塔的拱券浑如一道月洞门。（图 3-2-6）

　　頔塘运河附近，湖州双林镇北的化成、万魁、万元三桥在明清时期相继易木为石，现为清代建筑。双林三桥均为大型三孔石拱桥，长度为 50 米左右，桥身相互平行，在长约 350 米的双林塘河道区段里一字排开，阵仗极度壮观。无论从东侧还是西侧瞻望三桥，都可见"洞门"层层叠印的奇

---

[1] [明]卢熊：《洪武苏州府志》，第 712 页。
[2] [清]王士禛著，李毓芙选注：《王渔洋诗文选注》，济南：齐鲁书社，1982 年，第 57 页。
[3] 不同版本的画作之间存在差异。 刘潞、[英]吴芳思编译：《帝国掠影：英国访华使团画笔下的清代中国》，北京：中国人民大学出版社，2006 年，第 39 页；[英]威廉·亚历山大著，赵省伟、邱丽媛编译：《中国衣冠举止图解》，北京理工大学出版社，2016 年，第 102-103 页；Stacey Sloboda, "Picturing China: William Alexander and the Visual Language of Chinoiserie," *The British Art Journal*, Vol. 4, No. 2（2008）: 28-36.

图 3-2-6　以英使作品为基础制成的苏州石桥图像（1797 年）

妙情景。湖州地区素来水运昌盛，航线昼夜不息。据《双林志》记载，清代时为了夜间行船的方便，化成桥上曾竖立灯杆，使之起到类似灯塔的作用。①

　　应该指出，明代以后江南石桥的拱券弧线表现出弧度增大的趋势。这种趋势降低了造桥的技术难度：在拱券跨度缩小的同时，券顶却保持足够的高度，有利于船只通过。随着桥身体量的扩大，拱券轮廓臻于半圆，甚至超过半圆；这时候，弧形桥面也不再适用，故将两坡的纵剖面上缘拉直，并采用陡峭的阶梯式踏步；桥顶则被改成平面，令桥的整个侧立面和地平面大致画出一个梯形。在上述过程中，宋元遗风逐渐遭到革除，模仿木结构的程度也被大幅削弱，装饰体系全面更新。区别于以往的是，拱券顶部多见饰以雕刻的构件，名为龙门石，常有鱼跃龙门题材。这里的"龙门"明显蕴含一语双关的意味。

　　和桥孔内壁一样，石桥的侧立面不只是结构和纹饰，还有可供阅读的文字。北宋时，石桥就有镌刻名称的成例，"韩公子文为守命，每桥刻名

---

① 朱惠勇：《中国古桥录》，杭州出版社，2002 年，第 201 页。

图 3-2-7　德清万善桥石匾

于旁，憧憧往来，莫不见之"[1]。从元代起，江南石桥完善了对桥梁名称的标识。德清元代万善桥犹存宋风，但与众不同的是，拱券上方的居中之处横置着方形石匾（图 3-2-7），题曰"万善"，字体为双钩阴刻的小篆。石匾略微前倾，很像门匾，迎合了水面的视角。明清阶段，石构拱桥、梁桥的桥名题写普遍受到重视，方式不一而足，有时直接布文在栏板上。与早期的阴刻桥名有别，后世占主流的阳刻桥名字迹越发显眼，有助于远距离辨认。

说到桥梁的名称，尽管古代桥名林林总总，且屡见别称或重加定义的情况，难以尽数讨论，但是从大运河文化遗产及其历史背景来看，几种主流情形值得注意。第一，桥名寄寓现实愿望。苏州普济桥、塘栖广济桥、余姚通济桥以"济"为名，强调架桥济渡，惠及百姓。北京万宁桥、绍兴太平桥有祝福天下安定之意。这样的格套在各地广为采纳。第二，桥名源于桥的造型。江浙之交的长虹桥姿态优美，如虹卧澄波，遂有此名。第三，桥名具有政治意味。杭州拱宸桥、绍兴和扬州的迎恩桥可归入其列，它们均处在皇帝巡行途经的运道上。第四，桥名具有特别的纪念性。苏州灭渡桥取代了原有的渡口，令行人省去乘坐渡船的开销，故得其名，后来又讹传为觅渡桥。另外，地名、传说、自然景物等也是桥名的常见来源。

---

[1][宋]朱长文撰，金菊林点校：《吴郡图经续记》，第 23 页。

明以后的江南石桥常在券洞两侧的间壁石上展示对联。间壁石是金刚墙中长系石下方镶嵌的竖直石条，苏州思本桥、灭渡桥等宋元桥已使用，在台北故宫博物院所藏传为明周臣作品的《渔村图》中亦有清晰描绘。桥联、名匾的出现使拱券与门道之间又平添了几分相似。多孔石拱桥每面有不止一对间壁石，这时，以侧立面中轴线为中心，对称位置的间壁石两两成对，分别成联。尽管从陆地上也有可能读到桥联，但是以水面上的舟船为视角更具优势。若想顺利通读大型拱桥的对联文字，就必须要离岸登舟了。

桥联的撰写凝聚了桥所在地域的人文底蕴与自然意境，时现佳句。吴江浮玉洲桥两侧各有一联："十里波光连宝带，一弯月影映垂虹""三吴人文题柱客，五湖蓑笠钓鱼船"。[1]"宝带"和"垂虹"呼应附近的两座名桥，"题柱"一句巧妙地提及桥联自身，而"钓鱼船"指向观众，兴许会博得船中渔者的会心一笑。

大型拱桥中央券洞高耸，两旁可布长联。嘉兴长虹桥中孔两面分别写道："淑气风光架岭送登彼岸，洞天云汉横梁稳步长堤""福泽长流物阜民安国泰，慈航普渡江平海晏河清"[2]。长虹桥位于大运河的主线要塞王江泾镇，明嘉靖时胡宗宪、俞大猷尝在此地击败倭寇。长虹桥的这两联表达了对个人和家国的祝愿，貌似语不惊人，但贵在联系了桥头的长虹寺。"彼岸""慈航"皆为佛教词汇，含有宗教寓意，实际又暗喻石桥所在真实世界的运河景观。"福泽长流""稳步长堤"，在古代社会，人们理想中运转如常的大运河谅不过此。

同里镇傍依群湖，太平、吉利、长庆三桥是古镇腹地"丫"字形水道上的三座相邻小桥，可以环顾而得。据顾禄《清嘉录》记载，吴地"元夕，妇女相率宵行，以却疾病，必历三桥而止"[3]。同里三桥名字喜庆，当地人至今有"走三桥"的习俗，且于 2011 年将其列入吴江非物质文化遗产名单。三桥尺度很小，从驳岸上就能轻易地读出各桥上镌刻的对联。长庆

---

[1] 吴国良编著：《吴江古桥》，第 73 页。
[2] 孔庆普：《中国古桥结构考察》，北京：东方出版社，2014 年，第 259 页。
[3] [清]顾禄撰，来新夏点校：《清嘉录》，上海古籍出版社，1986 年，第 26 页。

桥刻有这样的简短句子："公解囊金成利济，好留柱石待标题。"上联致敬了为造桥捐资的人群，下联把间壁石视为铭记功德的丰碑。然而，"好留柱石待标题"这一句充满文字趣味：人们已经加以题刻，却似乎留有继续斟酌的空间。桥联给予水面及岸边观者的通常都是这般耐人寻味的连珠妙语。（图 3-2-8）

挥棹街头巷尾，不外乎周旋在桥梁前后；荡舟大运河上，则天高地阔，舒目远望，桥梁每与其他物象相映成趣。南宋时，范成大在苏州胥江边的横塘送别友人，吟咏道：

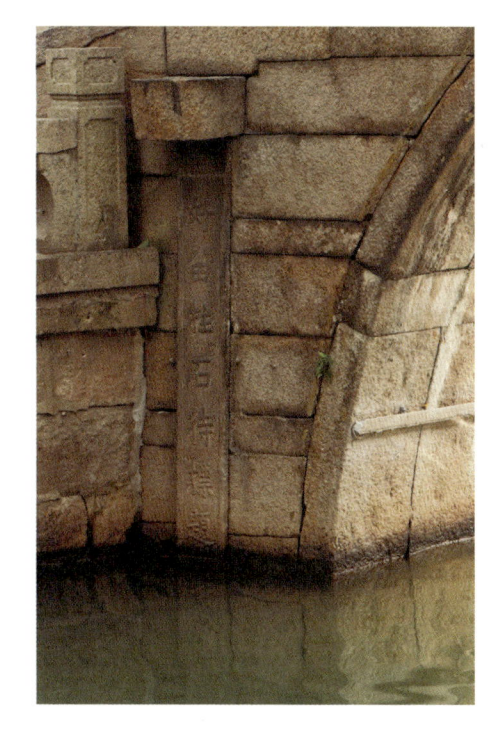

图 3-2-8 同里长庆桥桥联

南浦春来绿一川，石桥朱塔两依然。
年年送客横塘路，细雨垂杨系画船。①

苏州郊外湖光山色怡人，桥、塔复合景观良多，其中首推吴江垂虹桥和华严塔。

吴江县城濒临太湖，城外运道旁石桥攒聚。垂虹桥在吴江东门外，跨太湖与吴淞江的连接处，东接大运河主道。②此桥始建于北宋庆历八年（1048），起初是木结构梁桥，长千余尺，中心和两端各有一亭，中亭曰

---

① [宋]范成大著，富寿荪标校：《范石湖集》，上海古籍出版社，2006年，第35页。
② 图示见[明]卢熊：《洪武苏州府志》，第32页。

垂虹,"登以四望,万景在目"。①垂虹桥本名利往桥,俗称长桥,代表一种超大规模的桥梁建筑,侧重于构建陆路坦途。华严塔在桥东首华严寺中,也建于北宋,砖木结构,清末倾圮。垂虹桥落成后,跻身吴地绝景,苏舜钦、苏轼、王安石等都有状物之句,米芾《吴江垂虹亭》见于《蜀素帖》。此处宋代桥、塔组合令人沉醉,陆游沿运河奔赴蜀地途中,"晚解舟中流,回望长桥层塔,烟波渺然,真若图画"②。木构垂虹桥维持到了元代,而后易以石构,仍为长桥,设有 61 孔。③桥下布置了三处相互分开的通巨舟的大孔,大孔之上亦覆桥亭,其余部分相对低平。后来垂虹桥的孔数又有所增加,遗憾的是,20 世纪 60 年代桥体坍塌殆尽。

陆游目睹的如画木桥虽早已消失,但我们或许可据宋画《长桥卧波图》(图 3-2-9)《千里江山图》(图 3-2-10)所绘木构长桥想见其原貌。④《长桥卧波图》用笔工整,红栏木桥横向展开,桥和塔并存,为巨浸、远山所映衬,甚为贴合垂虹桥一带实景。这张画的取景视角低于《千里江山图》,画面更接近水上观者的真实视像。

元代的石构垂虹桥依旧是一处桥梁大观,反复出现在绘画里。刻画垂虹桥的晚期作品在某种程度上延续了宋画的构图。例如,假托赵孟頫之名的明代《垂虹秋色图》(图 3-2-11)概括性地画出该桥的侧立面,省去华严寺塔,营造了石桥与自然风韵相得益彰的妙境。而托名唐寅的《垂虹别意图》于状物之余,着力叙事。⑤明代正德三年(1508)的中秋时节,徽籍后生戴昭返乡前,收到了来自沈周、唐寅、文徵明、祝允明等十余位吴门名流的赠诗,待遇极为不凡。戴冠在《垂虹别意诗序》中谈到,苏州城南的垂虹桥由于与城市的距离适度,常被选为送客南行的分别处,他将

---

① 吴国良编著:《吴江古桥》,第 16-18 页;李合群主编:《中国古代桥梁文献精选》,第 109-110 页。
② [宋]陆游著,蒋方校注:《入蜀记校注》,武汉:湖北人民出版社,2004 年,第 21 页。
③ [元]袁桷:《清容居士集》卷 19,民国四部丛刊景元本,第 6a 叶。
④ 参阅余辉:《〈千里江山图〉的取景之源——寻找王希孟的少年足迹》,载杨丽丽主编《千里江山图的故事》,北京:故宫出版社,2017 年,第 192-194 页。
⑤ 翁万戈编著:《顾洛阜原藏中国历代书画名迹考释》,上海人民美术出版社,2019 年,第 26-31 页。王连起先生指出卷中画面系伪作。王连起:《唐寅书画艺术问题浅说》,载氏著《中国书画鉴定与研究·王连起卷》,北京:故宫出版社,2018 年,第 801-802 页。

图 3-2-9 《长桥卧波图》(南宋 绢本 故宫博物院藏)

图 3-2-10 王希孟《千里江山图》所见木构长桥(北宋 绢本 故宫博物院藏)

图 3-2-11　赵孟頫款《垂虹秋色图》(明　纸本　美国大都会艺术博物馆藏)

会送戴昭至此。被添加到诗集长卷真迹中的图像也出自明代人之手，具有一定的实景画性质，虚构出戴冠、唐寅等人送别戴昭的情形：船循着桥边航线前进，占据画幅中心；多孔拱桥露出东端一小段，距船不远；近景里树木萧疏，土冈隆起；远景里太湖烟涛微茫，露出丛丛山岭。由童仆驾驶的小船内部，一位长者手举酒杯，正对临行的后生进行着交代，船头另一人则似乎颓然醉矣（图 3-2-12）。船一旦离开长桥，就将驶入大运河了。

在画面假设的故事里，唐寅随船送客，那么《垂虹别意图》在何处绘成？这个本没有答案的问题并非毫无意义。原因在于，古代的船正是一种创作或赏鉴书画的场所。虽然隋炀帝在大运河上遗失书画的悲剧足以警惕世人，米芾还是在船上装载了翰墨收藏，并立起"米家书画船"的牌子。船也是他的工作室，"书画船"从此化作典故。① 根据文字内容或题跋，可以看出，很多书画作品都是在水路行旅中完成的。赵孟頫的《兰亭序十三跋》就是在从吴兴（今湖州）到大都的路上陆续书写的，文中含有大运河沿线的地名及交通信息。② 而倪瓒的名作《六君子图》则是在结束一天行程，泊船无锡城中时，应友人之请而仓促画成的。正是因为拥有

---

① 黄庭坚有诗"沧江静夜虹贯月，定是米家书画船"。傅申：《书画船——中国文人的"流动画室"》，《美术大观》2020 年第 3 期，第 48-56 页。
② 赵华：《南北驱驰——赵孟頫宦游行程中的天气因素与行程规划》，《美术大观》2021 年第 9 期，第 49-60 页。

图 3-2-12　唐寅款《垂虹别意图》（明　纸本　美国大都会艺术博物馆藏）

水面上的观看之眼，江南画家才得以从容地挥毫塑造地理空间与运河风色。《白岳纪游图》之《垂虹桥》《宝带桥》等页即是典型的证明。明嘉靖三十三年（1554），作者陆治循大运河下皖南，画中景物包括他的舟中观览所获。[①]

毗邻江南运河的另一座长桥——苏州吴中的宝带桥保存较为完整（图3-2-13）。这是一座仿似石构垂虹桥的多孔拱桥，南北总长300余米，与运河主道平行，兼作纤道。[②] 相传唐代王仲舒捐宝带建此桥，桥身扼守澹

[①] 参阅薛永年：《陆治钱谷与后期吴派纪游图》，载故宫博物院编《吴门画派研究》，北京：紫禁城出版社，1993年，第47-64页。
[②] 罗英：《中国石桥》，第54-59页；茅以升主编：《中国古桥技术史》，第98-100页。

台湖口，是塘堤的一部分；南宋绍定年间将建筑主体改成石结构，又叫小长桥，形状恰若宝带。[①]明正统十一年（1446）宝带桥重建，时作53孔石拱桥，桥面低平，但中间有一小段略微凸起，下设三大孔。当时的桥梁构造迭经修复，维持至今，桥身之外另有石塔、石狮和石亭等附属组成，丰富了桥的视觉韵律。宝带桥旁目前有着多条新旧运道交汇于此，来往货船源源不断，长桥如带，兀然横陈世人眼前。

图3-2-13　宝带桥

石构长桥还反映于苏州石湖中的桥梁组合——行春桥和越城桥。清代的《姑苏繁华图》中，行春桥是九孔石拱桥，桥面呈弧形，越城桥是单孔石拱桥，两桥由中间的石堤串联起来，形成与垂虹、宝带石桥类似的长桥（图3-2-14）。行春、越城两桥在石湖口，北近胥江，水势相对平稳；后两桥为了宣泄太湖水，故设有众多桥孔。行春桥很早就已出现，起先采用的应是石梁桥模式，据范成大记，"桥甚长，跨溪湖之口"[②]。南宋淳熙年间重修此桥，"补覆石之缺，易藉木之腐"[③]。因屡经改造，现行春桥仅余少量早期构件。越城桥于南宋重建，今为清代遗迹。石湖风景动人，行春桥建筑特异，围绕其券洞自古有"石湖串月"的说法，秋月皓然之时，游人、游船趋之若鹜。[④]

[①] [明]卢熊：《洪武苏州府志》，第107页。
[②] [宋]范成大撰，陆振岳校点：《吴郡志》，南京：江苏古籍出版社，1986年，第243页。
[③] 参阅范成大《重修行春桥记》。李合群主编：《中国古代桥梁文献精选》，第141-142页。
[④] [清]顾禄撰，来新夏点校：《清嘉录》，第133-134页。

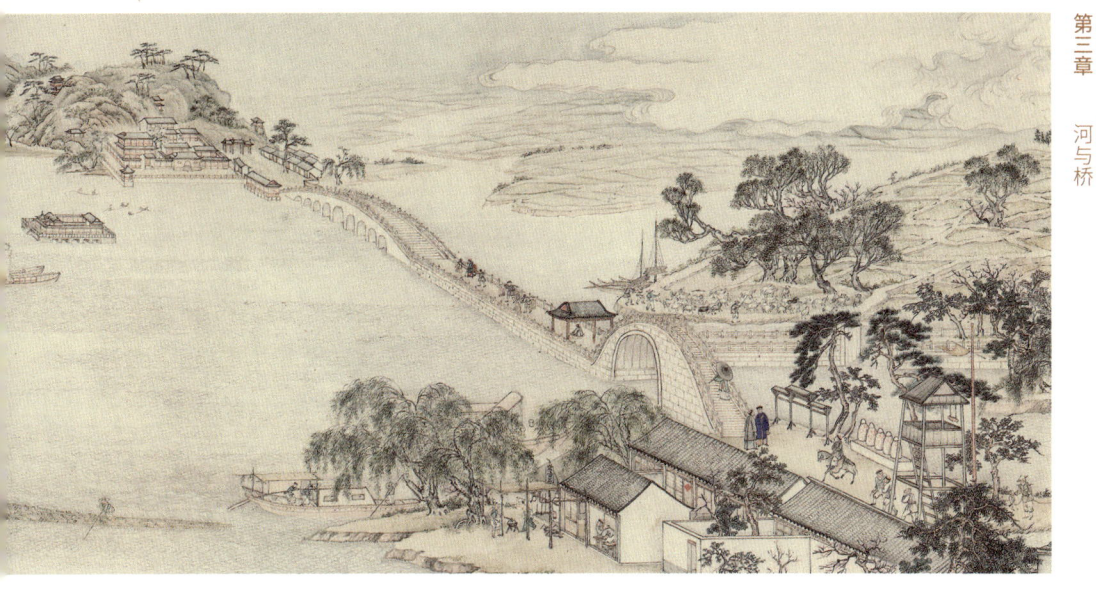

图 3-2-14　徐扬《姑苏繁华图》之行春桥、越城桥（清　纸本　辽宁省博物馆藏）

历史上，苏州诸湖的庞大石桥工程创造了冠绝江南的景观，与天地山川相互映照，为过往帆樯带来无与伦比的视觉震撼。被苏州长桥折服的不只是国内旅人，还有邂逅中国胜迹的海外来宾，例如，大运河畔的宝带桥就引发了马戛尔尼使团的由衷慨叹。[①]

桥下的张力

作为水陆道路的交叉点，桥促进了对话，也暗藏着冲突。张择端《清明上河图》中的虹桥场景就是意外状况下桥、船之间张力的生动体现。为了粉饰太平，在仿效宋本构图的基础上，清院本《清明上河图》大为弱化了桥边的危机。为此，画家调用当时流行的石拱桥，然则桥体显得异常巨

---

① [英]马戛尔尼著，刘半农译：《乾隆英使觐见记》，天津：百花文艺出版社，2010 年，第 180 页。

大，根据人物和桥拱的尺度比例很容易发现这一点（见图2-1-10）。拓展券洞有利于巨舟穿行，一直是古代人追求的目标。可是现实并非图画，即使具备经济基础，人们也无法逾越技术的限制。

苏州郊外的长桥系列源自对石桥长度的超常探索，而横跨大运河的一些石拱桥代表了对券洞高度的理性挑战。杭州余杭塘栖古镇坐落在元末新辟的大运河主道杭州塘上，因河而崛起，"迨元以后，河开矣，桥筑矣，市聚矣"[1]。今天，走进塘栖，巍然如山的广济桥首先映入眼帘，召唤访客拾级而上（图3-2-15）。该桥横越镇南侧的运道，明弘治十一年（1498）建成，后世数度重修，系七孔石拱桥，长近80米，主孔跨径达15.7米。[2]学界将广济桥这样的石桥称为多孔薄墩联拱式桥，其拱券大体作半圆形，券间的桥墩很窄，所以各券相互依存。[3]这种造型轻灵的设计在垂直和水平两个方向上力保航行空间，同时减轻了桥体自重，以免过度沉降，迥异于跨通惠河的八里桥等北方厚墩联拱式桥，适用于江南水乡。《姑苏繁华图》木渎镇一节即画出采用该模式的三孔拱桥的侧立面。新式石桥问世，水路畅达之外，陆行条件也获得保障。广济桥的桥孔尺度自中间向两边递减，设置了长而缓的阶梯式斜坡，便于行人、轿马通过。

广济桥别名长桥、碧天桥，其长度固然由河面宽度决定，拱券高度却是航道的地位促成的。塘栖据守杭州以北的运河要津，在运道上横向建石桥，偏重陆路的元代垂虹桥模式难以奏效。虽然垂虹、宝带等长桥也属多孔薄墩联拱式，但是券洞均过于狭小。事实上，截至元代，券洞高敞的多孔石拱桥在江南地区仍很少见，率先成熟的实为多孔石梁桥技术。明代以后，无论高度还是长度，大运河催生的广济桥模式均胜过以往跨运河的各类石桥。此种桥式尚存多处遗迹，集中于长江以南的运河流域，拱宸桥也是其一。

杭州北郊跨运河主道的拱宸桥始建于明末，重建于清康熙五十三年

---

[1] [清]王同编纂，王其煌、顾志兴标点：《唐栖志》，载孙忠焕主编《杭州运河文献集成》第4册，杭州出版社，2009年，第29页。
[2] 陆文宝：《浙江省余杭市塘栖广济桥调查简报》，载浙江省博物馆编《东方博物》第2辑，杭州大学出版社，1998年，第331-335页。
[3] 茅以升主编：《中国古桥技术史》，第95-100页。

图 3-2-15　塘栖广济桥与运道

（1714），雍正时有所修护。虽只设三孔，该桥总长及主孔跨径皆与广济桥相仿，相当于省去了作用较小的外侧四小孔。在同类型的江南石桥中，广济、拱宸两桥之高位列前茅，就建造技术和使用功能而言，它们无疑会登顶中国古代桥梁史的高峰。营建宏伟的桥有待巨额资费。光绪《唐栖志》载，发起广济桥工程的陈守清历尽艰辛，奔走募资，最终惊动宫廷，才得偿所愿。[1] 拱宸桥则是在地方官员和僧人合力募捐的情况下实现的。两桥建成后都曾多次受损，每逢修复，亦待巨资。运河上的石桥消耗大量财力、人力，并且在一定程度上有碍漕运，人们之所以不停地新建和修复，是因为打通两岸陆路交通意义深远。广济桥出现前，其地已有渡口，但是溺亡事件频频发生，只有造桥才能改变现状。故知，造桥也是功德。

将石桥技术推向高峰，归根结底，缘于繁忙的大运河航线带来水、陆交通之间的持续张力。一座完善的运河桥梁，必是平衡水、陆通行需求的结果。自古以来，在重要的水路上，桥下难免发生拥堵和事故，宋本《清明上河图》和徐扬《姑苏繁华图》便敏锐地捕捉了这类现象，定格了动态

---

[1] [清]王同编纂，王其煌、顾志兴标点：《唐栖志》，第 62-67 页。

的社会史。早在宋代,保护桥体的意识即已萌生,浙江慈溪有"跨栅铺板""就柱填礓"等做法,"既可藉以障水,且免挽船损柱之患"。[1] 由此,我们也读出洪流对多孔拱桥造成的冲击。塘栖广济桥建成30年后,便因"波涛汹涌"而崩裂,不得不加以修葺。

  进入现代,大多数江南运河旧道继续服役,经过岁月洗礼的古老石桥面临自我与外界的双重考验。较之过去,现代货船体型、重量更大,船速更快,一旦撞击桥体,后果将不堪设想。为减少乃至杜绝货船对运河遗产的伤害,人们选择为石桥添加防撞墩,约束来船航向,并常以镇水兽为饰。拱宸桥下2005年设置防撞墩,尽管如此,外围的事故还是时有发生。

  嘉兴王江泾长虹桥的情况更加严峻。这是一座清代嘉庆年间复建的三孔石拱桥,《乾隆南巡图》之《入浙江境到嘉兴烟雨楼》象征性地摹绘出其样貌。该桥中孔的跨径甚至稍稍超过广济、拱宸二桥,委实气势如虹(图3-2-16)。由于扼守江浙交界地带的主运道,至今其地来船如流。立防撞墩并不足以完全规避风险,2010年遭货船撞击的长虹桥拱券受损,一度有倾塌之虞。不仅桥、船存在相互的潜在威胁,船与船也可能构成矛盾,比如对开船只争道。2021年9月,笔者踏访长虹桥,不经意间目击了南北两船因避让不及而导致的轻微碰撞。夕阳西沉,慌乱的人声与动荡的水波消逝在石桥旁,运河渐渐恢复平静。没有人能讲清楚,这样的场面发生过多少回,又是否会重演。更好的石桥保护手段是改变运河路线。2004年,塘栖运道迁移,广济桥的通运史结束,遗产安全得到巩固。

  梁桥与船只之间的张力与前文所述无异。清代末年,民间筹资6500银元重建吴江凤仙桥。该桥为五孔石梁桥,长约40米,两端各有一座木石结构的方亭,名栖凤、留仙,亭角翼然。桥、亭相配,合成一处佳景。梁桥的桥柱也能用于排布桥联,凤仙桥即刊刻藏头联句:"凤沼垂虹南连越水,仙源涌日北接吴江。"[2] 可惜的是,凤仙桥1985年被船撞毁,而重建的水泥桥竟于2002年再遭撞毁,如今唯余两亭隔河对望,不免引人唏嘘。

---

[1] 孟传鲜:《从〈宋元方志丛刊〉管窥南宋桥梁概况》,第54页。 北宋《千里江山图》里可见置竹笼、填石块,用作木桥支柱的做法。
[2] 中共江苏省委研究室:《江苏文物》,第128页。

诚然，在河运昌盛的时代，桥下隐藏的危机很难根本消除。但只需小心行船，便能桥船两安。在桥、船矛盾的另一面，当然也见和谐之景：一些情况下，桥边是泊船的好去处，有时石桥还雕出绑系船缆的孔洞。绍兴戢山前的单孔石桥题扇桥因有关王羲之的传说而得名，见载宋《会稽志》。实物尽管经过重建，还是流露浓郁的古风，桥面呈早期石桥的弧形样态。[①]一如八字桥，题扇桥也厝身水乡街巷深处（图3-2-17）。在日益喧嚣的旅游浪潮下，夜晚的古桥尚能享受些许清静。华灯初上，附近的乌篷船聚集到题扇桥的券洞里，仿若驶归港湾。

图3-2-16　长虹桥局部

图3-2-17　暮色下的题扇桥

[①] 沈福煦著，李玉祥摄影：《水乡绍兴》，北京：生活·读书·新知三联书店，2001年，第12-14页。

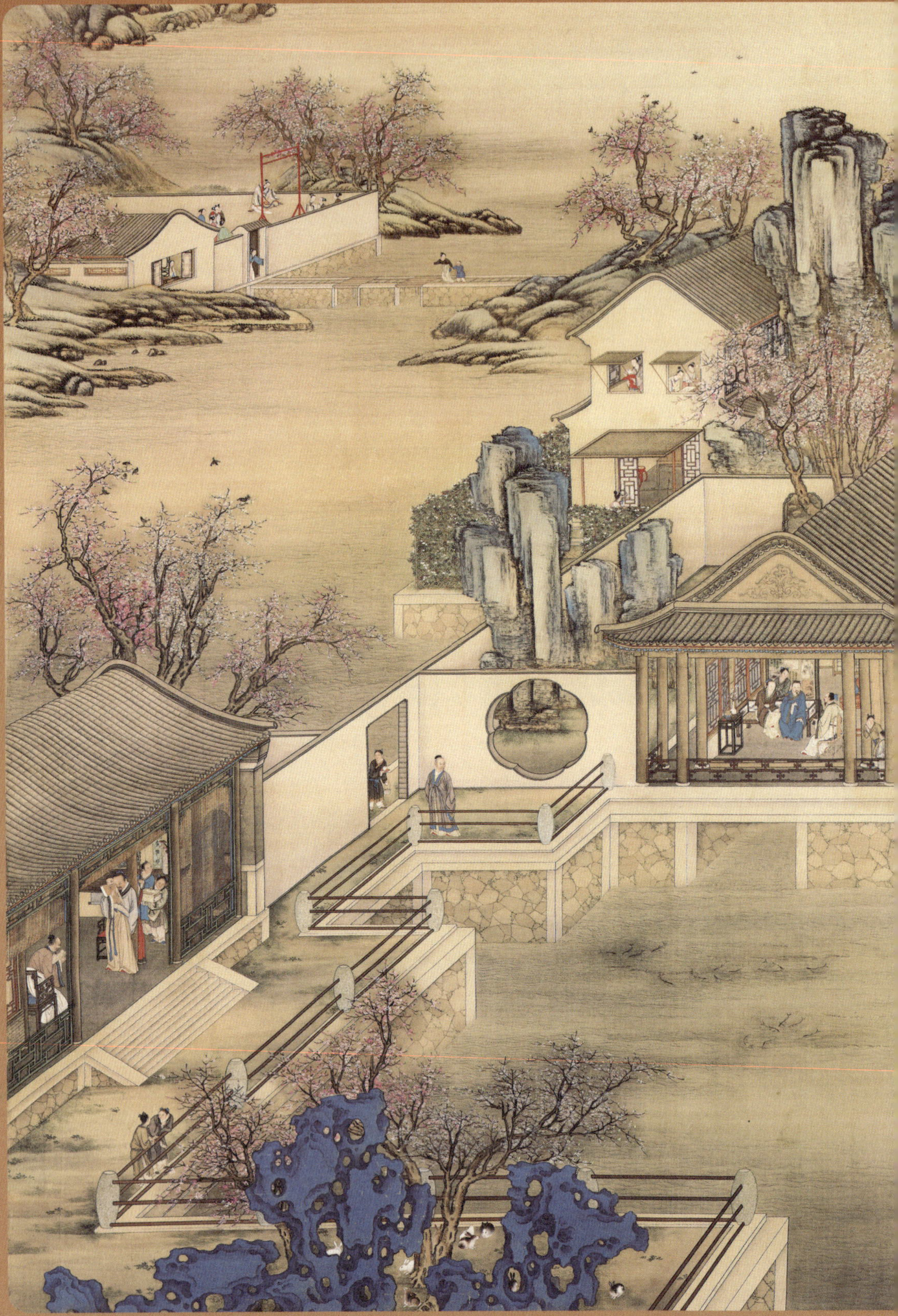

第四章
河边园

第一节　再造山水：园林的尺度

中国园林在世界艺术史上独树一帜，并且对邻国和欧洲产生了历史性的影响。[①]中国的园林遗产琳琅满天下。1997年12月，苏州古典园林跻身世界文化遗产，首批子项目为拙政园、留园、网师园、环秀山庄。2000年，增补沧浪亭、狮子林、艺圃、耦园和退思园，作为其扩展项。国内其他世界遗产中也不乏园林构成，如北京的颐和园和故宫御花园、承德避暑山庄、杭州西湖以及中国大运河所含扬州瘦西湖、个园等。以上园林菁华基本都分布于大运河沿途。

20世纪以来，中西方对中国园林的研究取得长足发展，成果丰硕。园林不单是建筑，还是生活和思考的媒介，诚如1938年美国摄影家多萝西·格雷所说，"和谐和精致的韵律是中国人的宇宙观在园林中的折射"[②]。在古代中国，多变的造园手法产生了皇家苑囿、私人园宅、城市山林等园

[①] 参阅杨鸿勋：《江南园林论》，上海人民出版社，1994年，第2-10页；[瑞典]喜仁龙著，陈昕、邱丽媛译：《中国园林与18世纪欧洲园林的中国风》，北京日报出版社，2021年。

[②] 转引自[英]柯律格著，孔涛译：《蕴秀之域：中国明代园林文化》，郑州：河南大学出版社，2018年，第5、175页。

林主流，也应用于官署、寺观、祠庙、墓葬等环境。各类遗迹里，可游亦可居的文人或商人住宅最为习见。

话题不妨从苏州谈起。为大运河怀揽的苏州古城坐拥规模最大的私人园宅集群，从城内山池到城外丘壑，园林深受运河的浇灌。[①] 目前所见苏州园林主要是明清至民国的手笔，代表江南晚期园林的巅峰成就。早在《平江图》中，部分南宋园林就被简略地刻画了出来；但在长期殷富的苏州，园子不断得到改造，即使是明代景观也很少完好地延续下来。

吴门实景绘画直观地反映了过往的园林风貌。明正德四年（1509）前后，王献臣根据苏州城内东北部的洼地，开始构建拙政园。此园水景良多，紧靠"三横四直"河道之第一横河，名称取自潘岳《闲居赋》中的"拙者之为政也"，意在退隐。从沧浪亭、网师园、退思园等园名皆可看出，文人闲居是江南园林生活的基调。拙政园落成20余年后，画家文徵明应主人之请，创作了水墨本《拙政园三十一景图》。[②] 该册页每图录一诗，附有《王氏拙政园记》。图集与后来的节选重绘本《拙政园十二景图》存世，从中可见，彼时的王家园亭洋溢着田园风韵，与现在的拙政园营造风格不同：木桥横跨流水，起居空间舒朗；简单的篱笆标志着院落的外沿，院内树木扶疏，堂上陈列瓶花与古鼎；主人策杖立于篱笆门下，傍依潺潺流水（图4-1-1）。这

图 4-1-1 文徵明《拙政园十二景图》之《小飞虹》
（明　纸本　美国大都会艺术博物馆藏）

[①] 苏州市文物局：《大运河苏州古城段遗产研究报告》，北京：文物出版社，2016年，第63-75页。
[②] [美]高居翰、黄晓、刘珊珊：《不朽的林泉：中国古代园林绘画》，北京：生活·读书·新知三联书店，2012年，第168-182页。

大概就是明代士大夫心目中理想的园居味道。

小园独徘徊

苏州沧浪亭始自北宋庆历年间，初由诗人苏舜钦就五代园址创建。"沧浪之水清兮，可以濯我缨；沧浪之水浊兮，可以濯我足。"丢了官职的苏舜钦来到吴地，满怀赋闲之兴，斥资买地造园。园名取自屈原《渔父》所录民谣，大有"穷则独善其身"的意味。

据苏氏《沧浪亭记》，文庙东侧地形高隆，林木幽美，废园三面环水，可以驾舟遨游。[①] 今天，沧浪亭依稀可见这种特点，但已是数度重建后的迹象，体量远逊当年。经过康熙时期的改动后，园门面北，后来与可园对望。门前临河，架设着石板曲桥，桥北街边原置石坊（图 4-1-2）。水是

图 4-1-2　沧浪亭园门

---

① [宋]范成大撰，陆振岳校点：《吴郡志》，南京：江苏古籍出版社，1986 年，第 187-188 页。

中国园林的要素，理水一般是造园的前提，沧浪亭对园外城市河道的利用独得奇想。还未进园，隔水就窥得小半景色：八字门墙东侧伸出一排长廊，密布方形漏窗；透过图案各不相同的窗棂，隐约看到郁郁葱葱的小丘（图4-1-3）；作为园中的制高点，檐角翘起的歇山顶小亭高过廊顶，掩映在林木丛中，别具幽致。这是典型的园林泄景手法，制造了犹抱琵琶半遮面的神秘感。

过桥入园，迎面是一组湖石假山，藏住园内胜境，起到屏风般的作用。叠石是园林的重头戏，采选名石、堆筑奇峰历来决定着造园的成败。① 中国人对石头的青睐由来已久，然而园林里满山遍野式的奇石要到晚明才算普遍。② 清代人的爱石之风不减前朝，我们看到的苏州园林湖石多半系清代中后期所置。

沧浪亭门内石山平缓，曲径通幽，诱导人钻进一处缩微的山丘（图4-1-4）。这片石山与东侧的土丘连为一体，游人盘桓而上，便能走到从园外望见的那座亭子。此亭乃石柱木顶，亦名沧浪亭，题写着源出欧阳修、苏舜钦的集联："清风明月本无价，近水远山皆有情。"清代名著《浮生六记》的作者沈复新婚时住在沧浪亭隔壁。清乾隆四十五年（1780）中秋薄暮，沈复带着妻子、小妹等入园赏月，就曾循着石山，登到土山之巅的沧浪亭，目睹"炊烟四起，晚霞烂然"。③

清康熙三十九年（1700），画家王翚的《沧浪亭图》表现了园林全景，院内外有零星的人影，或坐谈，或独处，或徐行。④ 当时，沧浪亭缺乏华贵的厅堂，也没有醒目的湖石，显出一派山野气象，颇类明代园林绘画的情调。清代沧浪亭建有祠堂，并不是私家住址，这一点沈复的记载足以印证。乾隆年间，皇帝南巡途中几度造访其地，才令旧园焕然一新。官刻乾隆《南巡盛典》以南侧俯瞰视角塑造沧浪亭，罗汉院双塔现身远景。由图

---

① 刘敦桢：《苏州古典园林》，北京：中国建筑工业出版社，1979 年，第 19-26 页。
② [英] 柯律格著，孔涛译：《蕴秀之域：中国明代园林文化》，第 58-60 页。
③ [清] 沈复等：《浮生六记（外三种）》，上海古籍出版社，2000 年，第 45 页。
④ 北京画院、南京博物院：《唯有家山不厌看：明清文人实景山水作品集》，南宁：广西美术出版社，2015 年，第 192-195 页。

图 4-1-3　沧浪亭北部走廊

图 4-1-4　沧浪亭叠石

像可晓,彼时的园亭巨石丛生,西南角所辟宫门是皇帝的主入口。园内光绪年间的石刻《沧浪亭图》(图 4-1-5)也能让人一览该园,图中建筑布局略同当前遗迹。

游园不宜喧哗,沈复一行在沧浪亭遇到的情境今已难求,但造园理念尚能为园林实迹切身体会。对于厝身街巷的私家园林而言,以小见大的特点非常明显。苏州园林遗产多属这种类型,且有一定的开放性①。平日里,私家园林为主人独享,是闹中取静的桃源,假山不拘大小,都具备再造乾坤的能力。但凡叠石,即成峰岭,即使独处,也不会觉得空寂,反而有利于林泉神游。

狮子林在拙政园以南不远,元代因宋代旧园重建,起先从属佛寺。倪瓒来到过这座园子,与友人合作绘有《狮子林图》。②乾隆年间,狮子林迎来新一轮建设,园子也得以独立出来,归诗书世家黄氏。"狮子"指状如狻猊的怪石,带有佛教寓意,后来这种意象被反复运用。大小有别、动

---

① [英]柯律格著,孔涛译:《蕴秀之域:中国明代园林文化》,第 74-84 页。
② [清]钱泳撰,孟裴校点:《履园丛话》,上海古籍出版社,2012 年,第 353 页;[美]高居翰、黄晓、刘珊珊:《不朽的林泉:中国古代园林绘画》,第 103-114 页。

态各异的狮子从而散落园内,亦狮亦山的景观逗引观者驻足端详。狮子林的主山聚集在池水边,因乾隆帝驾临该园,《南巡盛典》绘有相关图像,但画中山势犹不及现状辽远。绵延的假山光怪陆离,池东一线尤称奇妙,洞壑复杂,山径诱使游者徘徊往复,时而高踞山顶,时而亲近水面。山内空间营造出街市深处的静谧洞天,令人不出城郭而置身世外。赵翼来游之后,有感而发:"取势在曲不在直,命意在空不在实。"[1]

图4-1-5 《沧浪亭图》拓本

明代画家董其昌说:"以蹊径之怪奇论,则画不如山水;以笔墨之精妙论,则山水绝不如画。"[2]中国文人画热衷摹写的山水表达了寄意自然山林的志趣。园林则为吴地文人群体创造了随时能够到达的立体山川,因而是绝好的雅集场所。[3]明清阶段,山水画高度成熟,造园家叠石时也注重画意。在《张南垣传》中,针对这位晚明造园大师的作品,黄宗羲谈道:"荆浩之自然,关仝之古淡,元章之变化,云林之萧疏,皆可身入其中也。"[4]张南垣名涟,华亭(今上海松江)人,曾经学画,明清之交活跃于江南,造园足迹很广。[5]从黄宗羲的评议看,可以说他的叠石让人如身临画境。

---

[1] [清]赵翼:《瓯北集》卷25,清嘉庆十七年刊本,第17a叶。
[2] [明]董其昌撰,印晓峰点校:《画禅室随笔》,上海:华东师范大学出版社,2012年,第129页。
[3] 例如,清光绪间怡园主人顾文彬、网师园主人李鸿裔、耦园主人沈秉成等结为吴郡真率会,于各园轮流聚会。樊宁:《重见吴郡真率会图》,《苏州杂志》2012年第1期,第78-82页。
[4] 程国政编注,路秉杰主审:《中国古代建筑文献集要·清代(下)》,上海:同济大学出版社,2013年,第242页。
[5] 曹汛:《造园大师张南垣——纪念张南垣诞生四百周年》,载氏著《中国造园艺术》,北京出版社,2019年,第247-278页。

苏州的内河与环城的运河息息相关，汇为一个水系整体。许多城内园林从河道引来活水，灌输山池。平江路小新桥巷的耦园（图4-1-6）毗邻东城墙内濠，三面临河，与城市水体结合得颇为紧密。该园东部建自雍正年间，西部扩于同治年间，两园合璧，故谓耦园。同时，由于园主沈秉成、严永华夫妇俱有才学，琴瑟和谐，又有"耦园住佳偶，城曲筑诗城"之联。耦园坐北朝南，南面靠街，前后皆设埠头，水陆交通齐备。东南角的小楼凭依濠河，可俯瞰行船，取名听橹楼。山池位于东园，以墙基涵洞沟通濠河，池上有榭，称为山水间。① 池畔的黄石假山是园景的亮点，属于早期遗迹。临水山崖适合隔水观赏，展示出峥嵘的峭壁，气象森严，和湖石带来的观感有显著差别。

图4-1-6 耦园

和耦园环境相似的还有明代苏州葑门附近的东庄，该园也与内城濠为

---

① 陈薇等：《走在运河线上：大运河沿线历史城市与建筑研究》，北京：中国建筑工业出版社，2013年，第399-402页。

邻，主体部分四周临河，利用了城市水网，召唤着来访的轻舟。这座庄园时归名贤吴宽，今已湮灭，园址对应今苏州大学本部中段。沈周所绘知名册页《东庄图》24幅存其21，依照《东庄记》制成，园景风格与文徵明《拙政园图》所见趋同。[1]

假山虽说可以无限添加，但终不能与真山相提并论。从沧浪亭到狮子林，再到耦园，这些园子比之拙政园、留园都不算大，但是身在其间，仍然有山重水复的感觉。苏州晚近园林的艺术性尤其突显于这种面积逼仄而又别开生面的深邃庭园。俞樾故居曲园因平面作曲尺形而得名，园内可供叠石的地盘很有限，但尚能再造一方天地。南、北半园同样如此。北半园的亭、榭等建筑只做一半，竟有事半功倍之效。当然，这样的手段在园林语境里不算罕见。1980年，美国大都会艺术博物馆仿照网师园殿春簃打造的"明轩"就包含半亭。

由于山池尺度有限，与之相配的单体建筑也要适当变通。文震亨的《长物志》谈到园中架桥方法：

> 广池巨浸，须用文石为桥，雕镂云物，极其精工，不可入俗。小溪曲涧，用石子砌者佳，四旁可种绣墩草。板桥须三折，一木为栏，忌平板作朱卍字栏。有以太湖石为之，亦俗。石桥忌三环，板桥忌四方磬折，尤忌桥上置亭子。[2]

据《长物志》得知，小园之桥与他处不同，不须冠冕堂皇，而是以曲折低矮取胜。除常规桥制外，还可用石块做出汀步。苏州网师园山池边的引静桥是石拱桥，又名三步桥，长度不超过2.5米，却自成一景。

弥补空间不足的还有园林借景。[3] 所谓借景，即通过开门设窗或设置

---

[1] [美]高居翰、黄晓、刘珊珊：《不朽的林泉：中国古代园林绘画》，第156-167页；吴雪杉：《城市与山林：沈周〈东庄图〉及其图像传统》，《中国国家博物馆馆刊》2017年第1期，第80-95页。
[2] [明]文震亨原著，陈植校注：《长物志校注》，南京：江苏科学技术出版社，1984年，第30页。
[3] 刘敦桢：《苏州古典园林》，第13页。

赏景的制高点，使观者撷取园外风物，《园冶·兴造论》言，"园虽别内外，得景则无拘远近"①。沧浪亭园山周边起起伏伏的走廊里排列了大量耐人玩味的漏窗。北侧临水的走廊夹在墙两边，这里的窗子不但用于泄景，也使园外的街道透进园内，又因为走廊连着亭、榭，人们亦可直接临水观眺。拙政园东园、中园之间的墙壁设有门道和成组漏窗，透过窗子自东往西看，耸入半空的报恩寺塔恰好嵌在窗棂的图案中。沧浪亭的看山楼、拙政园的绣绮亭、留园西部的山亭等则是供人登高借景的例子。

清初戏曲家、造园家李渔在南京有一座园子，名芥子园。② 芥子即细小的植物种子。芥子园"地止一丘，故名芥子，状其微也"。诚如佛教概念里的"芥子纳须弥"，狭小的园子足以盛放广袤无边的心灵世界。③ 古希腊哲学家普罗泰戈拉有句名言："人是万物的尺度。"正是人这种主体性的存在赋予世界以秩序和价值。这里的世界既是物质世界，也是精神世界。在物质上，私人园林的建筑实体"形成使我们感到舒适、能够控制或非常重要的氛围"，属于"尺度亲切的空间"；在精神上，其视觉结构又提供了物理层面之外的想象空间，仿佛"具有纪念性尺度的东西""使我们感到渺小"。④

寻门觅窗

南宋时，长江下游城市及其近郊掀起造园风潮，中国园林史发生转折。⑤ 明中叶以后，同一区域又一次迎来园林盛期，且造园行为更加普遍，园宅

---

① [明]计成原著，陈植注释：《园冶注释》，北京：中国建筑工业出版社，1981年，第41页。
② 顾茂昌：《李渔与芥子园》，《中国园林》1988年第3期，第12-15页。
③ 参阅[清]李渔著，江巨荣、卢寿荣校注：《闲情偶寄》，上海古籍出版社，2000年，第195-196页。
④ [美]程大锦著，刘丛红译，邹德侬审校：《建筑：形式、空间和秩序》（第四版），天津大学出版社，2018年，第344页。
⑤ 汉宝德：《物象与心境：中国的园林》，北京：生活·读书·新知三联书店，2014年，第130-171页。

层出不穷。私家园林首先是人居建筑。中国民居建筑原本就有灵活、多样的特点，园林化的住宅涌现历史舞台，离不开交融于幕后的主人与匠师的智慧。明代文震亨的《长物志》、计成的《园冶》等名著归纳了弥足珍贵的造园思想精粹，作为理论体系，足与实例对读。本节以洞门、漏窗为线索，参照园林文献，讨论扬州、苏州两地园林的观看方式和游览路径。

苏州园林的主人多属文人阶层，出身官僚的比例很高，频见文学家、艺术家、收藏家；扬州的情况有显著差异，园林拥有者以富商为主。从明代开始，得益于地理优势和政治利好，扬州盐业急遽繁荣，至清中期达到巅峰。扬州园林的主人主要是盐商。扬州城寸土寸金，造园过程本身就是莫大的消费，留出地盘理水叠石，实乃奢侈之举。富商们斥资修筑厅堂、楼台、山池、亭榭，一方面满足了栖居的需要，另一方面则昭显了家底和雅兴。

扬州城中所存较大园景首推个园。个园前宅后园，格局清晰。扬州明清双城内部缺少水路，然个园选址得宜，住宅区南临东关街，自大门向东，主街直抵大运河主线上的东关码头。清嘉庆、道光年间，个园由两淮盐业首总黄至筠就寿芝园故址而建，主人爱竹，因"个"字似其形而得园名。由南而北进入庭园，首先要穿过一道月洞门，也就是圆形的洞门。洞门流行全国，大部分长期洞开，少部分安装随时开闭的木、竹门扇。[1]《园冶》称圆形洞门为"月窗式"，注曰"大者可为门空"[2]。汉墓出土的陶屋已经辟有圆形窗；到明清时，城门、桥梁的拱券技术应促进了"月窗"的推广。[3]

个园园门两侧是六道硕大的漏窗。漏窗掩映在石笋和修竹后方，图案略有变化，让人未至园中，便瞧见几分风色。园区内以山池为核心景观，舒朗的山池庭园与严整的住宅院落互补，空间的疏密对比相当鲜明。周行庭园，容易领略到假山意境的流变。池水西侧叠砌湖石，石径通往北侧

---

[1] 例见 Henry Inn, Shao Chang Lee（ed.），*Chinese Houses and Gardens*，New York: Bonanza Books, 1940, 47、54、58、62。
[2] [明]计成原著，陈植注释：《园冶注释》，第171页。
[3] 刘敦桢：《中国住宅概说》，北京：建筑工程出版社，1957年，第17、59页；王媛：《中国建筑史中的圆形窗》，《同济大学学报（社会科学版）》2014年第5期，第74-78页。

楼阁抱山楼的二层；走到楼东，可从黄石山丘辗转而下。顺时针继续绕行，来到园门东侧的小院中，则有一组浑如雪景的宣石（图 4-1-7）。从园门起，个园的山景序列——石笋、湖石、黄石、宣石被解释为四季假山，该观点虽无史料证实，但确具神韵。[①]

"冬山"旁边留下一道美观的海棠式漏窗，窗前孤峰耸起。漏窗平添衬景，同时也暗示着院外视角的存在。李渔深谙借景之道，他说："同一物也，同一事也，此窗未设以前，仅作事物观；一有此窗，则不烦指点，人人俱作画图观矣。"笠翁所言原本针对中空的船舱木窗，但也合乎墙垣漏窗。李渔还把同样的居室窗棂叫作"无心画"，山石从窗外映入眼帘，使窗框宛如画幅。[②]

图 4-1-7　个园宣石与漏窗

造园者均重视门窗设计。明末，计成先在《园冶》中的《装折》一节分析了木作门窗，而后另立《门窗》一节，专述洞门、漏窗：

> 门窗磨空，制式时裁，不惟屋宇翻新，斯谓林园遵雅。工精虽专瓦作，调度犹在得人。触景生奇，含情多致。轻纱环碧，弱柳窥青。伟石迎人，别有一壶天地；修篁弄影，疑来隔水笙簧。佳境宜收，俗尘安到。切忌雕镂门空，应当磨琢窗垣。处处邻虚，

---

① 陈从周编著：《扬州园林》，上海科学技术出版社，1983 年，第 5-6 页；朱江：《扬州园林品赏录》，上海文化出版社，1984 年，第 17-20 页；赵昌智：《个园琐议》，载赵昌智主编《扬州文化研究论丛》第 10 辑，扬州：广陵书社，2012 年，第 8-10 页。
② [清] 李渔著，江巨荣、卢寿荣校注：《闲情偶寄》，第 193-203 页。

方方侧景。非传恐失,故式存佘。①

不难看出,计成很讲究门窗对景,也即在门窗和景物间建立视觉上的对应关系。不管是屏风般的巨石,还是婆娑的竹影,都可使门窗增色,提升园林境界。

除了这部分文字及所附图式外,作者还在《墙垣》一节谈到漏窗,并再附图式。书中图式总计有洞门19种、漏窗30种,包括不设窗棂的空窗,譬如前述"月窗"。洞门分为几何式和拟形式,后者含葫芦、花叶、瓶、月等式。扬州清代园林小盘谷的桃形洞门书中未曾列举。此门自两面观看,效果不同:由西侧望去,桃子上方连有蒂叶,如悬在枝干;自东侧回视,仅余桃形门框。②漏窗轮廓也分几何、拟形两类,但作者特别指出,设计窗棂时,"雕镂花、鸟、仙、兽不可用,入画意者少",甚至反对"瓦砌连钱、叠锭、鱼鳞等类"③。他主张的漏窗基本都是简洁的几何纹样,且方窗比例较高。

扬州的漏窗至今有这样的特点,苏州的晚期案例却走向了相反的一面,窗棂图案变幻无常,不时砌筑或雕刻具象图案。④苏州园林云集一系列漏窗实例,木作槅扇的固定样式之一冰裂纹亦在其列(图4-1-8)。边缘极不规则的拟形窗在园内大行其道,分外抢眼,例见沧浪亭。另外,扬州漏窗一贯保留素面,而苏州漏窗几乎均

图4-1-8 网师园漏窗

---

① [明]计成原著,陈植注释:《园冶注释》,第163页。
② 陈从周编著:《扬州园林》,第7、74-76页;杨鸿勋:《江南园林论》,第111-112页。
③ 同①,第179页。
④ 对扬州、苏州两地洞门和漏窗的风格,陈从周先生总结为"工细挺拔"与"柔和细腻"。陈从周编著:《扬州园林》,第9页。

涂白灰，所以窗棂材料的选择范围得以扩大，木材、铁丝、灰塑皆可用来构图。

计成指出，制作洞门、漏窗的材料颇为考究，最好采用细腻的磨砖，然而最关键的当数"调度""得人"。这里的"人"并不专指匠师。《园冶·兴造论》写道："世之兴造，专主鸠匠，独不闻三分匠、七分主人之谚乎？非主人也，能主之人也。"[1] 历史上不乏善于造园的园主，如果园主不擅此道，则会邀请行家前来主事，担任"主人"。计成是吴江人，卜居镇江，至少两度跨江赴扬州为他人造园，《园冶》便是在扬州仪征撰写完成的。[2]

自明末至清代，苏州、扬州的园林都经历了演变过程，单就漏窗而论，扬州似乎更多地延续了计成的观念，体现出对江南明代传统的继承。当然，对于坐落在江河交汇处的扬州而言，兼采各地园林风范的情况殊为突出。在康乾南巡之路上，扬州是长江北岸首屈一指的园林重镇：一方面，富可敌国的扬州盐商在地方官长的率领下着力打造林泉渊薮；另一方面，恰是缘于奉迎南巡，扬州各界积极引入京城营造做法，为扬州园林送来一股新风。乾隆时期，李斗《扬州画舫录》载："（迎恩）河两岸园亭，皆用档子法，其法京师多用之，南北省人非熟习内府工程者，莫能为此。"[3] 这里的迎恩河是大运河支流，也叫漕河、草河，皇帝沿运河南下，由此拐向扬州城。计成谈到洞门边框的磨砖厚度宜为一寸，但扬州所见门框通常较宽，贴近皇家制式。扬州另有以汉白玉箍砌洞门的做派，尽显盐商的炫富之心。

钱泳《履园丛话》曰，"造园如作诗文，必使曲折有法，前后呼应"[4]。中国园林善于分隔空间，突出层次，创造对景。从室内到室外，造园人惯常构造不规则的建筑平面，利用观看者的心理感受，巧妙地"拓展"空间。苏州留园虽占地广大，自园门至庭院深处仍明显流露这种匠心（图4-1-9）。以布局为基础，通过合理安排门窗类型、方位、尺寸，便可实现对观者脚步

---

[1] [明]计成原著，陈植注释：《园冶注释》，第41页。
[2] 曹汛：《计成研究——为纪念计成诞生四百周年而作》，载氏著《中国造园艺术》，第212-244页。
[3] [清]李斗著，周光培点校：《扬州画舫录》，江苏广陵古籍刻印社，1984年，第54页。
[4] [清]钱泳撰，孟裴校点：《履园丛话》，第369页。

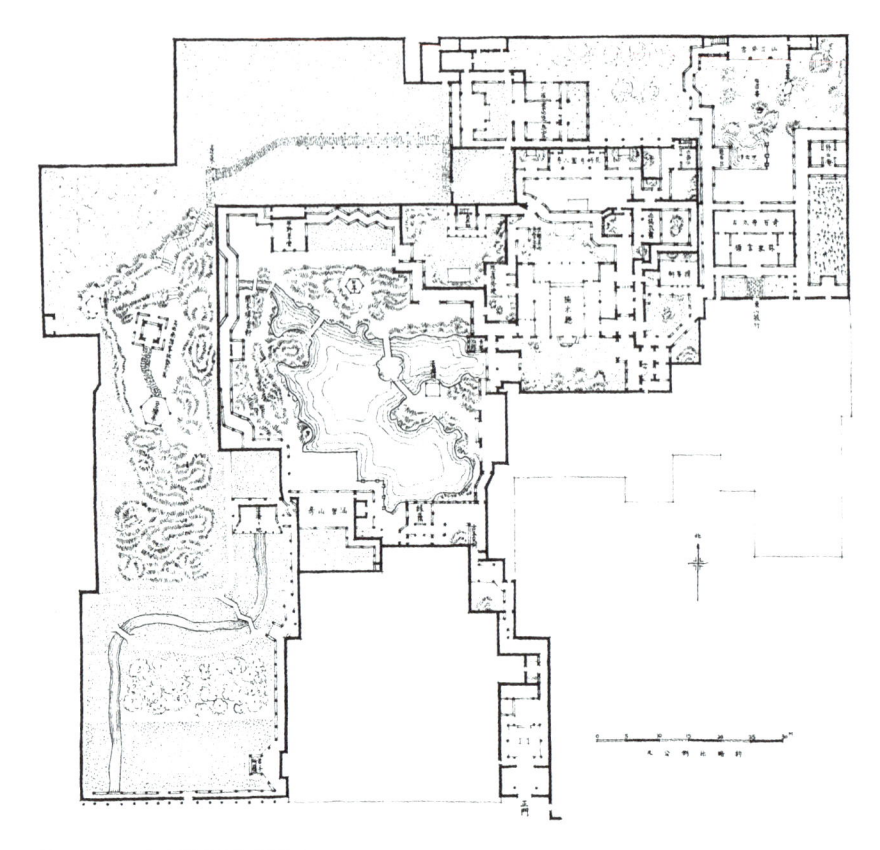

图 4-1-9　童寯绘留园平面图

和目光的牵引。

　　扬州盐商园宅汪氏小苑位居城中腹地,分为三路,中路、西路建于清季,东路扩于民国。因远离水网,全宅不见水面,叠石也仅仅分布在后院和小型天井。西南小院自成一境,以洞门及两侧大幅漏窗与住宅相通。从该院一路向北,穿越厅堂门户进入后院,类似的门窗搭配再度出现:中为汉白玉月洞门,题额曰"小苑春深",两旁成排的漏窗均作菱花式(图4-1-10)。这组门窗所在的墙面不施白灰,对应江淮地区住宅青砖外露的习俗,迥异江南。[①] 小苑春深洞门与南侧的八方式洞门在区分宅内空间的同时,又指示了游园观景和登堂入室的路径。形态美观的门窗本身就是可供欣赏的画面,辅以题额文字,更能诱导观者临门倚窗,捕捉特

---

① 陈从周编著:《扬州园林》,第9页;刘敦桢:《苏州古典园林》,第28、40页。

图 4-1-10　汪氏小苑洞门和漏窗

定角度下的风景，体验特定语境中的意韵。

　　前面提到，和洞门相似的内空窗口叫作空窗。空窗是李渔所谓"无心画"的另一种表现形式。苏州园林有时专辟一道空窗，窗后摆放山石或种植花木，窗边悬挂匾、联，从而构成立体"图画"。这种视角固定的景窗，多运用于亭廊内部。空窗框住的画面又是动态的，晨昏晴晦，雨雪风霜，随时间流转，物象也产生变化；洞门、漏窗所对之景何尝不是如此？扬州城花园巷的何园一名寄啸山庄，建自清光绪年间，主人何维健出身官僚。该园糅合了中式庭园与西式楼宇，山池与洋楼之间的复道上列着两排造型丰富的花形空窗，联系了两种景观。[①] 由于窗式多变，这种空窗群组又叫什锦窗。北京的皇家园林和民居院落中也盛行什锦窗，然而限于气候，窗子需安装玻璃，有时嵌有木质窗棂，玻璃饰以彩绘，甚至内置灯烛。[②]

　　走在园林的院落里，只消循着洞门的指引，定能踏入新的天地。而

[①] 金川、李晋：《扬州古代园林花窗》，扬州：广陵书社，2012 年，第 40-48 页。
[②] 许边疆主编：《中国设计全集·卷 3·建筑类编·装饰篇》，北京：商务印书馆，2012 年，第 238-239 页。

漏窗和空窗则每每暗示着另一个空间与另一番风景的召唤。建筑内部也有类似的设计。屋宇中设置的洞门形式的木结构门道称为落地罩，门框周围一般满布镂空纹饰，有漏窗般的效果。苏州留园在城外的山塘河附近，始自明代，清人改造后称寒碧山庄，又叫刘园，光绪间有今名。留园林泉耆硕之馆属鸳鸯厅，平面格局中分为二，南北对称，冬夏咸宜。落地罩安在该馆前后两部分的分隔面上，左右呼应，起到连接室内空间的作用，设有月洞式通道（图 4-1-11）。江南夏季溽热，厅堂等一般大面积开门设窗，相应地，室内装修也趋于通透。此般设计便于起居活动和园景观赏。透过门罩，从林泉耆硕之馆的南厅向北望拔地而起的名石冠云峰，依旧视界舒朗。

图 4-1-11　留园林泉耆硕之馆内景

天开图画

杭州西湖和扬州瘦西湖都是城市园林。从唐到宋，人们持续治理西湖，引湖水补充大运河的水量。① 苏东坡疏浚西湖后，筑成南北走向的苏堤，旧迹尚存。西湖景观的大规模开发可上溯至五代吴越国，及至南宋，因都城立于湖畔，景观营造进一步加速，闻名四海的十景问世。西湖风光随四季周回，无边无际，可谓不设院墙的园林大观。吴自牧《梦粱录》曰：

> 大抵杭州胜景，全在西湖，他郡无此。更兼仲春景色明媚，花事方殷，正是公子王孙，五陵年少，赏心乐事之时，讵宜虚度？至如贫者，亦解质借兑，带妻挟子，竟日嬉游，不醉不归。②

老幼贵贱终日游玩的西湖依托了杭州城西侧的天然山水，空间宏廓，气候宜人，氛围超越了唐代长安的公共园林曲江池。"暖风熏得游人醉，直把杭州作汴州"，南宋人打造的新都城如此令人沉迷，竟引起了士人的担忧。

先将西湖详情按下不表，视线投给扬州。明清扬州城西北的保障湖水系北通蜀冈，从唐宋时期的城市河道演变而来。城市山林不可多得，保障湖水域几经疏浚，渐趋壮大，逐渐衍生出可比杭州西湖的景观。康熙时，钱塘人汪沆来到这里，咏叹道"也是销金一锅子，故应唤作瘦西湖"③。瘦西湖一名自此流传。李斗《扬州画舫录》引刘大观语："杭州以湖山胜，苏州以市肆胜，扬州以园亭胜，三者鼎峙，不可轩轾。"④ 这句话提炼了三座运河城市给予清代人的深刻印象：杭州山水绝伦，苏州市井繁华，至若扬州，世人首先想到瘦西湖一带的公共园景。

金安清《水窗春呓》有两段话描写扬州：

> 扬州则全以园林亭榭擅场，虽皆由人工，而匠心灵构，城北

---

① 邹逸麟、李泉主编：《中国运河志 · 总述 · 大事记》，南京：江苏凤凰科学技术出版社，2019年，第52-53页。
② [宋] 吴自牧：《梦粱录》，杭州：浙江人民出版社，1980年，第8页。
③ [清] 阮元：《两浙𬨎轩录》卷21，清嘉庆三年稿本，第39b叶。
④ [清] 李斗著，周光培点校：《扬州画舫录》，第144页。

七八里夹岸楼舫无一同者，非乾隆六十年物力人才所萃，未易办也。

扬州园林之胜，甲于天下……其尤妙者，在虹桥迤西一转，小金山蠢其南，五顶桥锁其中，而白塔一区雄伟古朴，往往夕阳返照，箫鼓灯船，如入汉宫图画。①

览文可知，瘦西湖的重头戏大抵从大虹桥开始。大虹桥原为明代红栏木桥，旧名红桥，乾隆时改建为单孔石拱桥，并立桥亭。王士禛、孔尚任、卢见曾先后在此地举办雅集，号称"红桥修禊"。历次集会均高朋满座，都有书画名家参与。乾隆二十年（1755）卢氏首次召集盛会时，扬州画派成员金农、郑燮等在场。

瘦西湖与大运河经迎恩河、护城河等水道相连，从城区至湖区，大虹桥系水陆必经之地。②乾隆时期，从大虹桥向东至城北天宁寺，碧波一线皆是园林，包括私人别业、寺院庭园和皇家行宫。行宫设在天宁寺，乾隆二巡前创建，乾隆四十五年（1780）于寺内西园建文汇阁。文汇阁是模仿宁波天一阁的海内七大藏书楼之一，贮《四库全书》一套，供士人阅读。七阁中的五座位于大运河沿线，江浙占三阁。文汇阁毁于太平天国战火，原貌录于扬州博物馆藏《江南园林胜景》、嘉庆《两淮盐法志》附图等处。

自大虹桥北行的河道在小金山前西折，自兹西望，庞大的莲花桥浮现河面。桥南为莲性寺，寺中屹立着覆钵式的白塔，"仿京师万岁山塔式"③，也即写仿北海永安寺白塔（图 4-1-12）。复刻宫苑的做法与南巡有关。在小金山以西的钓鱼台，现有三面开设月洞门的吹台，于吹台东侧观眺，可由西、南洞门内同时瞥见莲花桥和白塔，堪称一处巧妙的对景。④

---

① [清]欧阳兆熊、金安清著，谢兴尧点校：《水窗春呓》，北京：中华书局，1984 年，第 46、72 页。
② 图示见《名胜全图》。[清]赵之璧：《平山堂图志》，北京：文物出版社，2019 年，第 44-45 页。
③ [清]李斗著，周光培点校：《扬州画舫录》，第 290 页。
④ 陈从周：《瘦西湖漫谈》，载氏著《园林谈丛》，上海文化出版社，1980 年，第 90 页。南面洞门原为空窗。赵御龙主编：《扬州古典园林》，北京：中国建材工业出版社，2018 年，第 282-290 页。

图 4-1-12　莲花桥与白塔

白塔的建造早于莲花桥，具体时间不详。① 莲花桥又名五亭桥，造型奇特，《扬州画舫录》记：

> 莲花桥在莲花埂，跨保障湖，南接贺园，北接寿安寺茶亭。上置五亭，下列四翼洞，正侧凡十有五。月满时每洞各衔一月，金色滉漾。乾隆丁丑，高御史创建。②

李斗依两淮盐政高恒到任扬州的年份，追记建桥时间为清乾隆二十二年（1757）。而桥实际落成于乾隆二十七年（1762）第三次南巡前夕，营建目的是迎接南巡。

由《平山堂图志》足以看出，莲花桥五亭原先相互独立，中为八角重檐亭，四隅列四角小亭。五亭蕴含特定寓意，契合藏传佛教中的曼荼罗景象，与白塔相得益彰。笔者以宫中档案为线索，推定高恒主导了五

---

① 参阅钱辰方《莲性寺东园考》，《扬州师院学报（社会科学版）》1989 年第 1 期，第 138 页。
② ［清］李斗著，周光培点校：《扬州画舫录》，第 308 页。

亭桥的形式设计，灵感源于参加乾隆五旬万寿盛典的经历。① 乾隆二十五年（1760）八月，京师西郊的清漪园基本成形，万寿山后山的须弥灵境竣工，寿诞期间乾隆帝礼佛至此，群臣扈从游园。须弥灵境中高大的香岩宗印之阁覆有五顶，象征须弥山五峰，其同时期的姊妹建筑即承德普宁寺大乘之阁。② 后者至今保存，五顶均作四角攒尖式，中顶独高，其余四顶环列。

李斗所述莲花桥情形因袭自《平山堂图志》，他提到石构桥身含15个拱券。所谓"月满时每洞各衔一月，金色滉漾"，比附了苏州行春桥"石湖串月"的传奇。然而，无论白天还是月夜，各拱线条与倒影相合，或如满月，或如半月，确有奇趣。至民国时，莲花桥仍是赏月的绝妙去处，夏日里游人乘画舫来到桥旁，既可纳凉，也可登岸览景。观音圣诞前一天的晚上，红男绿女先舟行至桥下，"高悬明灯，笙歌迭起"，待月上梢头，人群再由水路赶赴功德山敬香。③ "谁知竹西路，歌吹是扬州"，杜牧留恋的江南明月夜，在盐业大兴之后的绿杨城郭又时时可见了。

瘦西湖也是盐商园林的聚集地。在乾隆南巡的刺激下，扬州盐官与盐商在短时间内将湖景推向巅峰：自城边至蜀岗平山堂，豪华的寺院、桥梁、园宅、亭台等沿着河水展开，连属不断，加之花木繁盛，绿野盈望，正所谓"两堤花柳全依水，一路楼台直到山""宛入赵千里仙山楼阁中"④。乾隆三十年（1765），扬州北郊瘦西湖一带已形成二十景，不久又增四景。沈复在《浮生六记》里叙述过游扬经历。适逢乾隆帝第六次南巡将至，湖上景观修治完善，他感叹道：

平山堂离城约三四里，行其途有八九里。虽全是人工，而奇思幻想，点缀天然，即阆苑瑶池、琼楼玉宇，谅不过此。其妙处

---

① 王磊：《扬州莲花桥创建时间与设计渊源》，《江苏地方志》2022年第2期，第37-41页。
② 周维权：《普宁寺与须弥灵境姊妹建筑群》，《紫禁城》1990年第1期，第31-34页；清华大学建筑学院：《颐和园》，北京：中国建筑工业出版社，2000年，第139-142页。
③ 王振世著，蒋孝达校点：《扬州览胜录》，南京：江苏古籍出版社，2002年，第58页。
④ [清]袁枚：《随园诗话》卷6，清同治八年刊本，第29b叶；[清]钱泳撰，孟裴校点：《履园丛话》，第361页。

在十余家之园亭合而为一，联络至山，气势俱贯。①

诚然，扬州园林多奇想与奇观。据张岱《陶庵梦忆》载，长江北岸的运河古镇瓜洲有一座于园，"后厅临大池，池中奇峰绝壑，陡上陡下，人走池底，仰视莲花反在天上，以空奇"②。不过，就营造城市山林所需的地形而言，扬州郊外远不及杭州西湖。欧阳修自称登平山堂，镇江"远山来与此堂平"，可是蜀岗数峰委实很矮，莲性寺以西的保障河水路甚至一度淤塞难行。不难发现，清代瘦西湖集大成般的园林主要来自人力经营。

建莲花桥前，高恒开辟了从莲性寺到蜀岗的莲花埝新河，改善了湖上游览航线。新河推动了官方和盐商对沿河园林的建设，更使扬州北郊的水网有所进益。从此，南巡的船队在离开运河主道后，可在城边、湖上和山麓畅通无碍，随船所到，均成图画。除却皇帝和富贵人士，平常时节普通人也有机会饱览园亭：《扬州画舫录》便靠一艘画舫，从大运河边的草河开始，领着作者和读者徐徐探秘。③西湖周边，群峰簇拥，登山鸟瞰就能纵览澄波；瘦西湖地势起落不显，水路狭长回环，故而悠游湖上，屡有柳暗花明之感（图 4-1-13）。要之，扬州湖景既属于真山真水，也相当于扩大版的人造花园。"虽由人作，宛自天开"，计成推崇的园林要义在扬州得到另一种尺度的呈现。

缘于多系清代新立，扬州湖山的造景立意多采撷他地名胜、典故。镇江江面矗有金山，扬州人即把堆土所得的长春岭改名为小金山，流过这座水中孤岛的河道因而可视作长江的缩影，气势倍增。春时，苏州西郊邓尉山梅花如海，被誉为香雪海。扬州蜀岗亦广植梅花，乾隆帝赐名小香雪。康熙帝曾令宫廷画家焦秉贞绘制《耕织图》，公开申明重农思想。有鉴于

---

① [清]沈复等：《浮生六记（外三种）》，第 88-89 页。
② [明]张岱著，夏咸淳、程维荣校注：《陶庵梦忆·西湖梦寻》，上海古籍出版社，2001年，第 76 页。
③ [澳]安东篱著，李霞译：《说扬州：1550-1850 年的一座中国城市》，北京：中华书局，2007 年，第 177-180 页；徐兴无：《乾隆盛世的城市指南——〈扬州画舫录〉中的园林与游赏》，《文史知识》2018 年第 3 期，第 27-34 页。《平山堂图志》长幅图像亦源自水面视角。 都铭：《扬州园林变迁研究：人群与风景》，上海：同济大学出版社，2014年，第 60-118 页。

图 4-1-13 俯瞰瘦西湖

是，盐商在乾隆南巡的入城路线上模仿《耕织图》，制造出茅舍村居、桑田竹林、小桥流水，并搭建染织作坊，甚至仿制西方水车。① 这便是邗上农桑。在乾隆帝修建的清漪园内，昆明湖西北一隅迁入染织局，被布置成一片水乡田园乐土的样子，亦名耕织图。② 故知邗上农桑当属写仿宫苑的一例。

宫苑亦写仿瘦西湖。扬州盐商黄履暹在长春桥南构别业，建四桥烟雨楼，登楼西顾，得湖上四桥。乾隆帝巡幸后，为之题名"趣园"（图4-1-14）。关于四桥说法不一，《平山堂图志》记，"右长春桥，左春波桥，其前则莲花、玉版二桥也"；《南巡盛典》记，"南为春波，北为长春，西为玉版，又西则曰莲花"；李斗却认为玉版桥过小，在《扬州画舫录》中写作"虹桥、长春桥、春波桥、莲花桥"。③ 总之，置身趣园，足以一览四桥

---

① [清]赵之璧：《平山堂图志》，第 260-262 页；许浩：《江苏园林图像史·扬州卷》，南京大学出版社，2016 年，第 101-105 页。
② 刘潞：《清漪园"耕织图"景观与石刻绘画》，《故宫博物院院刊》2000 年第 1 期，第 61-70、81 页。
③ [清]赵之璧：《平山堂图志》，第 239 页；[清]高晋等纂：《南巡盛典》卷 97，清乾隆三十六年武英殿刊本，第 22b 叶；[清]李斗著，周光培点校：《扬州画舫录》，第 269-271 页。

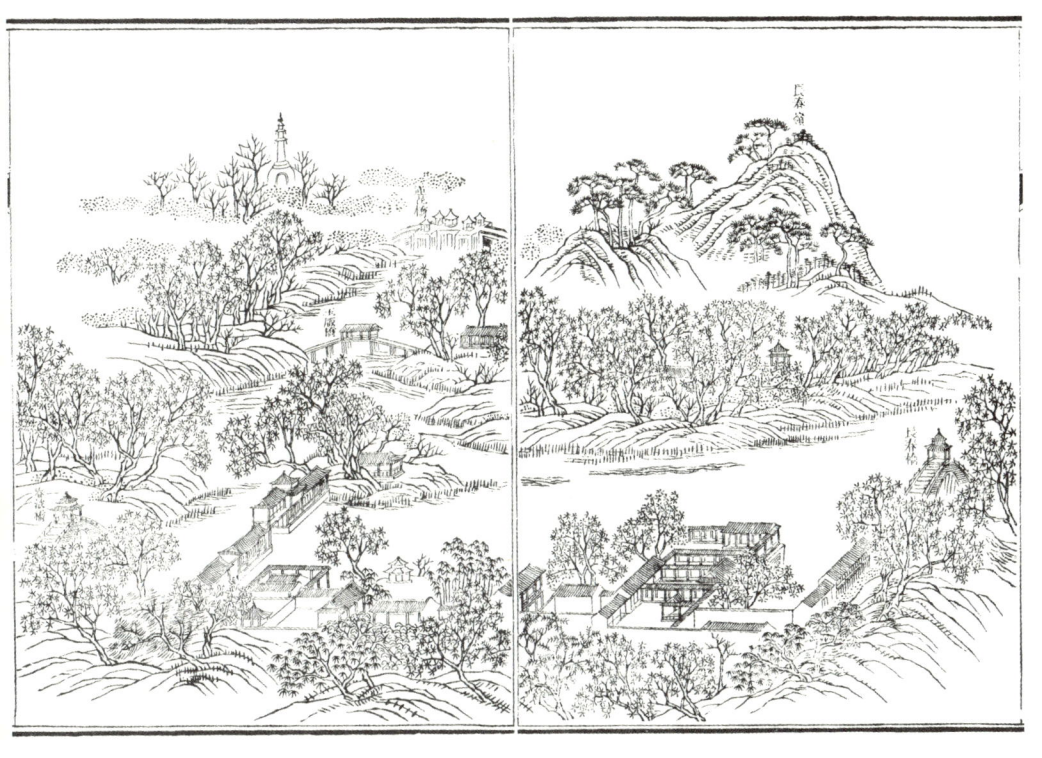

图 4-1-14 《南巡盛典》所见"四桥烟雨"景观

装点的如画天地是无疑的。天子念念不忘"四桥烟雨",将其复刻到清漪园中。[①]

好景不长,伴随盐业与漕运盛期的逝去,乾隆之后瘦西湖园景集群急剧衰落。嘉庆时,阮元惋惜故乡曰"楼台倾毁,花木凋零""近十余年闻荒芜更甚"[②]。今天,对扬州湖上园林的辉煌既可据《平山堂图志》《扬州画舫录》所载图文遥想,也可凭《乾隆南巡驻跸图》《扬州园林胜景》等实景绘画神游。[③]乾隆年间,扬州籍界画名手袁江、袁耀创作了大量古代苑囿题材的作品,它们当然不能反映秦汉宫阙,但是恰恰折射了故乡的湖

[①] 清华大学建筑学院:《颐和园》,第 108-109 页;贾珺:《清代皇家园林写仿现象探析》,《装饰》2010 年第 2 期,第 19 页。
[②] [清] 李斗著,周光培点校:《扬州画舫录》,起首第 7 页。
[③] 《休园图》则保留了城内休园的图像。[澳] 安东篱著,李霞译:《说扬州:1550-1850 年的一座中国城市》,第 175-176 页。

光山色。袁江《东园图》和袁耀《邗江胜览图》《扬州名胜图》更是直接诠释了扬州郊景的一些面向。其中,《邗江胜览图》(图 4-1-15)符合北瞻瘦西湖、蜀岗时的视觉效果,笔迹极度严谨的建筑群应取材自莲性寺、长春岭一带,而些许出场人物则交代了日常风俗。

图 4-1-15　袁耀《邗江胜览图》(清　绢本　故宫博物院藏)

第二节　写仿寰宇：移动的园景

中国皇家园林历史悠久，存世实例集中在北京城内外。辽金以降，幽燕地区兴起营建宫室苑囿的浪潮，金人不远千里，把汴京的艮岳赏石搬到了北京。① 今天所见北京宫苑均重塑或新创自清代，以紫禁城西侧的三海和西郊的三山五园为代表。京师众园外，热河（今承德）的行宫避暑山庄也是清代皇家园林不可或缺的组成，乾隆帝幼时随祖父康熙帝在那里度过了一些快乐的时光。②

皇家园林足够包纳真山真水，容易突出景物的高低、疏密变化。盛清苑囿擅长在一墙之内汇集天下胜迹。江南的杭州西湖，北国的长城和草原，竟然都在移天缩地的手法下，被腾挪至避暑山庄。③ 这座园子有三十六景，对其他园景的借鉴占主要比重，与之相应的铜版画集很快流传到了欧洲。④ 当初筹划避暑山庄时，康熙帝明确指示，"参酌南北之名园，供奉图样，构设烫样，以呈御览"。在京城西郊，经康、雍、乾三代皇帝连续建设的

---

① [清]于敏中等编纂：《日下旧闻考》第 2 册，北京古籍出版社，1981 年，第 404-428 页；郭黛姮主编：《中国古代建筑史·第三卷·宋、辽、金、西夏建筑》（第二版），北京：中国建筑工业出版社，2009 年，第 594 页。
② 参阅弘历《避暑山庄纪恩堂记》。[美]魏瑞明著，朱子仪译：《龙脉：康熙帝与避暑山庄》，北京：中信出版集团，2021 年，第 255-257 页。
③ 同②，第 98-107 页。
④ 莫小也：《马国贤与〈避暑山庄三十六景图〉》，《新美术》1997 年第 3 期，第 54-59 页。

圆明园含圆明、长春和绮春三部分，奇观臻凑，境界宏广，号称"万园之园"。乾隆时有《圆明园四十景图》面世，而实际的景象远不止这个规模，其间含有西方传教士主持设计的西洋楼组群。由以上情况能发现，清代皇家园林不但糅合了私家宅邸与城市山林的精髓，还收取了远隔山海的异域与无边无际的天地。

圆明园西南的清漪园又是一座壮美的离宫，自清乾隆十五年（1750）起大举兴建，十余年后方横空出世。清漪园依托瓮山和西湖，集崇山、大湖、长堤、岛群、宫室、梵刹、长桥等事物于一体，大开大阖，洋洋洒洒。这座园子建立在梳理京西水系的基础上，但也违背了皇帝本人不再造园的诺言。《御制万寿山清漪园记》写道：

> 圆明园后记有云，不肯舍此重费民力建园囿矣。今之清漪园非重建乎？非食言乎？以临湖而易山名，以近山而创园囿，虽云治水，谁其信之？然而，畅春以奉东朝，圆明以恒莅政，清漪、静明一水可通，以为勒几、清暇、散志、澄怀之所。萧何所谓无令后世有以加者，意在斯乎？意在斯乎？及忆司马光之言，则又爽然自失。园虽成，过辰而往，逮午而返，未尝度宵，犹初志也，或亦有以谅予矣！①

清漪园内前后多次举办乾隆帝和崇庆皇太后的寿庆，仪式之隆重当数乾隆二十六年（1761）的皇太后六旬寿典。关于这次寿庆，宫廷画师张廷彦的《崇庆皇太后万寿庆典图》描绘了自紫禁城到清漪园连绵不断的欢庆场景，分为四卷。②第一卷专门刻画清漪园，图像从东宫门绘起，至昆明湖与长河的交点止。长河贯穿昆明湖，南流进北京城，注入什刹海。长河也叫玉河，正是大运河延长线，内含高粱河故道。对作为京师运河水源的清漪园，乾隆帝有诗曰"济运疏名泉"。同一时期，皇室画家弘旿的《都

---

① 清华大学建筑学院：《颐和园》，北京：中国建筑工业出版社，2000年，第496页。
② 林姝：《崇庆皇太后的万寿庆典图》，《紫禁城》2015年第10期，第44-55页。

畿水利图》也纳入清漪园概貌。①

晚清中国山河动荡，京西皇家园林灾难深重。第二次鸦片战争时，清漪园在英、法联军的荼毒下深受创伤②，圆明园也同时罹遭浩劫。光绪年间，以供慈禧皇太后居住为由，清漪园改名颐和园，重建工程启动。为了修复宫苑，朝廷调用了海军衙门的大量经费。③《颐和园与八旗兵营图》记录的即是这次重建后的颐和园（图4-2-1）。光绪二十年（1894），慈禧六旬寿典进行，颐和园再次成为寿典主场地之一。六年后，八国联军侵占北京，颐和园再遭劫掠和破坏，两年后重经修复。今天，我们能看到的颐和园建筑群多系恢复之物，然初创阶段的遗绪尚有保留，全园山川格局和多数造景方式也延续了下来。

乾隆帝巡行至江浙境内，率以大运河水路为交通路线。以南巡为契机，清漪园对运河沿线风光大加写仿，在视觉上的复现程度很高。在园景传播的过程中，对江南的仿建比例最高④，例如，昆明湖及西堤仿杭州西湖及

图4-2-1 《颐和园与八旗兵营图》所见颐和园全景（清　纸本　美国国会图书馆藏）

---

① 王春法主编：《舟楫千里：大运河文化展》，北京：时代华文书局，2020年，第46-47页。
② 受损后的园林状态见于照片和铜版画。翁莹芳：《跃然"纸"上颐和园》，北京：科学出版社，2021年，第79-123、138-145页。
③ 陈先松：《修建颐和园挪用"海防经费"史料解读》，《历史研究》2013年第2期，第160-170页。
④ 参阅周维权：《中国古典园林史》，北京：清华大学出版社，1990年，第184页；贾珺：《清代皇家园林写仿现象探析》，《装饰》2010年第2期，第16-21页。

苏堤，谐趣园仿无锡惠山寄畅园，凤凰墩仿无锡大运河主道上的黄埠墩，苏州街仿苏州市井。淮扬地区也存在为清漪园所借鉴的景观。清初设江南省，康熙时正式分出江苏和安徽，但江南一名仍用作江苏的代称。《南巡盛典》御制序文提到"南巡所经，非独江南也"，这里的"江南"包含整个江苏。诚然，普天之下的景物都可"移"至御苑：南巡陆路所过之京郊卢沟桥是十七孔桥的原型，西藏的桑耶寺是万寿山须弥灵境的蓝本。仿建而得的景点有的已经湮灭，全盛之况只能展图遥想。

石头的传播

宋元之间诗人汪元量《花石纲》曰：

> 假山虽假总非真，未必中间可隐身。
> 若使此山身可隐，上皇不作远行人。①

花石纲即沿汴河输送东南名石的船队，而搜刮奇花异石被认为是造成宋徽宗赵佶亡国的祸端之一。赵佶《祥龙石图》传世，画的是"蜿蜒势若龙"的巨石，其上题有"祥龙"二字。这块玲珑多姿的独立赏石既比拟虬龙，也象征微型奇峰，缝隙中还种着一株枇杷，或许和《云林石谱》记载的杭州千顷院临安石有关。②

崇信道教的徽宗对山石有超乎寻常的迷恋，除了把龙形的石头立在大内的池水里，还用毕生积蓄的奇石装点离宫别院的雄伟土冈，号之艮岳。围绕山或岛产生的神秘联想始于先秦，燕齐方士纷纷宣扬，仙人住在海中

---

① [宋]汪元量著，胡才甫校注：《汪元量集校注》，杭州：浙江古籍出版社，1999年，第162页。
② 黄小峰：《神迹再现：〈祥龙石图〉中的多重景观》，载氏著《古画新品录：一部眼睛的历史》，长沙：湖南美术出版社，2021年，第3—15页。

仙山。自汉代以来，皇家持续塑造仙岛，但早期做法大体是堆土筑山，如西汉建章宫"北治大池，渐台高二十余丈，名曰泰液，中有蓬莱、方丈、瀛洲、壶梁，象海中神山龟鱼之属"[1]。唐代开始，世人热衷于在屏风上绘制山水，越来越多的出土墓葬壁画印证了这一现象；随葬陶明器里的山池表明，人们也会设计山水形式的私人园景。[2]这时，品鉴石头正愈演愈烈，叠石之风也蔓延开来。白居易尝言"石有族聚，太湖为甲"，而安乐公主的园林"累石为山，以象华岳，引水为涧，以象天津"。[3]

北宋时，对山水及石头的喜爱更加普遍。郭熙在《林泉高致·山水训》中写道：

> 君子之所以爱夫山水者，其旨安在？丘园养素，所常处也；泉石啸傲，所常乐也；渔樵隐逸，所常适也；猿鹤飞鸣，所常观也。尘嚣缰锁，此人情所常厌也；烟霞仙圣，此人情所常愿而不得见也。[4]

不过，作者认为如果赶上太平盛世，归隐林泉的快乐完全可从画中获取，也就是他所说的"不下堂筵，坐穷泉壑"。米芾爱石，以至近乎颠狂，人称"米颠"，他选择石头的标准有四个字，"曰秀，曰瘦，曰雅，曰透"[5]。郑板桥追述时，又出现另一番说法："米元章论石，曰瘦，曰绉，

---

[1]《汉书》第4册，北京：中华书局，1962年，第1245页。置石的做法已经出现，对相关实物遗迹的分析见贺西林：《"祁连山"的迷雾：西汉霍去病墓的再思考》，载氏著《读图观史：考古发现与汉唐视觉文化研究》，北京大学出版社，2022年，第155-172页。

[2] [美]巫鸿著，郑岩译：《唐墓中的"拟山水画"——兼谈绘画史与墓葬美术的综合研究》，《中国文化》第54期（2021年秋季号），第14-34页。

[3] [唐]白居易著，丁如明、聂世美校点：《白居易全集》，上海古籍出版社，1999年，第1015页；[唐]张鷟撰，袁宪校注：《朝野佥载》，西安：三秦出版社，2004年，第104页。

[4] [宋]郭熙：《林泉高致集》，载于安澜编著，张自然校订《画论丛刊》第1册，开封：河南大学出版社，2015年，第42-43页。

[5] 语出《渔阳公石谱》。[宋]杜绾著，王云等整理校点：《云林石谱（外七种）》，上海书店出版社，2015年，第42页。

曰漏，曰透，可谓尽石之妙矣。"[1]

宋代园林及遗石风流云散，然其回响未尝停歇。故事依旧从花石纲讲起。为宋徽宗采办花石的朱勔在江南活动，献尽殷勤，因祸国殃民而遭百姓嫉恨，方腊揭竿而起即以诛杀朱勔为由。朱氏花石纲通过隋唐大运河送入东京，政和年间达到"舳舻相衔于淮、汴"的惊人程度。[2] 他一度发现四丈高的巨型太湖石，乘船押送途中，不惜拆毁州县的城门、墙垣和桥梁。北宋之后，关于花石纲的传说在江南反复发酵，今苏州、杭州、南京、上海等地均有被指认为花石纲遗存的名石。

苏州的花石纲名石以瑞云峰和冠云峰居先。冠云峰（图 4-2-2）修长挺拔，洞壑疏密有致，姿态摇曳如云，当今立在留园林泉耆硕之馆北侧，正当建筑轴线，总高约 6.5 米。唐人贾岛有诗"过桥分野色，移石动云根"，环绕观看冠云峰，确有烟云出岫的动感。同治年间，盛康买下荒废的留园，后将冠云峰等奇石排布在园内，并用诸石之名为孙女辈拟小名。

清初时，张岱《陶庵梦忆》有《花石纲遗石》一篇，记曰："大江以南，花石纲遗石以吴门徐清之家一石为石祖。"[3] 徐清之是留园前身明代东园的主人，这块"变幻百出，无可名状"的奇石就是瑞云峰，较冠云峰更饱满，形态更秀美。瑞云峰迁徙经历坎坷，起先因沉重而坠入太湖，被移到苏州前曾归湖州董氏所有，乾隆四十四年（1779）又被迁至苏州织造署西侧，成为乾隆行宫

图 4-2-2 留园冠云峰

---

[1] 卞孝萱编：《郑板桥全集》，济南：齐鲁书社，1985 年，第 215 页。
[2] 《宋史》第 7 册，北京：中华书局，1985 年，第 13684—13686 页。
[3] [明] 张岱著，夏咸淳、程维荣校注：《陶庵梦忆·西湖梦寻》，第 28 页。

的佳景。

太湖石同样是清宫中的宠儿。太湖石又称湖石，原产自太湖周边地区，以孔隙繁密、造型多变而著称，得于水中者尤佳。后来，湖石也泛指具有类似形态的石头。光绪重修颐和园时，在东宫门内的仁寿殿前设独立的大小湖石为赏石。由此沿湖北行，至乐寿堂前庭院，会遇到名为青芝岫的屏风形湖石。在这件硕大无朋的石头与底座之间还雕刻出汹涌澎湃的水波。青芝岫属北太湖石，出自北京西南的采石重镇房山大石窝。巨石为明人米万钟相中，米氏苦于无力运输，弃之于中途，乾隆帝建清漪园时才收归己有。再西行到排云门前，则发现 12 块石头环列在鼎立的牌坊所划定的范围里，或立或卧的湖石、峭直如柱的石笋等相互错杂。该场景与《崇庆皇太后万寿庆典图》对应，可知始自建园之初。转入紫禁城后部的御花园，便置身宛若江南园林的庭院。徘徊墙内，磊砢之势令人目不暇接。湖石或独立成一景，或堆砌作假山，其中，高峻的堆秀山以青白色的南太湖石为主要媒材。①

移动沉重的石头，适合取道水路。前文提到，宋徽宗在经营艮岳时，就是凭大运河从南方罗致花石纲的。需要说明，明清之际，大运河沿途及附近地区扮演了首都的物料仓库和加工车间，地方物产纷纷沿河"北漂"。不惟食物和名石，建造紫禁城与宫苑的木材、砖料，供养宫廷的日用品和珍玩，都可由运道输入。②举例来说，临清、苏州分别向北京供应贡砖、金砖，江宁（今南京）及苏、杭三大织造署为皇室和朝廷督办丝织品，扬州、苏州承接宫中委派的玉雕工作③，等等。无怪乎民谚云"大运河漂来北京城"！当然，顺着大运河进京的绝不只是物品，还有匠师、技术、艺术与风俗。从紫禁城肇创起，苏州的香山帮就是皇家匠作系统中一支强有

---

① 陈玉华：《御花园的叠山》，《紫禁城》1984 年第 2 期，第 20-21 页；姜舜源：《故宫建筑揭秘》，北京：紫禁城出版社，1995 年，第 96-99 页。
② [美]黄仁宇著，张皓、张升译：《明代的漕运》，北京：新星出版社，2005 年，第 135-165 页；单霁翔：《大运河漂来紫禁城》，北京：中国大百科全书出版社，2020 年，第 2-17 页。
③ 紫禁城宁寿宫"大禹治水"玉山据《大禹治水图》雕刻，高逾 2 米，重万余斤。 玉料出自新疆，在扬州刻成。

力的队伍；等到晚清恢复颐和园时，苏式彩画仍是苑囿里极活跃的修饰手段。乾隆年间，徽班从扬州启程进京[①]，更是揭开了中国京剧粉墨登场并大放异彩的历史序幕。

话题回归御花园。万历年间所叠堆秀山一如其名，构石而成的高峰依附并凌越宫墙，承托着帝后观眺之所御景亭。山体内藏洞室、隧道，外布盘旋而上、通往峰顶的石径，漫山怪石浑似各色动物。人造峰峦每每不离水景。清代匠师在堆秀山下增添了"水法"，饰以具象的狮和龙，龙头高仰，能够吐水。清宫水法当受到西方园林的影响，制作精巧；而扬州瘦西湖的石壁流淙利用地势设计出瀑布，气场完足。李斗对石壁流淙甚为偏爱，特加渲染："是园辇巧石，磊奇峰，潴泉水，飞出巅崖峻壁，而成碧淀红涔……"[②]乾隆帝亲历实地后亦颇为垂青，赐名"水竹居"。

紫禁城西的西苑缘起自金代，由南、中、北三海组成，取自艮岳的遗石散落湖畔。迨至清代，这里形成了园林与宗教建筑交相辉映的御苑，并且完好地存续至今。1925年，景物密集的北海公园开放，耸立在琼华岛之巅的永安寺白塔逐渐成了人们耳熟能详的故都标志。白塔的"公共化"早已实现，随着清代进一步解禁宫城外围的皇城区域，百姓也能从金鳌玉蝀桥瞻望御苑[③]，张宝的《泛槎图》即绘出北海图像。乾隆帝不忘于西苑写仿江南。站在白塔下面北瞭望，郁郁苍苍的北岸林木中蕴藏着幽谧的庭园，臻于妙境的快雪堂前假山正在其间。

2013年，快雪堂院落的修复赢得了"亚太地区文化遗产保护奖"，目前在控制参观流量的条件下迎接游人。乾隆自言："快雪堂之建，因石刻，非因雪。"所谓石刻即历代书迹《快雪堂法书》，内含王羲之《快雪时晴帖》，该作品的纸质原帖也掌握在天子手里，列"三希"之首。[④] 书法名迹嵌在快雪堂的抄手游廊中，近于江南园林惯例。与前面两进院迥然不同，

[①] 单霁翔：《大运河漂来紫禁城》，第182-183页。
[②] [清]李斗著，周光培点校：《扬州画舫录》，第314页。
[③] 王佳音：《清北京皇城布局变迁概说》，《北京规划建设》2013年第6期，第132-143页；李纬文：《隐没的皇城：北京元明皇城的建筑与生活图景》，北京：文化艺术出版社，2022年，第417-432页。
[④] 王连起：《〈快雪堂法书〉帖考》，《故宫博物院院刊》1991年第4期，第31-52页。

图 4-2-3　北海快雪堂云起峰

快雪堂乃不加漆饰的楠木结构，契合书斋气质。堂前石阶用不规则的湖石铺砌，也见江南风气。最精彩的是石屏云起峰：山体处于庭院核心，夹在舒朗的青松之间；峰峦纯系石造，向心合拢，大类一簇团云；山间有盘曲的小径，连接前后两厅；山径南面入口有对峙的两峰，召唤游者堕入云雾中。踏进山径，假山深处耸起一整块奇石，石头表面孔穴错落而线条婉转，予人强烈的升腾感。皇帝题"云起"二字于石面上，引用了王维的名句"行到水穷处，坐看云起时"，又亲作《云起峰歌》，题于石背，歌曰"石实云之主，云以石为侣"[①]。（图 4-2-3）

快雪堂系乾隆后期建造，嘉庆年间《养吉斋丛录》记，"（快雪堂）

---

① 王洪新：《北海》，北京出版社，2018 年，第 167 页。

前有石屏，曰云起峰，盖自房山辇至者"。[1]尽管材料取自京畿，但是快雪堂的视觉建构无疑成功地复刻了江南私家园林的经典模式。值得一提的是，北海被辟为公园后，梁启超在快雪堂筹办的松坡图书馆成功开馆，建筑史家梁思成、林徽因年轻时经常来这里读书。

如御花园堆秀山、快雪堂云起峰等例所示，从晚明开始，叠筑石结构为主体的园山在宫苑中趋于热门，这正呼应了江南园林的发展态势。[2]江苏太仓万历年间的弇山园代表了大型假山从累土置石到构石为山的转变。顾凯先生认为，弇山园突出了假山叠造中对巧思的垂青，影响至深。[3]对于新奇巧妙的自家石山，园主王世贞的《弇山园记》夸耀道："诸岩磴涧壑，不可以指计。"[4]强调使人可以亲近、玩味的山中路径和洞壑为晚近园山的鲜明特色。江南现存的巧山巅峰在苏州环秀山庄（图4-2-4）。嘉庆年间，该园假山由妙手戈裕良创作，目前主山由于沉降，不便入内，然隔水远观仍能略窥秘境。[5]先看崖面。自池西岸的曲桥边看，山势跃动，陡峭的石壁、如云的悬岩接近早期山水画中的形象。[6]早在唐代就已出现险峻山崖的画法，辽墓出土的《深山会棋图》（图4-2-5）也呈现此种山势。再看山间。从池南岸看，则发现山中深邃的峡谷和蜿蜒而来的

图4-2-4 环秀山庄主山

---

[1] [清]吴振棫：《养吉斋丛录》卷18，清光绪二十六年刊本，第2a叶。
[2] 对园林假山中土、石关系的分析见刘敦桢：《苏州古典园林》，第25-26页；杨鸿勋：《江南园林论》，第25-27页。
[3] 顾凯：《"人巧"与"天然"：晚明江南园林假山的两种营造及其审美》，《装饰》2021年第2期，第24-30页。
[4] [清]徐崧、张大纯辑：《百城烟水》卷8，清康熙二十九年刊本，第13a叶。
[5] 潘谷西：《苏州园林的观赏点和观赏路线》，《建筑学报》1963年第6期，第18页。
[6] 参阅黄晓：《望行游居——明代周廷策与止园飞云峰》，载杨振宇、何晓静主编《游于园：园林的艺术世界》，上海书画出版社，2021年，第79-81页。

图 4-2-5 《深山会棋图》（辽　绢本　辽宁省博物馆藏）

溪流。这是一个世外桃源般的隐秘世界,引诱观者前去探寻。峡谷内有粗犷的石桌、石凳,若到达其中,绝壁高耸,波光粼粼,自能理解戴名世所说的"虽在尘嚣中,如入岩谷"①。最后看顶部。来到山北的亭子中向南看,便发现隆起的石山上层别有视界,仿佛登高纵目。从这里前进,穿越一道"天然"的石门,走过凌空的石板桥,继而下行,便转入谷间。浓缩乾坤,具体而微,两百多年来,戈裕良的这件作品向来者讲述着林泉的真意。

  南北园山的默契再一次说明,大运河运载的不仅是石头,更有人与情。清初,张南垣次子张然应召入宫,把江南的造园经验系统地移植到宫廷,从此京师"有称山石张者,世业百余年未替"②。

寄畅园与谐趣园

  "江南诸名墅,惟惠山秦园最古。"③ 这是乾隆帝南巡途中发出的感慨。秦园就是寄畅园,是明代的园林。嘉靖年间,秦金在大礼议事件后退隐故里,买下惠山寺旁的僧舍,着手理水叠山,构建别墅。起初,他将园子命名为凤谷行窝,吟出律诗:

> 名山投老住,卜筑有行窝。
> 曲涧盘幽石,长松胃碧萝。
> 峰高看鸟度,径僻少人过。
> 清梦泉声里,何缘听玉珂。④

---

① 周维权:《中国古典园林史》,第166页。
② 《清史稿》卷46,北京:中华书局,1977年,第13925页。
③ [清]于敏中等编纂:《日下旧闻考》第5册,第1400页。
④ 黄晓:《凤谷行窝考——锡山秦氏寄畅园早期沿革》,载贾珺主编《建筑史》第27辑,北京:清华大学出版社,2011年,第116页。

很明显，这座私人园宅是一座真正的山庄。

截至20世纪50年代，四个世纪里秦园基本上一直是秦家产业。万历时，秦燿取王羲之"寄畅山水荫"诗意，易名凤谷行窝为寄畅园，并增饰景物。针对当时的盛况，宋懋晋画有《寄畅园五十景图》。康熙初年，秦德藻改造寄畅园，请来张南垣的侄子张钺主持工程，对山水格局做了较为大胆同时又非常成功的调整，叠就"张氏之山"。我们现在看到的寄畅园便奠定于这次工程。

惠山位于无锡城西，北距大运河不远，康、乾南巡频频游幸至此。乾隆帝倾力经营的清漪园在其第一次南巡后动工。草创苑囿之初，乾隆帝无法忘记寄畅园，志在仿建。仿建的园子被安排在万寿山东麓，工程参照图画施工，复刻程度很高，取名惠山园。[①] 两园相谐，妙然生趣，嘉庆时遂将惠山园改名谐趣园。乾隆时期，宫廷画家笔下的寄畅园见于多幅作品，钱维城《寄畅园诗意图》（图4-2-6）即为一例，从画内能看出全园布局以及园林所借惠山形势。乾隆帝曾从寄畅园"携图以归"。钱维城的画作构图得宜，虽用笔草草，颇有文人画气息，然物象不失具体，应和皇帝言中所指有关。

首先说张氏之山。张氏之山特指张南垣风格的园山，大多由张氏家族制作。曹汛先生概括了张氏叠山的理路，强调注重画意是一个关键特征。土石顺势结合、摒除奇技淫巧也是其标志，而这与晚明以来痴迷于构石为山的世风背道而驰。不过，画家董其昌认为："江南诸山，土中戴石，黄一峰、吴仲圭常言之，此知夫画脉者也。"[②] 这位张南垣接触过的同乡援引了黄公望、吴镇的观点，为我们拉近了张氏之山与文人山水的距离。寄畅园主池锦汇漪西侧的主山就是土石结合之山。因园址在惠山东麓，绵长平缓的假山与山野氛围自然地融合在一起。

寄畅园主山大量使用黄石，砌出分隔土丘的谷道，并在谷道边布置一线流水，引来山溪。这条谷道名叫八音涧（图4-2-7），临池的入口用太

---

① 刘珊珊、黄晓：《乾隆惠山园写仿无锡寄畅园新探》，《建筑学报》2019年第6期，第99-103页。
② 顾凯：《明代江南园林研究》，南京：东南大学出版社，2010年，第214页。

图 4-2-6　钱维城《寄畅园诗意图》（清　纸本　故宫博物院藏）

湖石叠出谷口，标写着摩崖形式的隶书景名。溪水引自惠山上天下第二泉的旁支，从涧中迤逦流至主池里，流程 30 余米。循溪而行，泉声犹如乐音变换，故有八音涧之谓。[①] 我们不妨从谷口开始，实地体验一下水声之旅。踏进山涧，隐没人身的石壁和枝

图 4-2-7　寄畅园八音涧

叶交荫的树木将俗世的声响全然屏蔽。起初路径狭窄曲折，转弯处，有飞瀑般的泉流击打在潭水表面，淙淙作响。折行后，谷道稍显宽敞，水声也随地势变得轻柔，潺潺地将人领到群峰间一个宁谧的境地。借助汀步，跨过溪流，即转至一组阶梯式的坡道，向下直泻的泉水也重新激荡起来。顺坡而上，就抵达山坡的高亢之处，同时泉声已悄然终止于丁字路口。如果你意犹未尽，在这里转身，反向走一遍山涧，便能体验到自幽谷至平湖的豁然开朗。

八音涧原名悬淙涧、三叠泉，是园林声景的典型。它的设计利用了天然的水土条件，泉之丰沛、木之葱郁、禽之婉转，都是普通园林难以企及的。此外，造园者也充分发挥了想象力，道之变化、声之跌宕、谷之回响，无不是经营山水达成的趣味。张氏所造山水免除刻意求奇、求巧的俗套，贵在恪守真诚，于再现自然的前提下，予人如画情境。苏州耦园的黄石假

---

① 杨鸿勋：《江南园林论》，第 72、263—264、338—339 页。

山也含一条弯曲的谷道，题曰邃谷，山石方面与八音涧气质相近。这样的山形虽然缺乏奇石、洞壑的点缀，却长于以假乱真，突显了张南垣所主张的"园在山中"的观点。① 清漪园坐揽真山，但全园错杂着许多土石结合的微型谷道景观，这与张家在宫中的活动有一定关系。②

接着说谐趣园。乾隆时的名园写仿常以图画为媒介，而皇帝本人对绘画的热爱自不待言。清宫藏有一幅倪瓒款《狮子林图》。乾隆帝于二巡期间找到狮子林实迹，回京后兴奋地在其画心处书写了自己的第一段题跋。三巡江南时，乾隆帝竟命人从京师传送《狮子林图》至现场，于实地披图对读。其后，他下令在长春园仿建狮子林，但是他感觉江南和宫苑的两座园子犹然比不上倪氏笔墨，写道："然其亭台峰沼但能同吴中之狮子林，而不能尽同迂翁之《狮子林图》。"于是，他要求在避暑山庄再次写仿狮子林，这次必须参照倪氏画作兴建。③

乾隆帝极度钟情寄畅园，以至于首巡途中便三访其址。为了"肖其意于万寿山之东麓"，不止一位宫廷画家完成了寄畅园实景画，使天子满载而归。作为乾隆帝复刻江南园林的开篇之作，谐趣园颇为忠实地重现了寄畅园的结构。④ 两园均依山脚，池水开阔，有水则可蓄鱼，白居易言"池

---

① 顾凯：《园在山中：再探张南垣叠山造园的意义与传承》，《风景园林》2020 年第 2 期，第 13-19 页。
② 清华大学建筑学院：《颐和园》，第 69、71 页。
③ 赵琰哲：《艺循清闷——倪瓒（款）〈狮子林图〉及其清宫仿画研究》，《中国书画》2019 年第 2 期，第 37-45 页。
④ 贾珺：《北京颐和园》，北京：清华大学出版社，2009 年，第 268-285 页。谐趣园建成后，圆明园廓然大公的改造也参照了寄畅园。朱强等：《今日宜逛园：图解皇家园林美学与生活》，北京：中国林业出版社，2019 年，第 161-163 页。

乃为鱼凿，林乃为禽栽"[1]，足证禽鱼之于园林的必要性。寄畅园构知鱼槛（图4-2-8），槛边有石板长桥，谐趣园则架知鱼桥，"知鱼"一名来自庄子、惠子游濠梁的典故。不同的是，知鱼桥头多了一座石坊，牌坊采用官式风格，柱子题有对联，糅合了地方做派（图4-2-9）。乾隆帝屡度在坊上增加题刻，这一点如同他对其他纪念性石刻的惯常处理，因而将石坊转变为园林中的石碑。

图4-2-8　寄畅园知鱼槛

　　模仿知鱼槛的水榭是饮绿亭（图4-2-10），呈官式风格。然而，区别于皇家园林里的宫室和寺塔，亭台楼阁时常覆灰瓦，并且偶用大面积的绿色油饰，丰富了色彩的层次。饮绿亭边的池面今广植荷蕖，夏季时莲叶、莲花与建筑相配，在绿柳青松、白云碧空的映衬下，涂绘出清雅而又辽远的画面。寄畅园内存活着早期香樟数棵，也有晚近栽种的槭树，每至深秋，叶色斑斓，别有风情。知鱼槛、饮绿亭适合远观，也适合近游。凭栏临水，俯察鱼群，不正是千百年前庄周的快乐吗？宋懋晋《寄畅园五十景图》中

---

[1] 汉宝德：《物象与心境：中国的园林》，第105页。

的《知鱼槛》画出倚栏对坐的两人，池中鱼群畅游，枝头繁花绽开，加之山石着以青绿，显得旖旎可爱。

图 4-2-9　谐趣园知鱼坊　　　　图 4-2-10　谐趣园饮绿亭

视线转到大运河。寄畅园邻近大运河，在《康熙南巡图》第七卷中，作者表现了船队自无锡至苏州所经运道，河面上黄埠墩登场，而惠山及寄畅园见于长卷开头的远景。惠山之巅的龙光塔是寄畅园的借景对象，乾隆帝原本也想在谐趣园里实现相似的借景，只是万寿山前山的九层高塔延寿塔未能竣工，最终计划更改，塔址建成佛香阁。因阁的高度有限，遂不能从谐趣园遥望。[①]

从无锡沿运河东进，渐入苏州山塘街。乾隆帝很是中意这条街，有诗《御湖雨泛》云"曲池大有江南意，舟泛山塘虎阜寻"[②]。清漪园北宫门内的后溪河两岸铺陈仿江南水乡街区的苏州街，当从山塘街汲取了些许灵感：若沿河西行，出苏州街，将迎面目睹玉泉山玉峰塔，恰如自山塘河望

[①] 刘珊珊、黄晓：《乾隆惠山园写仿无锡寄畅园新探》，第102页。
[②] 贾珺：《清代皇家园林写仿现象探析》，第19页。

虎丘塔。此街毁于战火后未经恢复，20世纪末复建。刘珊珊、黄晓两位学者从整体地理中观照了后溪河一带的园景写仿：从北京城登舟，沿长河入清漪园，经凤凰墩，眺玉泉山，与从无锡城沿运河去惠山有相近的视觉经验；而穿越苏州街，沿后溪河前往谐趣园，类似驶离运河主道，循新开河直趋寄畅园。① 根据1934年测绘印发的《颐和园全图》（图4-2-11），不难看出后溪河与右侧的谐趣园紧密连接。事实上，该河呈带状延伸，即使抛开苏州街不论，岸边也设有河埠，很是贴近一般印象里的运河光景。将苏州街到谐趣园这段河理解为总体想象中通往谐趣园的虚拟运道，也许不算异想。②

清漪园中，风光沿"运河"展开，舟移景换，谐趣园构成这一水路终端的高潮。而真正的大运河也确实直达一些显赫园林的门前。例如，扬州南郊的高旻寺便旁临大河。康熙年间高旻寺被重建，由时任江宁、苏州织造曹寅和李煦率盐商斥资完成，寺门面东，正对运河码头，寺西为富丽的行宫及林泉。康熙帝第四次南巡时，登顶高旻寺天中塔，一览长江、运河

图 4-2-11 《颐和园全图》局部（1934年）

---

① 刘珊珊、黄晓：《乾隆惠山园写仿无锡寄畅园新探》，第102-103页。
② 后溪河是清漪园固定的水路游览路线。 贾珺：《北京颐和园》，第180页。

交汇的形势。与避暑山庄、清漪园写仿江南相反，高旻寺行宫体现出模仿宫苑的设计。宫内凿出大池，以曲桥等连通岛屿，池北部的水面上，有一座平面作"卍"字形的水阁，称万字亭，这样的奇特建筑仅有圆明园的万方安和可资借鉴。[①]（图 4-2-12、4-2-13）

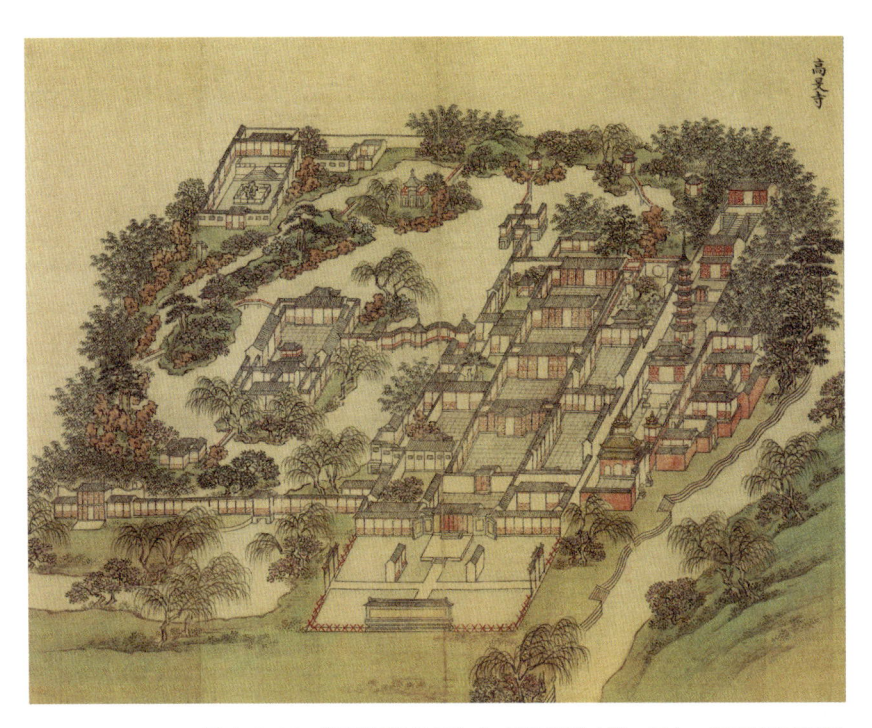

图 4-2-12 《江南园林胜景》之《高旻寺》（清　绢本　扬州博物馆藏）

从更广阔的视角来看，历史上大运河流经的许多城市都是园林荟萃之地，除前述园林名城外，还有济宁、淮安、常州、嘉兴等，几乎连属不断。直接与大运河主道相融的水景园林则有南池、舣舟亭、黄埠墩、西水墩、落帆亭等。运河提供了园池之源，也铺筑了造园人的走廊。

---

① 雍正《江都县志》所见高旻寺无万字亭，该建筑应建于乾隆时期。　张智选编：《扬州园林图集》，扬州：广陵书社，2018 年，第 12-13 页。

图 4-2-13　唐岱等《圆明园四十景图》之《万方安和》（清　绢本　法国国家图书馆藏）

人力与天工

　　大运河是社会和自然的结晶，中国园林昭示人力与天工的合作。天工不外乎空间和时间两种维度，于园林而言，也就是地利和天时。

　　造园的第一步是相地。造园地点不同，气象往往殊异，计成有言曰，"相地合宜，构园得体"①。"园地惟山林地最胜"②，清漪园既得山林，又占

---

① [明]计成原著，陈植注释：《园冶注释》，第49页。
② 同①，第51页。

湖水，是兴建皇家园林的优选。明时，瓮山泊称西湖，因白浮泉水道荒废，改引玉泉山之水，继续供给京城和运河。那时候翁山缺乏草木，不成景致，只是因为湖边寺庙林立，尚见游踪。清漪园动工前，三山五园中的其他四园——圆明园、畅春园、香山静宜园、玉泉山静明园都已落成。康熙帝喜欢在畅春园起居、理政，雍正帝对圆明园情有独钟；乾隆帝除了冬天入驻紫禁城外，其他时间也以园居为主，所以西郊苑囿也叫作夏宫。既有园林虽然总面积巨大，但单独的水面均不及附近的西湖。城市、宫苑、运河需要水，乾隆十四年（1749），皇帝下决心开拓西湖，使西山诸泉汇流至湖中。次年，西湖更名昆明湖，清漪园工程正式开启。①

西山泉流丰沛，昆明湖之水必须受到精密调控，于是湖东筑造了一道坚固的石堤。堤上设水闸，可向外泄水，浇灌湖东的稻田。② 直到20世纪末，颐和园周边仍然有仿若江南一般的广袤稻田（图4-2-14），这种现象在华北地区很是罕见。拓展后的湖面烟波浩渺，包围了原在东堤的龙王庙，庙的位置变为孤岛，即现在的南湖岛。岛的产生为十七孔桥的建立创造

图4-2-14　颐和园全景

---

① 清华大学建筑学院：《颐和园》，第31-37页。
② 北京市颐和园管理处等：《明珠耀"两河"：西山永定河与大运河文化带中的颐和园》，北京：国家图书馆出版社，2019年，第144页。

了前提。由于西堤及六桥的存在，毋庸置疑，天子有意以昆明湖比拟杭州西湖；不过，和昆明湖相似的还有另一座大湖。问题需从特殊的园景——铜牛谈起。

图 4-2-15　清漪园铜牛铭文

十七孔桥东端以北陈放着一件铜牛。铜牛于乾隆二十年（1755）铸成，形象和体量接近真实的黄牛，卧在雕琢精细的水波纹石座上。牛首右转，遥望佛香阁。牛身体右部有乾隆帝的御制阳文篆书《金牛铭》（图 4-2-15）：

> 夏禹治河，铁牛传颂。义重安澜，后人景从。制寓刚戊，象取厚坤。蛟龙远避，讵数鼍鼋。漾此昆明，潴流万顷。金写神牛，用镇悠永。巴丘淮水，共贯同条。人称汉武，我慕唐尧。瑞应之符，逮于西海。敬兹降祥，乾隆乙亥。①

据铭文主旨容易看出，乾隆帝对理水功绩相当得意，将自我与尧、禹相提并论。忖度铭文措辞，"金牛"是铜牛的美称，意在祈求"降祥"。而"铁牛"是用于治水的镇水物，也是铜牛的比附对象。康乾时期，和清漪园铜牛形象类同的镇水铁牛在江浙河工海塘被广泛运用。例如在淮安洪泽湖东岸湖堤上，每隔一程就设有一件铁牛。

乾隆《登舟溯游玉河沿途杂咏》言："镇水铜牛铸东岸，养蚕茅舍列西涯。昆明汉记不期合，课织重农要欲佳。"② 所谓"不期合"指湖东铜牛

---

① 《御制文初集》卷 27，清文渊阁四库全书本，第 9 叶。
② 乾隆帝又云："汉昆明池作二石人东西相对，象牵牛织女，故杜甫诗云'织女机丝虚夜月'。今湖西织染局则实有蚕织之事，而湖岸东用胜水之义铸有铜牛，名同实异，正不妨效之云。"《御制诗四集》，清文渊阁四库全书本，卷 96 第 14a-15a 叶，卷 82 第 9b-10a 叶。

与湖西耕织图意外地构成对偶，正好代表牛郎、织女二星，一如汉武帝在上林苑昆明池的布景。①用皇家园景模拟天象或仙界，自古皆然，固非偶然的造园结果。铜牛的铸造晚于昆明湖、万寿山定名，故知它的身份从一开始就超越了镇水物，兼作祥瑞，将壮美湖山推向人间瑶池。也只有这样，镇水物才能巧妙地融入浑然天成的皇家苑囿。

铜牛与淮安铁牛不光形似，从宏观格局的层面考虑，它们各自所处的湖堤石工也具可比性。昆明湖东堤既可防洪，又能借助水闸济运，尺度更大的洪泽湖堤情况与之相仿佛。这道迭经巩固的大堤是治河、保漕的重点工程，也是护卫淮扬的屏障，于乾隆初期宣告大成。熟知河工及其利害的乾隆帝在改造京郊水利环境，主导清漪园景设计的过程中，很有可能综合模仿了含镇水物在内的洪泽湖堤景观。

八音涧的泉声足以表明，园林是空间和时间共同演绎的艺术。雪月风花，时过境迁，季节带来的园景变化非常丰富。月份是季节推移的标志，园林绘画以之界定时间。唐宋之际萌生四时景组图，及至明代，十二月令题材的图集已成定式，吴彬《岁华纪胜图》即囊括对应十二个月的景象集合，所状之物来自南京。②雍正时期的《雍正十二月行乐图》（图4-2-16）可能原为贴落，这套图结合了西方透视法及中国界画、山水画传统，所展现的被认为是圆明园四时风光。系列图像的树石、建筑部分色彩浓丽，装饰意味较强。台北故宫博物院藏《十二月令图》由陈枚等人画成于乾隆初年，系模仿前作的卷轴，但替换了前作塑造的帝后形象。在建筑内容方面，两套园林绘画渊源有自，母本是焦秉贞的水墨本《山水册》。③故而，相关场景应视作典型化的实景。圆明园辉煌不再，凝固的图景让我们看见特定时令、风俗下的宫苑侧面。

私家园林对四季的关注同样不一而足。《林泉高致》写道："春山澹冶

---

① 清华大学建筑学院：《颐和园》，第110-111页。
② 施锜：《从"四时"到"月令"：古代画学中的时间观念溯源》，《美术学报》2016年第5期，第15-25页；胡恒：《正反瞻园——吴彬〈岁华纪胜图〉与明代南京园林》，《建筑学报》2016年第9期，第51-56页。
③ 陈韵如：《时间的形状——〈清院画十二月令图〉研究》，《"故宫"学术季刊》第22卷第4期（2005年夏季号），第103-139页。

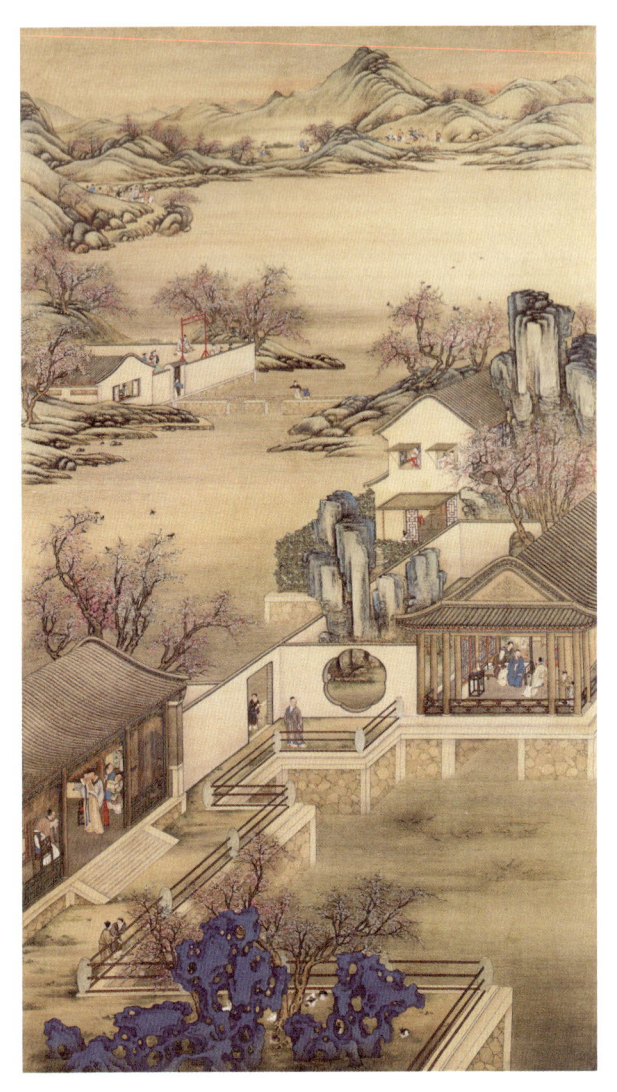

图 4-2-16 《雍正十二月行乐图》之《三月赏桃》(清 绢本 故宫博物院藏)

而如笑,夏山苍翠而如滴,秋山明净而如妆,冬山惨淡而如睡。"[1]四季山川的观感大不一样,山石却能逐一诠释,俨然四季气象的扬州个园假山前文已经提及。更多时候,园宅致力于捕捉动态的景致。苏州怡园建于清同治、光绪年间,容纳多种与时令有关的意境,例如藕香榭、南雪亭、岁寒草庐等。藕香榭一名荷花厅,前临池水,暗寓夏、秋两季风物。

---

[1] [宋]郭熙:《林泉高致集》,第46页。

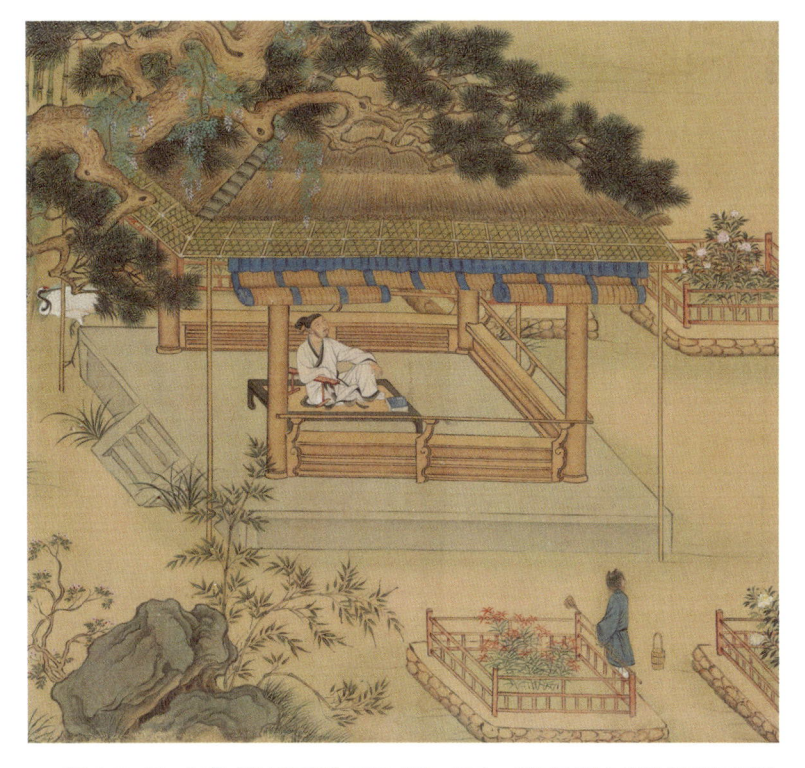

图 4-2-17　仇英《独乐园图》局部（明　绢本　美国克利夫兰艺术博物馆藏）

　　谈到园林中的时间，显然需要聚焦花木。① 四时花卉，代谢周回，异彩纷呈。明代吴门画家仇英的《独乐园图》（图 4-2-17）系参酌《独乐园记》制成，反映的实际是江南风格的园景。画卷分为七段，将质朴的古园描画得十分恬美。② 第六段画面里，主人司马光闲坐于雅致的"浇花亭"，神情自在，亭外青松遒劲，白鹤悠然，精心打理的花圃里牡丹、芍药等芳葩欣欣向荣，正是一派绝好春光。明代始建的艺圃值得特别注意。这座小园曾是文徵明曾孙文震孟的宅子，旧名药圃，林木成荫。园子位于今苏州阊门内文衙弄深处，游客罕至，气氛幽静。虽屡经改建，艺圃尚余一些早期遗迹，比如池东的乳鱼亭。③ 从池北的水榭南望，西南隅的两重

---

① 参阅童寯：《江南园林志》（第二版），北京：中国建筑工业出版社，1984 年，第 9-11 页。
② [美] 高居翰、黄晓、刘珊珊：《不朽的林泉：中国古代园林绘画》，第 131-137 页。
③ 刘敦桢：《苏州古典园林》，第 71 页。

月洞门相叠,形成特殊的对景,横生妙趣。文震孟之弟文震亨是《长物志》的作者。文震亨参得养花三昧,书中尝言"弄花一岁,看花十日",又言"红梅、绛桃俱借以点缀林中,不宜多植""蜡梅冬月最不可少"①。今天的艺圃就种着红梅和蜡梅,仲冬或春初,寻梅园中,韵味最足。(图4-2-18)

天时无常,旦夕之间园林风色就可能焕然一新。留园有一座"佳晴喜雨快雪之亭",从亭名

图4-2-18 雪后艺圃

即能读出造园者对不同气候下园居体验的敏感。夜间赏月也属园居一大乐事。"明月时至,清风自来"②,园林中固定的观月场所比比皆是,诸如网师园月到风来亭、艺圃响月廊、怡园锄月轩、耦园受月池、拙政园啸月台等。

地利与天时无法强求,可掌握的仅有人和。园林营造中,景物本身固然重要,对决定园景观看效果的视角亦不能不加以琢磨。留园的石林小院尺度有限,石头也并未成林,造园者在此排布了观赏性的小型假山群组,空间利用率很高。③缘于叠石富有层次,峰峦有意识地与周边的屋、廊、门、窗等建立照应关系,游人可在预先设定的多个观看角度获得佳景,出其不意而又恰如其分。④当你走近这里,就会高频率地遇见移步换景的神奇。与其说"虽由人作,宛自天开",毋宁说园林中的天工首先是人的创造或遴选。(图4-2-19)

---

① [明]文震亨著,陈植校注:《长物志校注》,第41页。
② [宋]司马光著,李之亮笺注:《司马温公集编年笺注》第5册,成都:巴蜀书社,2009年,第206页。
③ 柯云风:《廊的曲直应变——以留园石林小院为例》,《装饰》2019年第6期,第110-113页。
④ 刘敦桢:《苏州古典园林》,第30页。

图 4-2-19　留园石林小院透视图

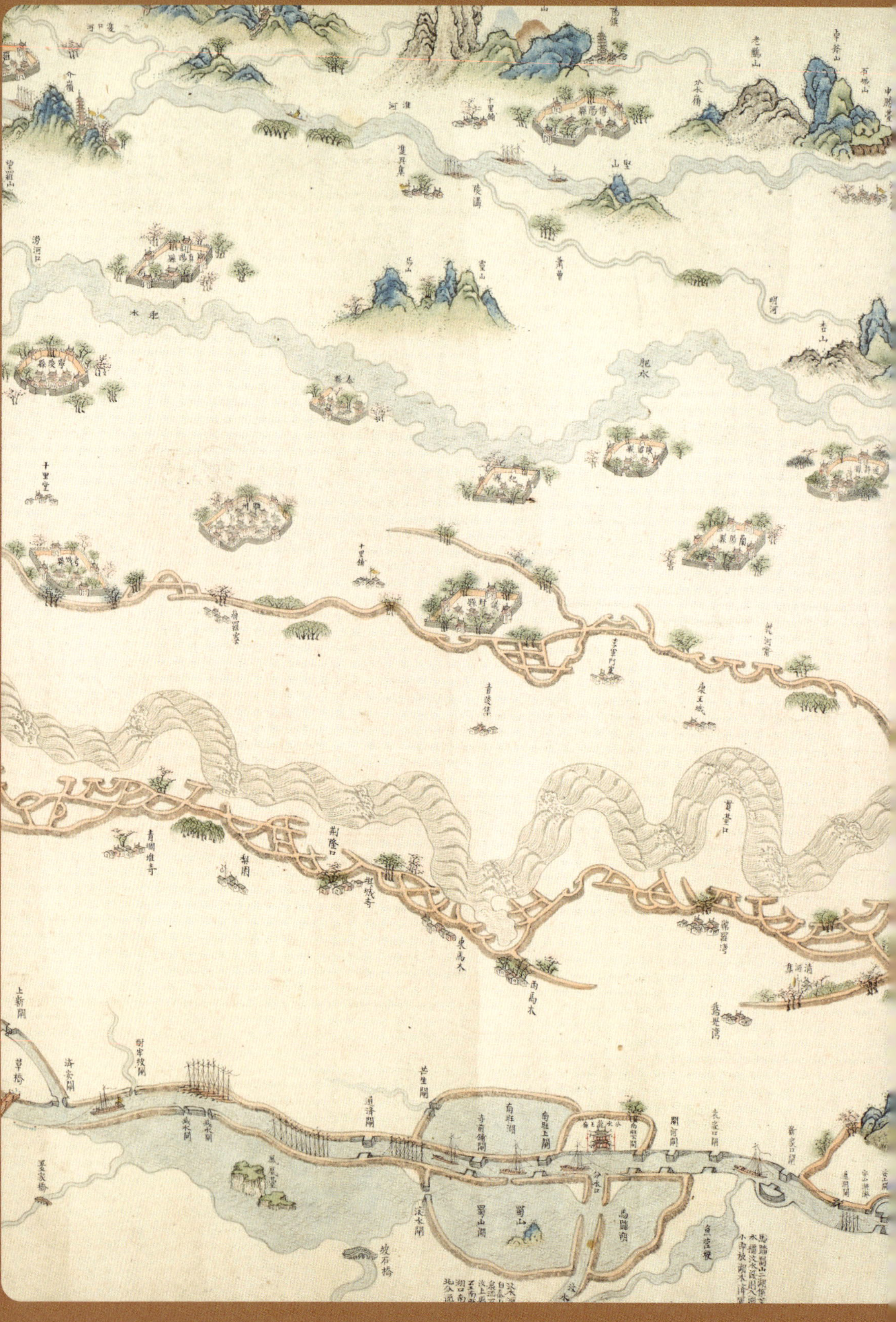
肥水
上新閘
草橋
濟安閘
通濟閘
芒生閘
南旺湖
南旺上閘
分水口
蜀山湖
蜀山
馬踏湖
鳳凰臺
坡石橋
開河閘
袁家口閘

第五章

河之书

第一节　安澜往事：《治河全书》舆图

对古代王朝而言，大运河有多方面的价值，但也可能引发灾难。潜在的威胁源于水，一些地区的运道、运堤分别起到行洪、防洪的作用，然则洪波肆虐，"金堤"亦非坚不可摧，水灾会不期而至。明代后期，黄河全流汇至徐州入淮，加重了对徐州以南运河的干扰，黄河、运河治理形同一体，统称治河。清代康熙帝主政后，治河形势严峻，与平藩、漕运两大难题一起摆在年轻的皇帝面前。清康熙二十七年（1688），勤勉的皇帝提到：

> 历年所奏河道变迁图形，朕俱留内，时时看阅。朕素知河道最难料理，从古治河之法，朕自十四岁即反复详考。①

次年，第二次南巡期间，他"阅视中河，至支河口下马，坐于堤上，出河图指示诸臣"②。这里的"河图"即运河舆图。对河务的究心钻研令康熙帝成为水利专家，而阅视河工、参与治水正是其南巡的核心目的之一。

---

① 《圣祖实录（二）》，《清实录》第5册，北京：中华书局，1985年，第464页。
② 同①，第516页。　此次皇帝巡阅河防的场景见于《康熙南巡图》第四卷。

康熙年间，朝廷治河的决心很大，基本上以靳辅强调的治河、导淮、济运三者合一的策略长期作为指导思想，成绩斐然。① 康熙四十四年（1705），皇帝在洪泽湖东的高家堰感叹"河工大成"。② 两年前，河道总督张鹏翮的工作已经较为喜人。这一年，他主持编纂的《治河全书》告成，书中所附册页装彩绘舆图总计24幅，每图均有解说。编订次序方面，《运河全图》居首，该图及《黄河全图》《淮河全图》《卫河图》《下河图》系长幅绘画，场面壮观。多种康熙时期的运河、黄河全景舆图存世，实物现散藏于寰球，知名者除第三章述及的靳辅《京杭运河图》《黄河图》外，还有王翚《全黄图》③等。

《治河全书》分为24卷，天津图书馆存抄绘本一部，但非相关图文孤品。④该书整理了康熙中期君臣共同参与治河的历程，凝聚了当时的治水智慧和经验，保留的史料相当翔实。张鹏翮《治河全书》附图起初是水利材料，不过这套严谨精细且带有实景画特点的舆图显然也有图像史价值，为我们打开了审视大运河历史图景的宝贵窗口。

让我们拣选一页，先睹为快。《运河全图》济宁州城一节代表山东运河的往日风情（图5-1-1）。大运河主线自济宁城南经过，河面石砌闸关重重叠叠，南门外的闸搭建着木桥，过船时桥面可以撤除。环城四面的远近河道上石拱桥数量不少，构成鲁地罕见的景象。城北的夏家桥画作单孔石拱桥。该桥实为明代三孔桥，实迹仍存，名为夏桥。我们还可看出，濒临运道的太白楼坐落在南城墙上，形同城门楼，门外就是南池。太白楼因李白的传说而闻名，时为济宁城一大壮观。与李白建立起联系的名胜还有作者着意描摹的浣笔泉。此泉系城东地下泉眼，明代将其扩为池水，并构造方亭，逐渐营造出碧柳成荫、奇石嵯峨的小型园林。展阅《运河全图》至此，逝去的济宁园景不经意间浮现出来。

---

① 商鸿逵：《康熙南巡与治理黄河》，《北京大学学报（哲学社会科学版）》1981年第4期，第42—51页；姚汉源：《京杭运河史》，北京：中国水利水电出版社，1998年，第354—381页。
② 《圣祖实录（三）》，《清实录》第6册，第222—223页。
③ 席会东：《〈王石谷全黄图〉研究》，《故宫博物院院刊》2010年第1期，第115—131页。
④ 席会东：《中国古代地图文化史》，北京：中国地图出版社，2013年，第219页；李孝聪主编：《中国运河志·图志》，南京：江苏凤凰科学技术出版社，2019年，第110页。

图 5-1-1 《运河全图》中的济宁城（清　纸本　天津图书馆藏）

从帝京的巍峨宫阙，到与运河并行的滔滔黄河，再到茫茫长江，最后至杭州城外的汹涌大海，《运河全图》简练而又小心的笔触向观者倾诉了京杭大运河三千余里的沉重与激越。然则，因《治河全书》未经刊布，很长一段时间里这些舆图缺乏广泛传播的条件。书册之余，另有对应着册装《运河全图》的卷轴本舆图，在《天下舆图总折》中，康熙四十八年（1709）入藏内务府造办处舆图房的版本被登记作"京城至江南河图"[①]。河湖、泉流、城邑、祠庙、堰闸、桥梁，这些带有题识的运河元素，伴随张鹏翮进呈的厚重文稿，以图像形式云集康熙帝面前，拼凑出具象的帝国疆土，也连缀为可视的治水史诗。

---

① 席会东：《海峡两岸分藏康熙绘本"京杭运河图"研究》，《文献》2015 年第 3 期，第 180 页。

引汶济运

京杭大运河贯通以后，维持其正常运转并非易事。地势高隆的山东运河面临通航与水源两方面的挑战。为了绕开泰山所在的鲁中南山地，运河在山东境内选择了"弯路"，取道更加平坦的鲁西。即便如此，临清至济宁区段的运道依然明显高于南北水路，在南旺镇分水口臻于最高，形成"水脊"（图 5-1-2）。因而，会通河通航需要大量闸门调节水位[1]，赵孟頫《兰亭序十三跋》即写到在鲁地等候放闸的经历。闸也发挥着储水的功能，可前提是为高地引来充足的水源。由于元代终究未能处理好这一问题，以致海运占据漕运重心。

明成祖决定迁都北京后，朝廷对山东运河的补救措施功绩卓越。[2] 手段之一是引泉济运。鲁西本不缺水，甚至富含地下泉水，山东首府济南即有泉城之谓。《治河全书》中单独绘制的山东州县泉水图示计有 18 幅之多。这一泉图系列详细记录了山东运河与诸泉之间的水系结构，而济宁地区的泉流水量尤为充裕[3]。

山东运河一线连续排列着若干大湖——以济宁为参照系的北五湖和南四湖。北五湖即安山湖、马踏湖、南旺湖、蜀山湖、马场湖，五湖源出大野泽，宋时为梁山泊，受黄河改道影响，积洪水而成巨浸。安山湖明末以后逐渐淤废为田，新中国时期恢复，称为东平湖。其余四湖在《运河全图》中登场，清代逐渐淤塞，今皆不存。南四湖即第一章所述微山湖群，也因洪水蓄积而成（图 5-1-3）。明以降，山东诸湖扮演过水柜的角色，运河水涨时蓄水，运河水落时给水。[4] 天然泉水和人力塑造的水柜一

---

[1] 工作原理见蔡蕃：《京杭大运河水利工程》，北京：电子工业出版社，2014 年，第 254 页。
[2] 邹逸麟、李泉主编：《中国运河志·总述·大事记》，南京：江苏凤凰科学技术出版社，2019 年，第 39-46 页；姚汉源：《京杭运河史》，北京：中国水利水电出版社，1998 年，第 144-168、184-212 页。
[3] 参阅《济宁京杭运河及南旺枢纽》，北京：中国水利水电出版社，2018 年，第 21-24 页。
[4] 陈诗越、吴金甲：《运河水柜——南四湖与北五湖的历史与变迁》，《聊城大学学报（社会科学版）》2014 年第 4 期，第 15-19 页。

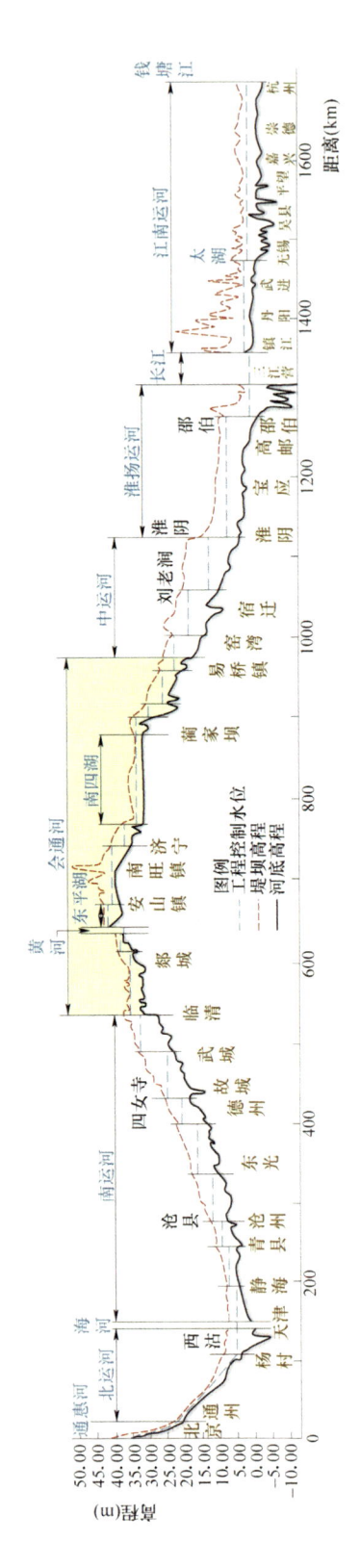

图 5-1-2 京杭大运河水道海拔示意图

图 5-1-3 《运河全图》所见大运河微山湖段

齐为运河灌注活力，运道、泉流、湖面共生的宏大场景可在《运河全图》中纵览。

永乐年间，朝廷令工部尚书宋礼疏浚会通河，又命漕运总兵陈瑄整修淮扬运河，京杭大运河终于再次畅通。宋礼在山东采取的最具气魄的举措是重引汶水。元代就曾引汶济运，宋礼听从"汶上老人"白英的建议，修改了引汶方式，在戴村筑五里大坝。戴村坝挡住汶河北去之势，引导汶河拐弯，流向地形高点南旺，补充了大运河主道的水量。汶河之水于南旺分流，七分往北，三分往南①，分水方法是在来流对面的石堤建造鱼嘴，近似都江堰的做法。自此，汶河有效地支撑着山东运河的运转，而南旺分

---

① 《明史·宋礼传》称："南流接徐、沛者十之四，北流达临清者十之六。"《明史》第 14 册，北京：中华书局，1974 年，第 4204 页。

水口也成为大运河上的著名枢纽，享有举足轻重的地位。

分水口不光是水利设施，更演变为文化景观。此处水道略呈"丁"字形，人们在丁字横画的上方，也就是运河西岸设立了龙王庙，名分水龙王庙，尔后又添置禹王庙、宋公祠和祭祀白英的白大王祠等，多种与水相关的信仰及其他民间崇拜交融于一地。[①]《运河全图》扼要地点出汶河的来龙去脉和龙

图 5-1-4 《运河全图》之分水口

王庙建筑群的布局，并标以文字，分水口南北两侧的运道上闸门密布（图5-1-4）。《治河全书》之《汶上县泉图》同样纳入其景。该图选取与《运河全图》相反的方位为视角，运河、诸湖、大小汶河、泉水、戴村坝之间的地理关系完整显现[②]，相关构图接近靳辅《京杭运河图》。《南巡盛典》对分水口、龙王庙落墨更多。由名胜门《分水口》可见，当时除祭祀场所外，人们还准备了专供皇帝休憩的院落，其内设御碑亭，原碑今存汶上县博物馆。龙王庙对面的汶流两岸各立一道牌坊，称作二汶关键坊和全运枢机坊，面向过客的坊名强调着分水口的水利价值。

清道光二十九年（1849），江南河道总督完颜麟庆的《鸿雪因缘图记》

[①] 山东省文物考古研究所等：《汶上南旺：京杭大运河南旺分水枢纽工程及龙王庙古建筑群调查与发掘报告》，北京：文物出版社，2011年，第131-171页。
[②] 光绪《山东运河全图》也具此种宏大视野。 王耀编著：《历历如绘：舆图内外的运河故事》，北京：学苑出版社，2021年，第83-85页。

正式出版。① 该书分为三集，按时间顺序梳理了作者的生平履历和游踪，图文对照，刊刻精良。第三集录有《分水观汶》一页。较之版印图像，《分水观汶》的彩绘原作更生动地复原了麟庆在分水口的活动。② 阅读图记可晓，道光二十三年（1843），麟庆带着贺世魁（焕文）、陈鉴（朗斋）两位画家友人来访龙王庙，画舫停靠于庙前大码头。画面里，码头石级两侧对峙着威武的石雕镇水兽。麟庆登上禹王宫戏楼，凭栏观看分水之势，庙中僧人福田为他演说着汶河源流。记文的信息量很大，我们还得知，清雍正四年（1726）宋礼被封为宁漕公，白英被封为从祀的永济之神。麟庆又写道，因为分水口地形最高，所以南北舟楫过了龙王庙，都能顺流而下，人人称快。

应当说明的是，大运河沿岸祠祀建筑颇多，明清时期现实人物被奉为神乃是常例。除前文所述运河信仰中的妈祖，在通行的说法里，另一水神金龙四大王的原型也是宋代人。约从明代后半叶起，民间相信投水殉国的南宋士人谢绪在运河畔数度显灵，谢绪与金龙四大王合并后的神格最终加入官方祭祀系统，身居运河之神。③ 赵翼记载，"江淮一带至潞河，无不有金龙大王庙"④，足见运河流域内其信仰之盛。在清代，治水名贤群体中也不乏被封为神的例子，譬如，清代河道总督朱之锡、江南河道总督黎世序均因治运河有功而成神。⑤ 必须指出，由于黄、运两河的治理关系紧密等原因，每有共享河神的情况。

金龙四大王信仰的起源地是鲁南、苏北的运河一带，围绕谢绪的造神运动与徐州东南郊吕梁山下的吕梁洪有一定关联。吕梁洪原是延布于丘陵地带的泗水河道，河床跌宕，水流迅疾，乱石险滩丛生，据《水经注》记载，"悬涛崩溃，实为泗险，孔子所谓鱼鳖不能游"⑥。吕梁洪等险境使得借用泗水故道的大运河航线堪称畏途，明代新开洳运河后，北上的漕船大

---

① 范白丁：《〈鸿雪因缘图记〉成书考》，《新美术》2008 年第 6 期，第 44-48 页。
② 王春法主编：《舟楫千里：大运河文化展》，北京：时代华文书局，2020 年，第 217 页。
③ 胡梦飞：《中国运河水神》，济南：山东大学出版社，2018 年，第 1-30 页；褚福楼：《明清时期金龙四大王信仰地理研究》，暨南大学硕士学位论文，2010 年，第 9-13 页。
④ [清] 赵翼辑：《陔余丛考》卷 35，清乾隆五十五年刊本，第 14b 叶。
⑤ 胡梦飞：《中国运河水神》，第 154、156 页。
⑥ [北魏] 郦道元著，[清] 王先谦校：《合校水经注》，北京：中华书局，2009 年，第 385 页。

多避开这一段。嘉靖年间，陈洪范主倡凿石，疏通吕梁洪运道，留下《疏凿吕梁洪记》碑（图5-1-5）。该碑殊为珍贵，通高2.4米，由曾任总理河道的韩邦奇篆额，徐阶撰文，文徵明书丹，碑文作文氏所擅行书字体，至今保存较为完好。经过治理的吕梁洪大有改观，"舟之行者如出坦途"。

言归正传，归根结底，明代引汶济运的成败不在分水口，而在戴村坝。正是因为戴村坝驱使汶河改道，为南旺供给了丰沛的水源，南北分流才得以实现。戴村坝最早是土坝，坝体一方面遏制了大汶河的流向，形成灌输分水口的稳定的小汶河，一方面也保留了溢洪道。需加强运河水势时，用沙土填塞溢洪道，让汶流尽入分水口；来水较猛时，沙坝自行毁坏，汶河借故道向大清河排水，从而减轻对运河的冲击。明代后期多次改造戴村坝，部分坝体被筑作石坝，清代以来重建工作频繁，但整体上维持着滚水坝形式。① 上游水量大涨时，滚水坝可让来水自然地漫过坝体，起到溢洪作用。

《治河全书》所附《东平州泉图》以特写般的镜头描绘戴村坝，较《河防一览图》中的刻画更加直观。石筑大坝共计三段，南侧是滚水坝，中间是乱石坝，北侧是玲珑坝，三者均沿用明代名称，实际总长度约合400米。三坝之北还绘有一段土坝，各坝在色彩、画法上稍有区分。汶河接纳东平众泉，河面宽广，在坝前画出一个大弯，投运河而去。时过境迁，尽管分水口今已干涸，但是曾经的"大运河心脏"还在跳动：戴村坝在形式上延续着滚水坝的作用。每当大汛到来，汶河的水就越过经水泥加固的坝体，西入东平湖。自坝顶宣泄出来的涛流迅疾汹涌，水声震动，制造出瀑布般的壮美场面，今人称此景为"戴坝虎啸"。（图5-1-6）

纵然济宁城以北的一段古运河水道消失了，自长江传递而来的波澜尚未消逝。现今，南水北调东线工程已经从扬州江都开始，借大运河水道向北方城市输送长江水，水流在东平湖附近下穿黄河，至聊城境内与运河故道再次相接。2022年4月28日，南运河补水工程的启动历史性地"复原"了全程有水的京杭大运河。

---

① 《济宁京杭运河及南旺枢纽》，第42-46页。

图 5-1-5 《疏凿吕梁洪记》拓本

图 5-1-6　戴村坝

蓄清刷黄

  原先的泗水入淮地点叫作清口，因泗水清澈而得名。清口位于淮安，这里正是《治河全书》的编纂地，当然也是防备黄、运水患的要塞：晚明以来，高家堰一线堤工护卫在洪泽湖东；清初开始，黄、淮、运三河交汇于清口，清口枢纽形如大运河中枢。[1]潘季驯《河防一览》言："清口乃黄淮交会之所，运道必经之处，稍有浅阻，便非利涉。"[2]《清史稿·河渠志》曰："海口，尾闾也。清口，咽喉也。高堰则心腹也。要害之地，宜先着力。"[3] 这些情形我们均可从《河防一览》《治河全书》等书收录的舆图上读

---

[1] 中国文化遗产研究院等：《京杭大运河清口水利枢纽考古报告》，北京：文物出版社，2016 年，第 15-16 页。
[2] [明]潘季驯：《潘季驯集》，杭州：浙江古籍出版社，2018 年，第 204 页。
[3] 《清史稿》第 12 册，北京：中华书局，1976 年，第 3734 页。

出。为提高清口的治河成效，康熙时河道总督自济宁移驻淮安清江浦，与漕督一同坐镇淮安。雍正时改名河道总督为江南河道总督，简称南河总督。

传奇的故事须从潘季驯讲起。潘季驯先后四任总理河道，治理黄河、运河功勋卓著。第三次赴任时，他使用了著名的"蓄清刷浑"策略：清口黄、淮两流相交，黄河水浑，淮河水清，前者泥沙量大，容易淤积，如果积蓄清水之势，则足以冲刷浑水之沙。明万历六年（1578），他上奏曰：

> 高堰，淮、扬之门户，而黄、淮之关键也。欲导河以入海，必藉淮以刷沙。淮水南决，则浊流停滞，清口亦埋。河必决溢，上流水行平地，而邳、徐、凤、泗皆为巨浸。是淮病而黄病，黄病而漕亦病，相因之势也。[①]

这是一个极具魄力的提案。淮河水势弱于黄河，因此导致清口淤塞，洪流泛滥，而漕运也为之中断。面对此种危机，潘季驯希望利用大自然本身的力量，主张"束水攻沙"：在清口以南增筑高家堰，阻断淮水的南流去向，利用其强劲的东流势头，荡涤清口的泥沙，同时令黄河畅归大海。工程一年就实现了。不过，受到约束的淮河助长了洪泽湖的扩大，危及泗州城和明祖陵，故高家堰不得不设置调控湖水的减水坝。

高家堰最早系土筑，长30千米。不久后，人们便开始用石材包砌土坝。随着洪泽湖的形成，这道淮河大堤终于成为湖堤。至盛清时，不断得到巩固和延长的大堤统称高家堰，北起码头镇，南至蒋坝镇，总长约67千米，宽50米左右，迎水面悉用石工。漫长的石工墙宛如长城一般，气象恢宏。[②] 洪泽湖堤全貌在《治河全书》所收《淮河全图》中有所体现，且文字标注较详。《淮河全图》对洪泽湖的描摹也显得更为完备和细腻，从淮河口到清口，湖面逐渐澎湃起来，激出白浪。运河舆图里完整的洪泽湖和高家堰景观时常现身，例如《全黄图》（图5-1-7）、美国大都会艺术

[①] 《明史》第7册，第2120页。
[②] 中国文化遗产研究院等：《京杭大运河清口水利枢纽考古报告》，第39-40页。

图 5-1-7 王翚《全黄图》里的洪泽湖及大堤（清　纸本　英国大英图书馆藏）【审图号：GS（2023）2169号】

博物馆藏《运河全图》等。①

  坚牢的洪泽湖大堤依旧完好地保存着，只是由于湖面缩减，最早建造的高家堰区段目前已经不再临湖。石工墙分为垂直和斜坡两种形式，清代的部分作斜坡式的挡浪墙，条石之间以石灰浆和铸铁扣加固（图5-1-8）。淮安本地并不产石，石料需从外地调配，据文献知，江南运河流域的湖州地区就是重要的来源地②。走在湖堤现场，漫步石工之上，还会偶尔看见石料表面工匠凿刻的字迹与符号。

---

① 李孝聪、席会东：《淮安运河图考》，北京：中国书籍出版社，2008年，第102-112页。
② 朱建明：《武康石的建筑与艺术》，杭州：西泠印社出版社，2005年，第11-12页。

明万历十八年（1590），潘季驯主持绘制《全河图》，图内注文详尽，该图附于他所著的《河防一览》中，故又名《河防一览图》。开创新传统的《河防一览图》另见石刻拓本和彩绘本，全面展示了黄河与大运河的流程，但是打破原有方位关系，将两条河道大体平行布列，图像元素难免拥挤。[1]到了清初，继靳辅在相同的职位上完成类似的工作之后，张鹏翮主持绘制了《黄河全图》《运河全图》，这一阶段独立的长幅绘本黄、运舆图已成定式。对比阅览以上舆图，我们能够读出从明至清治河环境与水利工程的嬗变，洪泽湖的壮大以及其对漕运、民生的影响便是突出的一环。

图 5-1-8　洪泽湖大堤石工

康熙年间，有鉴于黄河倒灌洪泽湖的状况，靳辅从北面引黄河水入湖，进一步拓展洪泽湖水体，增加其蓄水量，进而追求更好的刷黄效果。这时，湖南部淹没了泗州旧城和明祖陵。到乾隆时期，高家堰上原来的天然减水坝被改建成石构滚水坝，与康熙时的老坝合成仁、义、礼、智、信五坝，也叫山盱五坝[2]。这组设施平时以土封填，起到拦蓄湖水和保卫百姓的作用，故乾隆帝严令限制五坝的启用。[3]

靳辅任上的另一项重大举措是开辟中河。此前，自宿迁到淮安清河的大运河仍借用黄河水道，航行条件险恶。清康熙二十五年（1686）起，靳辅自骆马湖挑中河至清河仲家庄，使过往船只完全规避了黄河风涛。于成

---

[1] 李孝聪、席会东：《淮安运河图考》，第 16-33 页；席会东：《中国古代地图文化史》，第 212-214 页。

[2] 今唯存道光时易址重建的信坝。 中国文化遗产研究院等：《京杭大运河清口水利枢纽考古报告》，第 135-139 页。

[3] 徐炳顺：《导淮入江史略》，扬州：广陵书社，2017 年，第 43-44 页。

图5-1-9 《运河全图》所见黄、运并流

龙、张鹏翮任河督期间,中河经过局部修改,但走向始终略同黄河,这在《运河全图》里明显可辨(图5-1-9)。直到现在,宿迁至淮安一线运河平行且邻近黄河故道的景象犹然显见,两河距离贴近的时候仅隔一个村庄。

洪泽湖的壮大令湖堤蒙受的压力激增,以致溃坝惨剧不时发生。一旦湖堤决口,里下河地区将罹遭深重的水灾,遂有俗谚"倒了高家堰,淮扬二府不见面"。康熙三十九年(1700),四川籍清官张鹏翮走马淮安,担当治河大任,等待他的正是如履薄冰的工作状况。就职后,张鹏翮不辞劳苦,很快扭转了糟糕的局面:加固、延长高家堰,堵塞减水坝,增益蓄清刷黄效果,同时拆除黄河入海口的拦黄坝,令水流畅通大海。[①]另外,引湖水济运河也较为成功。张鹏翮改造了湖东运河口,"逼清水七分敌黄,三分济运",不仅保障了漕运,也实现了导淮入江,分流行洪。

张鹏翮督理治河的过程及相关工程情况见载《治河全书》。不难发现,这一阶段皇帝本人参与治河事务的程度很高,常常直接做出具体部署。清康熙四十四年(1705),皇帝第五次南巡,"幸高家堰,遍阅河堤",谈到"朕每至河上,必到惠济祠以观水势"[②]。事实上,阅视河工并谋划治水确实是其南巡计划中的重点目标和任务。官方的通力合作成果斐然,一时间水系安澜,漕运平稳。

《运河全图》中的清口的确是天下巨观(图5-1-10)。蔚蓝的淮水自洪泽湖口涌出,与浑浊的黄河水流相遇,二流合并,浪涛奔涌。平静的运

[①] 姚汉源:《京杭运河史》,第365、372-373页。
[②] 《圣祖实录(三)》,《清实录》第6册,第222-223页。

图 5-1-10 《运河全图》所见清口枢纽

河用碧绿色表现，里河和中河的水波分居清口东西两侧，遥相接续。清口西岸雄踞着康熙帝亲自安排筑造的御坝，清口东岸排列着甘罗城、惠济祠、天妃坝等。里河口以内的曲折水道上，设置了几道用来阻挡黄河水的拦河坝，再往里就到了惠济、通济、福兴三闸的所在地了。三闸是调控水位、辅助过船的设施，《运河全图》并未绘出。日本京都大学 2019 年公布的影集《华北交通写真》涉及运河遗产，含有三闸的照片。[1] 在《运河全图》中，惠济祠以侧面示人，旁临黄淮交汇，同书《黄河全图》《淮河全图》里画法类同。而在《南巡盛典》中，惠济祠正对观者，笔墨细致。区别于同书另两图的是，《黄河全图》高度重视河工信息，清口枢纽的文字标注

---

[1] 周嘉、布乃静：《日本新公布的大运河苏北段照片档案解读》，《档案与建设》2020 年第 10 期，第 79-80 页。

详备，在里河口附近还画出大王庙。大王庙即河神庙，祀金龙四大王，康熙四十年（1701）张鹏翮因诸河重归正常，曾请求朝廷为之增加封号。特别的是，伦敦大英图书馆藏卷轴本《运河图》的画面结构与《运河全图》高度吻合。这一画幅更高、内容更多并带有图内长篇注文的图像同样出于张鹏翮的策划，或属《运河全图》的蓝本。[1]

惠济祠始建于明正德年间，明武宗尝巡游过此。该祠起初供奉碧霞元君，后来改为供奉妈祖，用于祈祷运河行舟安稳，所以也叫天妃庙。[2] 庇护水路的祠庙正当黄淮汇流之景，又旁临运道，形势出众，交通发达，自然香火旺盛。[3] 乾隆时，惠济祠边添建行宫，御制《重修惠济祠碑记》曰：

> 黄河自积石、龙门，经豫、徐东下，挟淮、泗交流入海，势湍悍不可御，泥浊易淤。漕艘渡江达淮，黄河亘其冲。其入中河也，必资于黄。治之之道，以清淮迅激荡涤之，俾无壅沙。河恒强，淮恒弱，则潴洪泽之巨浸以助之，交会于清口。是为运道之枢纽，河防之关键。导河、乂淮、利漕，举系于此。[4]

这段话总结了明清两代清口治水的方法，也充分肯定了其国家层级的意义。嘉庆时，天子不再南巡，为便于向天后祈福，求得对漕运的庇佑，便以清口名胜为写仿对象，在圆明园绮春园内创惠济祠。

由《治河全书》所附黄、淮、运三图能够看出，清口是治河大计中备受关注的水利工程明星。当然，这些图像中有关清口的笔墨趋于精微，究其原因，一则作为三河交汇处的清口实是治河之肯綮，再则舆图编制者立足淮安，占据实地观摩的便利。相同的原因还催生了专门阐释清口的一套组图。道光二十年（1840），南河总督麟庆主持编纂《黄运河口古今图说》，书中绘舆图十幅，概括了清口自明代以来的变迁。

---

[1] 参阅李孝聪、席会东：《淮安运河图考》，第 66-88 页。
[2] 胡梦飞：《中国运河水神》，第 55-60 页。
[3] 遗迹见中国文化遗产研究院等：《京杭大运河清口水利枢纽考古报告》，第 165-193 页。
[4] 荀德麟、楚戈、周平选注：《记淮古文选》，北京：中共党史出版社，2002 年，第 71 页。

充满想象力的清口工程持续处于使用状态。然则自乾隆后期起，清口的运转方式开始异变，最后类似过闸方式的"灌塘法"成为运河舟船渡过黄河时仰赖的手段。① 不同寻常的运河关口曾予万千旅人深刻印象，但是伴随 19 世纪中叶黄河改道北归，清口风貌不再。如今，唯有源出英国使团的实景画尚能折射水面视角下的清口盛景。②

造物镇水

自古以来，治水意义非凡。上古时期，"禹别九州，随山浚川，任土作贡"，万代传颂。古代治水融入了许多传统哲学和民间信仰的成分，但仍以科学原理为基础。明清之际与治理黄河、运河相关的大量书籍、舆图足以印证这一点。书籍方面，雍正、道光年间先后出版的《行水金鉴》和《续行水金鉴》堪称古代水利史料的集大成者。

水利书籍还能证明历代治水功绩出自群力。麟庆主编过《河工器具图说》一书，列图近 300 幅，以河防工具图集和注解的形式披露了清代官方治水的具体方法与习俗。书中所载物品有的沿袭于古人，有的属新发明，有的专为治河而设计，有的借鉴自其他领域，侧面反映了治河队伍中普通人员的艰苦劳动。各式各样的杂类里不乏农具、渔具。一种叫作混江龙的工具饶有意思。③ 混江龙将铁器安在车轮般的木结构上，通过木轴串联，当顺水行船带来的力量拉动该物时，能够翻动淤泥，疏浚河道。

带着对治水习俗的敏感，重读《治河全书》舆图，你可能会发现一个

---

① 中国文化遗产研究院等：《京杭大运河清口水利枢纽考古报告》，第 18 页。
② 刘潞、[英]吴芳思编译：《帝国掠影：英国访华使团画笔下的清代中国》，北京：中国人民大学出版社，2006 年，第 36-37 页；[英]托马斯·阿罗姆绘图，李天纲编著：《大清帝国城市印象：十九世纪英国铜版画》，上海古籍出版社，2002 年，第 166-167 页。
③ [清]完颜麟庆等：《河工器具图说（外一种）》，杭州：浙江人民美术出版社，2015 年，第 151-152 页。

不易觉察的细节。黄、淮、运三河图像都画出了清口东岸新大墩上的皇亭。书中《山清里河事宜》叙述道："康熙四十年，于旧大墩西接筑拦湖堤一道，长一百四十丈，内外排桩镶埽。又接建新大墩一座，周围三十五丈，逼清水七分敌黄，三分济运。"① 新、旧大墩在图中标有文字，昭然若揭。"排桩镶埽"指的是在堤堰外侧加以防护，三图亦有交代。然而，细看之下，唯独《运河全图》的皇亭前兀然显现一只兽，限于尺寸极小，无法辨别形貌（见图5-1-10）。书中行文可补不足："置造铁犀一座于新大墩上，以镇水势。"这只兽原来是张鹏翮制作的铁犀。

铁犀共计16件，原本分别独立陈放于以清口为中心的险要堤工，地跨今江苏淮安、宿迁、盐城、徐州、扬州五市，差不多遍及淮扬河工体系。铁犀现余其七，分布在淮、扬两市，淮安的五件靠近洪泽湖，扬州的两件紧邻大运河。这些铁兽体长1.6米左右，实际呈伏卧、昂首的黄牛形象，因而也叫铁牛。（图5-1-11）

《运河全书》多次写到铁犀，然而仅《运河全图》上点缀有镇水物的代表——清口铁犀，这可能缘于该图在

图5-1-11　高邮运河西堤上的铁犀

《治河全书》诸图当中排在最前。而以《运河全图》打头，恰恰说明《运河全图说》所谓的"漕渠之攸系綦重矣"②。《运河全图》的图像收入各地水神祠庙、清口铁犀以及被赋予镇海神力的沧州铁狮，充分表明了官方群体祈求神助的情愫，透露出夹杂在科学治水氛围中的难以消泯的世俗气息。

历史上，治河者常造物镇水，与铁、犀或牛有关的镇水物屡见不鲜。③

---

① [清]张鹏翮编：《治河全书》，天津古籍出版社，2007年，第505页。
② 同①，第381页。
③ 例见姚立江：《蛟龙神话与镇水习俗》，《中国典籍与文化》1998年第4期，第102-104、111页；王蔚波：《河南古代镇河铁犀牛考略》，《文博》2009年第3期，第23-26页。

以铁犀为名义的镇水物里，明正统年间于谦安设在开封黄河边的独角铁犀是有名的一例。① 跟从张鹏翮治河的张希良编写有12卷本的《河防志》，内含《铁犀》一节，清楚地叙述了康熙年间的铸犀始末：

> 物有小而可以制大者，蛟龙畏铁之类是也。淮扬为河湖之凑，全倚一线金堤为保障，城郭人民，飞漕转运，于是乎赖焉。其间蛟蜃鼍龙，鼓浪漂山，瞬息百变，宜有以制之。大司马张公采库司张弼之议，于高良涧铸铁犀焉。以五月五日开冶，迄重阳而就。初拟铸九犀，会材有余，遂得十六具。每具约四五千斤，分奠各险工。而公自为之铭曰："惟金克木蛟龙藏，惟土制水龟蛇降。铸犀作镇奠淮扬，永除昏垫报吾皇。"皇公之于河务，细大必周如此。蜀江三犀，蒲州九犕，未足与之比并矣。②

这段话提到，淮扬铁犀的制作从端午节持续至重阳节，起止日期适逢阳数五、九，符合传统观念里阳日冶金的习俗。③ 文中涉及两处享有盛名的早期镇水物，一是战国时李冰在四川做的石犀牛，一是盛唐时张说立在蒲州（今永济西）蒲津桥头的铁黄牛。幸运的是，经过考古发掘，成都的一件石犀和蒲津桥东的四件铁牛再度面世。④ 铁犀体表的阳铸铭文明白无疑地道出呼应前朝的造物镇水思想，其言"惟金克木""惟土制水"均指称五行理论：属木的蛟龙是水患之源，金克木对应着"蛟龙畏铁"；古人认为犀通牛，牛系坤象，土克水对应着以牛镇水。乾隆时期，谢启昆《铁犀歌》也论及五行厌胜："我昔扬帆泊清口，但见一犀镇河壖。谒来河储搜掌故，铸相十六窥其全。五行厌胜古有法，聚金恰用辛金年。……"⑤

---

① 李卫华、刘东亚：《开封镇河铁犀》，《中原文物》2014年第2期，第127-128页。
② [清]张希良纂：《河防志》卷12，清雍正三年刊本，第26叶。
③ 阳日冶金取火胜金之义。 庞朴：《"五月丙午"与"正月丁亥"》，《文物》1979年第6期，第81-84页。
④ 成都文物考古研究所：《成都天府广场东北侧古遗址发掘报告》，北京：文物出版社，2016年，第91、260-262页；山西省考古研究所：《黄河蒲津渡遗址》，北京：科学出版社，2013年。
⑤ [清]谢启昆：《树经堂诗初集》卷7，清嘉庆五年刊本，第14b-15a叶。

殊为难得的是，这首诗的序还转录了16件"豪筋隽骨四体具"的铁犀的铸成时间和放置地点。时间精确到时辰，地点包括清口。

张希良所谓"一线金堤"即洪泽湖湖堤高家堰（图5-1-12），这段堤上最初设置了五件铁犀，加上清口里河口皇亭旁的那一件，构成洪泽湖东岸引人瞩目的镇水物阵列。这组铁犀在乾隆帝首巡淮安时，便闯入他的视野。清乾隆十六年（1751），皇帝效法圣祖，不但驾临清口，而且"亲临高堰，循堤而南，越三滚坝至蒋家闸，周览形势"①，遍阅百里大堤。（见图5-2-3）。前一章讨论到清漪园昆明湖东堤与洪泽湖堤的可比性，这里我们把注意力投向镇水物：与淮安铁犀的邂逅激起了乾隆帝的兴趣②，为清漪园铜牛的形式设计与意义建构埋下伏笔。对此，除了比较视觉特征外，由《金牛铭》中的"淮水""铁牛"等字眼也能直接获得关于两种镇水物之间联系的暗示。③

清漪园铜牛的别称"镇海牛"提示了另一种写仿行为——制作浙江镇海铁牛。康熙以后，清廷借鉴治河经验，加大治理杭州湾海塘的力度。雍乾时代，海宁、杭州两地的海塘上一共出现了三次摆放铁牛的事件，所涉镇水兽达15件。④浙江巡抚李卫初创铁牛与他考察清口枢纽的经历密切相关，其制作铁兽的理路和方式与张鹏翮几乎无异。⑤从第三次南巡起，乾隆帝巡阅的足迹延伸到海塘实地，这使他目睹前两批铁牛，而第三批铁牛正是皇帝本人下令增设的。浙江铁牛虽无一留存，然《海塘新志》图示及民国旧影可资参考。

伏卧在昆明湖畔的铜牛有机会进入游园官员之眼，见载《日下旧闻考》。守望在大运河左近的铁犀日常迎送天下旅人。钱载《铁犀行》谈到

---

① 《皇朝通典》卷5，清文渊阁四库全书本，第20b叶。
② 乾隆咏铁牛诗出自年会。 张仲谋：《石牛诗的流传变异及其文化成因》，《江苏师范大学学报（哲学社会科学版）》2019年第3期，第1-12页。
③ 王磊：《淮扬镇水铁牛的视觉形式及其传播》，《故宫博物院刊》2021年第10期，第121-131页。
④ ［清］方观承纂：《两浙海塘通志》，杭州：浙江古籍出版社，2012年，第74、99、149页；［清］琅玕等纂：《海塘新志》卷6，清乾隆年间刊本，第28叶。
⑤ 李卫 "博采舆论，重修镇海塔，铸造铁犀牛，以符五行生克之理"。《世宗宪皇帝朱批谕旨》，清乾隆三年刊本，卷174之10第66b-71b叶，卷174之12第55b叶。

图 5-1-12　洪泽湖大堤五坝段

他遇到的江、浙镇水物："御诗亭左铁犀一，登岸突见苍蟠虬""昨者盐官亦此铸，海门束望惊涛秋"。①"御诗亭左"的铁犀即清口铁犀。黄钧宰称，"黄河堤上间数里则有铁犀一具，回首西望，逆流而号，以禳水势"②。黄河沿岸的淮扬铁犀共七件，黄氏所言"黄河堤"正是与中河并行的一段堤工。

麟庆《鸿雪因缘图记》以图文形式记录了高家堰的铁犀。洪泽湖水盛涨，巡视河工的麟庆在龙门坝偶遇湖市蜃楼，惊异之下令人作画。龙门坝距张鹏翮统一铸犀的地点高良涧很近，东为风神庙，北为禹王宫。画中铁犀粗备姿态，居场景中心，俨然一处标志性的湖堤风景。犀首左转，遥望苍茫湖水，层层巨浪拍打下的堤坝在神兽和祠庙的守护下显得固若金汤。（图 5-1-13）

对于纷纷融入周边景观的清代镇水物，铭文流露的意识形态不容忽视。治河造福黎民，漕运功在社稷，但长久以来大运河在客观上对沿途城乡造成不可否认的负面影响，比如诱发洪涝、妨碍灌溉等。此外，漕运及其管理制度也制约着平常人的运河行旅。③故此，公开陈列于运河堤岸的官方

---

① [清] 钱载：《萚石斋诗集》卷 9，清乾隆三十九年刊本，第 1b 叶。
② [清] 黄钧宰：《金壶浪墨》卷 5，清同治十二年刊本，第 12a 叶。
③ 邹逸麟、李泉主编：《中国运河志·总述·大事记》，第 124-133 页；李德楠：《试论明清大运河上的行船次序》，《山东师范大学学报（人文社会科学版）》2012 年第 3 期，第 109-114 页。

图 5-1-13 《鸿雪因缘图记》之《龙门湖市》

镇水物与碑刻一道以文字的方式起到抚民效果。张鹏翮所撰"永除昏垫报吾皇"之句便申明康熙帝的意志,彰显着朝廷对百姓福祉的关切。复刻淮扬铁犀的镇海铁牛沿用相同的铭文格套,仅改变几个字。张勉治先生强调,乾隆帝晚年希望借助南巡弘扬政德,赢取人心[①],在捍卫黎民的海塘上布置镇水物同样契合这种期许。

要之,从河工到海塘,再至宫苑,大运河附近的晚近镇水物集群继承了悠远的治水传统,也开启了因观看而生发的图像传播。康乾时代的朝廷延续着理性治水的"神话",也在世人眼前树立起造物镇水的新典范。关联黄、淮、运三河的清口被比喻为运河咽喉,且扼守水路要冲,这便促使镇水神兽长期暴露在上至天子、下至庶民的公共目光之下,书写出富于"视觉性"的历史。

---

① [美]张勉治著,董建中译:《马背上的朝廷:巡幸与清朝统治的建构(1680-1785)》,南京:江苏人民出版社,2019 年,第 280-325 页。

第二节　纸上留踪:《南巡盛典》图集

　　缘于其最初使命，大运河被赋予重要的交通功能。和平时期漕运正常施行，毫无疑问，从政治上看运河居功至伟。正因为如此，运河交通也可能起到极其关键的军事作用，唐代藩镇等势力对运河城市的争夺就说明了这一点。① 不过，受到地理、天气、人力等因素的左右，国家层面的河运始终面临复杂的挑战，呼吁变革的声音时有出现。晚清时期，漕粮海运终于复兴，改变了河运急剧衰落造成的困局。②

　　在经济、文化、艺术、生活等诸多层面，大运河实现了远程对话与分享，反复重塑着沿线城镇，无异于跨区域的纽带。在古代社会，运河航行虽然不是理论上最快捷的长途行进方式，然而无论从官方还是个人角度来看，大运河的确提供了连贯、便捷的南北通途（图 5-2-1），成为突出的优选。③

---

① 全汉昇:《唐宋帝国与运河》，上海：商务印书馆，1944 年，第 42-92 页；孟昭庚:《唐代军事争夺下的运河》，载唐宋运河考察队编《运河访古》，上海人民出版社，1986 年，第 94-108 页。
② 周健:《贡赋与市场：19 世纪漕运之变革与重构》，《中国经济史研究》2021 年第 2 期，第 65-81 页。
③ 参阅［加］卜正民著，方骏等译:《纵乐的困惑：明代的商业与文化》，北京：生活・读书・新知三联书店，2004 年，第 35、44 页。

图 5-2-1 《水程图》之《淮安》（明　纸本　台北故宫博物院藏）

明清以降，一些书籍或文字恰由京杭运河之旅促成，直接或间接地讲述着水路经历。

明弘治元年（1488）正月，一位朝鲜官员意外地来到大明王朝的南方海岸。这位朝鲜人叫崔溥，由于遭遇海上风暴，船只漂泊至浙江临海县（今三门县境），他不得不在中国登陆。登陆浙江后，崔溥的团队在明代官方人员的陪同下，沿大运河经宁波至杭州，继而一路北进直抵通州，再改由陆路入都。面见明孝宗后，崔溥返回朝鲜，将百余天的奇妙经历写成《漂海录》。书中记载了他途经浙东运河和京杭大运河的全程见闻。[1]

明万历二十七年（1599），余象斗刊刻了一本类书——《新刻天下四

---

[1] [朝鲜]崔溥著，葛振家点注：《漂海录：中国行记》，北京：社会科学文献出版社，1992 年；浙江省博物馆：《漂海闻见：15 世纪朝鲜儒士崔溥眼中的江南》，北京：中国书店，2016 年。

民便览三台万用正宗》，录有《两京路程歌》。这篇文字把从南京至北京的水路地名编为歌谣，演说了由仪扬运河到扬州，再由京杭大运河到北京的沿途地点次序。① 天启六年（1626），程春宇《士商类要》中的《水驿捷要歌》有相似的性质，开头唱道："试问南京至北京，水程经过几州城？皇华四十有六处，途远三千三百零。"② 这种明代通俗文学为大运河上的民间旅人提供了行程参照，本身亦源于舟中旅行。

清嘉庆二十四年（1819）刻印的《泛槎图》共有六集，初集遴选和描绘了南北两京间的代表性运河风光。这部纪事书的作者名为张宝，他根据各种景观的意境，模仿不同名家的笔法，在初集里绘成实景画 12 幅。卷首有书家成亲王永瑆题写的"游目骋怀"四字，后半部罗列作者北上旅途中获赠的题跋，题写者不乏翁方纲、胡长龄、孙星衍等辈。这一书法系列同样构成书籍里的图像。

1955 年 3 月，经济学家、历史学家朱偰曾经自陇海铁路徐州段的运河站下车，登舟沿大运河南下，最终到达杭州。他将沿途收获写进《运河南段航行记》一文，刊发在本年度的《旅行家》杂志上。数年后，朱偰撰写的《大运河的变迁》《中国运河史料选辑》等著作相继出版。

清代南巡是天子的特殊旅行，大运河则是其不可或缺的交通路径，舟船聚集的巡行场面堪比隋炀帝的运河之旅。③ 前文屡次提到的《南巡盛典》囊括前四次乾隆南巡的资料，由皇帝本人作序，两江总督高晋刻印，乾隆三十六年（1771）成书并开始流传，曾收入《四库全书》。乾隆后期，该书经续修和调整，取名《钦定南巡盛典》。起先，高晋只是整理了江苏境内的巡行情况，后来在朝中建议之下增补书籍架构。集大成式书册《南巡盛典》广收诏令、赏赐、河防、海塘、典礼、阅武、风物、奏章等方面的内容，搜集了南巡御制诗文和沿途景观，计 12 门，120 卷。第 94

---

① 吴志宏：《明代旅游图书研究》，南开大学博士学位论文，2012 年，第 56 页。
② 杨正泰：《明代驿站考（附：一统路程图记、士商类要）》，上海古籍出版社，1994 年，第 259 页。
③ 黄钧宰《南巡盛典》："苍龙负舟，赤虬夹岸，楼船先引，文鹢偕征。"［清］黄钧宰：《金壶浪墨》卷 1，清同治十二年刊本，第 3b-4a 叶。

至105卷为名胜门，共录155幅名胜绘画，每图跨两版，图文对照。这一精心绘刻的图集将高潮迭起的南巡游踪以图像形式汇编在册，涉及运河沿途北至德州、南达绍兴的大量风景。有趣的是，该图集很快受到法国人的摹绘，出现在刊行欧洲的铜版画里。[①] 河防、海塘、阅武等章节也见配图。其中，除却聚焦水利问题的河防门[②]，记录巡游路径的程途门也有与运河有关的舆图，对水上行程交代得十分详尽：去程长图里从骆马湖至绍兴的大运河段落蜿蜒伸展，回銮长图则画出从清口到德州的运道。图中的城市、祠庙、堤坝、闸口、桥梁等均呈一定的透视画法，而拼接水、陆路径的表现形式也甚属另类。

有关乾隆南巡的图集颇多，远不止《南巡盛典》配图或徐扬《乾隆南巡图》。钱维城款《乾隆南巡驻跸图》的部分画面与《南巡盛典》拥有共同的主题和构图，是了解乾隆南巡足迹的另一扇窗口。钱维城是乾隆十年（1745）的状元，兼长翰墨，作品深孚圣意。钱氏技能全面，所作山水师法董邦达，笔墨繁密，风格秀雅。特别的是，他还擅建筑画，惯于塑造恬静的园林景观，《乾隆南巡驻跸图》就是这样的例子。这套图乃彩绘册页，现存23幅，均状写江苏行宫与名胜。《康山》一页中，钱氏绘出康山草堂、扬州城垣和城外运道（图5-2-2）。康山草堂位于城内东南隅，主人江春当过两淮盐业首总，南巡期间屡次参与迎驾，捐资甚巨。这座已消失的园宅原本豪华异常，蒙乾隆帝两度造访。宅中将明初疏浚河道时遗留的土山打造成园山，《水窗春呓》称"城内之园数十，最旷逸者，断推康山草堂"[③]。康山尝归阮元，《鸿雪因缘图记》录有当时之貌。

[①] 洪潇亭、温怀瑾：《香远益清？十八世纪欧洲翻刻清代宫廷版画考析三题》，《新美术》2021年第6期，第38-44页。

[②] 有关河防舆图母本《南河图说》的讨论见席会东：《高斌〈南河图说〉与乾隆首次南巡研究》，载李孝聪主编《中国古代舆图调查与研究》，北京：中国水利水电出版社，2019年，第375-389页。

[③] [清]欧阳兆熊、金安清著，谢兴尧点校：《水窗春呓》，北京：中华书局，1984年，第72页。

图 5-2-2 《乾隆南巡驻跸图》之《康山》（清 绢本 英国大英图书馆藏）

阅水工

远巡的中国皇帝不乏其人，周穆王西巡，秦始皇、汉武帝东巡观海，封禅泰山，隋炀帝沿运河南巡临江，武则天封禅嵩山，都是为人熟知的史实。进入清代，在较长的时间里，出身游牧民族的皇族保持着北上草原围猎的传统。康、乾二帝不但分别开展过六次南巡，还另有东巡、西巡之举。南巡始自康熙二十三年（1684），止于乾隆四十九年（1784），历史影响最大。每次南巡持续两到四个月[1]，一般于上半年施行，途经直隶（今河北、北京、天津）、山东、江南（今江苏、上海）、浙江四境。康熙三巡、五巡、六巡基本全程走运河，此外，以北马、南船两种交通方式相互交接的做法

---

[1] 吴建华：《南巡纪程——康熙、乾隆南巡日程的比较》，《清史研究通讯》1990 年第 1 期，第 13-20 页。

是常例,取道大运河的里程约占半数。[①] 以大致稳定的路线为基础,南巡行程变动频仍。

诚然,比之旅行或一般的游幸,清代君王对于南巡有更加冠冕堂皇的理由。扬州天宁寺所存乾隆御制《南巡记》碑写道"南巡之事莫大于河工。"[②] 检阅河工是康熙南巡的主要出发点,也是乾隆帝效法的成例。乾隆十六年(1751),乾隆帝首次开启奉皇太后巡视江南的大规模行动。关于这次事件,《乾隆南巡图》系列作了片段式的再现。

徐扬的《乾隆南巡图》分为绢本、纸本两版,各12卷,先后完成于乾隆三十五年(1770)和四十一年(1776)。两个版本的画面略有差异,纸本藏中国国家博物馆,绢本散藏多地。这组图像追述乾隆首巡往事,创作时采选了御制诗意,诗画相映。第四卷《阅示黄淮河工》绘淮安清口枢纽(图5-2-3),鸟瞰视角下的宏大水工场景里,皇帝立于清口东岸的束

图5-2-3 徐扬《阅示黄淮河工》局部(清 绢本 美国大都会艺术博物馆藏)

清坝上,正在嘱咐对面的南河总督高斌。[③] 不远处,淮河和黄河两水相遇,清浊分明,波涛中浮动着南来北往的帆樯。画卷将现实空间略加压缩,以便展示河工:天妃坝上,惠济祠、河神庙露出高耸的屋檐和旗杆;向后展

---

① 张勉治著,董建中译:《马背上的朝廷:巡幸与清朝统治的建构(1680-1785)》,第90-91页。
② 王宏钧主编:《乾隆南巡图研究》,北京:文物出版社,2010年,第407页。
③ 同②,第249-258页。

阅画卷，地界向南推进，跨过运口拦黄坝，穿过"永庆安澜"牌坊，就到了岿然横卧的高家堰，大堤正对浩渺的洪泽湖。①

《南巡盛典》名胜门的《惠济祠》图像呈现清口，且画幅内部标有多处景物名称（图5-2-4）。这幅画对清口东岸空间做出直观表达，详细地排布了建筑元素。画面采用上北下南的构图，黄淮交汇处居左侧，右侧惠济祠等祭祀建筑及拦黄坝、三闸、高家堰等一应俱全，作者甚至以虚笔点明远方的清江浦和清江闸。与钱维城《乾隆南巡驻跸图》之《惠济祠》相比，两图结构与细节如出一辙，故知其关系密切。②此外，两幅《惠济祠》还配有雷同的长段图说，扼要地介绍了名胜信息。然而应注意的是，据《乾隆南巡驻跸图》其他文字可知，该图图说的题写时间晚于《南巡盛典》付梓。另外，综合对比《南巡盛典》和《乾隆南巡驻跸图》，对于同一景观，前者的取景范围通常更大，相应的景物标注也更多。

清口枢纽之外，《南巡盛典》名胜门的运河水利景观另有分水口和四女寺。在《四女寺》《云龙山》两图的图说中，高晋提到了乾隆帝指挥运河维护的事迹。然则，虽然乾隆帝晚年极力强调阅河之于南巡的首要地

---

① 赵元熙先生认为该卷中的场景方位有误，其说不确。赵元熙：《〈乾隆南巡图〉卷四〈阅视黄淮河工〉中的河防工程》，《议艺份子》第26期（2016年春季号），第59-73页。
② 《清高宗南巡名胜图》《江南名胜图说》所见图式亦有近于《南巡盛典》江苏名胜者。《清高宗南巡名胜图（附〈江南名胜图说〉）》，北京：学苑出版社，2001年。

图 5-2-4 《南巡盛典》中的清口

位,《南巡盛典》所收谕旨、诗文也多见对治河的关切,但是就名胜图集的构成而言,河工并非皇帝留心"观看"的绝对核心。造成这种情况的原因是多元的:第一,书籍编纂者业已单独罗列了河防舆图;第二,康熙治河奠定的基础使乾隆前期的治河压力一度减轻,三巡之前,乾隆帝固然对徐州河防用力较深[1],但在淮安,"不过敕河臣慎守修防,无多指示"[2];第三,以整个南巡的轨迹论,乾隆帝不免有耽于"眺览山川之佳秀,民物之丰美"[3]的嫌疑。

在治河的同时,日益紧迫的海塘问题也开始分散皇帝的注意力。海塘即杭州湾北岸抵御海潮的堤坝。三巡江南时乾隆帝首次亲至海宁(今海宁盐官镇)海塘,实地指挥,自此检阅海塘成为南巡的固定项目。迨至乾隆后期,修治海塘调动了国家之力,足以与治河相提并论,原来主要以柴土构筑的堤坝渐次被改造为类似河工的石塘。[4] 继《两浙海塘通志》之后编

---

[1] 徐凯、商全:《乾隆南巡与治河》,《北京大学学报(哲学社会科学版)》1990 年第 6 期,第 99-109 页。
[2] 王宏钧主编:《乾隆南巡图研究》,第 407 页。
[3] [清]高晋等纂:《南巡盛典》卷 1,清乾隆三十六年武英殿刊本,第 1b 叶。
[4] 和卫国:《治水政治:清代国家与钱塘江海塘工程研究》,北京:中国社会科学出版社,2015 年,第 162-270 页。

纂的《海塘新志》《海塘揽要》等书足够证明这一点，两书图示部分涉及对石工建造技术的细致图解，较《南巡盛典》海塘门有所进步。在政治上，浙江海塘与江苏河工的可比性既在于护卫百姓，也在于保障赋税，皇帝深知"东南财赋半出江浙钱漕，是海塘实为目前第一要务"。"临幸江浙，原因厪念河工海塘，亲临阅视"[1]，天子身先士卒，积极参与浙江治水，与前面谈到的增设镇海铁牛一样，显然有利于昭示政德。

《南巡盛典》不唯编入有关海塘的文字，图像部分也着力体现浙地水工的地位：名胜门里的海塘图景有《镇海塔院》《浙江秋涛》，海塘门、程涂门都绘制了海塘全景。海塘关乎国计民生，以图文形式跻身《南巡盛典》是必然的。《南巡盛典》海塘、程涂章节的海塘舆图中，巨龙般的堤坝据守海滨，石工上还画出符号化的个别镇海铁牛。舆图里不起眼的镇海塔其实颇具地标意义。该塔旧名占鳌塔，明代始创，康熙时易名，矗立在海宁县城外的海堤内侧。镇海塔历来是钱塘观潮胜地，《南巡盛典》名胜门之《镇海塔院》给予其特写。

海宁地扼海涯，系治水重镇，雍正时期城中大建海神庙，专祀浙海之神。《南巡盛典》名胜门收录了海宁的园林安澜园，"安澜"一名由乾隆帝于阅海塘途中御赐。代表河工的清口枢纽濒临运道，而海宁以西的海塘亦距大运河不远。从杭州延伸而来的上塘河经海宁城北的长安镇南折，偏离主运道，终在海宁城下入海。长安镇关联两段运河主道——上塘河和崇长港，曾因设有长安闸而闻名。[2] 据程涂舆图可见，乾隆四巡浙江时，到杭州前先自长安闸驶离大运河，舟行抵海宁，驻跸安澜园。随后，皇帝陆行访问了海神庙和镇海塔。

无论作为水利工程还是交通渠道，在清代南巡的过程中，大运河系统的存在感都是显而易见的。南巡船队长时间航行在大运河主道或支流中，中途"邂逅"的史迹也会引起天子的特别注意。淮安至扬州的里运河一线洪灾易发，康、乾南巡期间，队伍屡屡驻足于该段。高邮、邵伯间的运河

---

[1] 《皇朝文献通考》卷39，清文渊阁四库全书本，第27b-28a叶。
[2] 许赛君、郑嘉励：《成寻〈参天台五台山记〉中所见的长安闸坝》，载浙江省博物馆编《东方博物》第48辑，杭州：浙江大学出版社，2013年，第34-37页。

西堤上有一座露筋祠，祠堂也叫露筋奶奶庙，背靠邵伯湖，规格很小，却激起乾隆帝的兴味。二巡过此，他写出《露筋祠》诗，诗载《南巡盛典》。诗句一面赞赏露筋女神传说中蕴含的正气，一面又对故事本身的真实性表示怀疑。① 这一充满地方特色的祠庙实因米芾的字迹而蜚声宇内。北宋时，米芾沿运河行到这里，挥毫写下《露筋之碑》，引来前赴后继的拓印者。② 由于传说兴起自运河边，露筋女最终也成为水神，黄钧宰《金壶浪墨》中的《露筋祠》记：

> 陶云汀以御史巡漕，祷冰于此。翌日冰泮，北风大作，空运船全数出江。始得奏请锡封，赐名贞应。自是灵异益著。③

陶云汀即陶澍，嘉庆年间尝在露筋祠祈祷冰消，以便漕船南归，事获灵验。陶澍不单请求朝廷加封露筋女，还请朋友黄钺画下《漕河祷冰图》（图5-2-5）。他本人在画后题写了长篇记文，提到康熙帝曾为该祠题字。

图5-2-5 黄钺《漕河祷冰图》中的露筋祠（清　绢本　中国国家博物馆藏）

---

① [清]高晋等纂：《南巡盛典》卷15，第12a叶。
② 参阅朱恒夫：《露筋女传说考论》，《南京师大学报（社会科学版）》1996年第1期，第100-102页；周正亮：《米芾与〈露筋之碑〉》，《江苏地方志》2000年第4期，第54-55页。宋《宝晋斋法帖》、清《秦邮帖》收录《露筋之碑》。
③ [清]黄钧宰：《金壶浪墨》卷4，第19a页。

王世贞《水程图》见《露筋庙》一页，作者选择的是祠侧面的视角，祠前立有一碑，运道上舟楫往来。

登泰山

《南巡盛典》名胜图集大致从北向南编排景致，第一幅是《卢沟桥》。张宝《泛槎图》初集的倒数第二图为《卢沟晓骑》，最后一图为《帝城春色》。这已经表明京西陆路是南下北上的惯用路线，甚至有可能较运河更便利。乾隆南下巡阅时，所用陆路穿越直隶、山东，直到江苏淮安，其间队伍于德州城外由浮桥过大运河。渡过黄河后，队伍才改走水路，顺运河航行。北返时，选用的运河路程有可能更长，皇帝或在德州登岸，换乘车辆，而皇太后往往全程走水路，晚于皇帝还京。[1]

乾隆帝南下山东走陆路与康熙帝有一定关系。[2] 康熙首次南巡起初称作东巡，原定目的地是山东，登程后皇帝才决定视察河工，南游江浙。[3] 前往山东蕴藏着深层政治意涵：效法古帝王的巡狩，在东岳泰山举行祭祀。《康熙南巡图》第三卷便营造了康熙帝祭泰山前的庄严气氛，巍巍东岳现身绢素。以祖父为楷模的乾隆帝，不仅照例将泰山列为南巡目标之一，而且多次专程造访山东，东巡泰山。取道泰山的旅途决定了陆路规划的产生。

康熙放弃了封禅泰山这一带有强烈政治属性的典礼，而是选择登顶泰山，继而在东岳庙开展祭祀，从而将政治举动转变为文化行为。需要指出，除了山东之旅外，清代皇帝的东巡还指返回关外满族故地祭祖的活动。康

---

[1] 参阅张勉治著，董建中译：《马背上的朝廷：巡幸与清朝统治的建构（1680-1785）》，第3-4页。
[2] 陈薇等：《走在运河线上：大运河沿线历史城市与建筑研究》，北京：中国建筑工业出版社，2013年，第421页。
[3] [美]史景迁著，温洽溢译：《曹寅与康熙：一个皇室宠臣的生涯揭秘》，桂林：广西师范大学出版社，2014年，第130页；常建华：《新纪元：康熙帝首次南巡起因泰山巡狩说》，《文史哲》2010年第2期，第147-156页。

熙帝非常尊崇长白山,在东巡关外的过程中进行了遥祭,并宣称长白山是泰山的山脉源头。① 乾隆帝同样回避封禅大典,但他在泰山留下巨大的摩崖石刻文字,这种做法已然流露出接近封禅的意味。

靠近泰山之巅的大观峰的垂直岩面上,刻有唐玄宗封禅泰山后亲自书写的《纪泰山铭》,隶体涂金大字气势夺人。② 早在首次南巡前,乾隆帝于十三年(1748)第一次来到泰山,是年他的《咏朝阳洞》以摩崖题刻的形式问世,每个字高约1米,通高达到20米,凌越了《纪泰山铭》的尺度。尽管乾隆帝本人拒绝封禅,而且谦逊地说,"造极至今凡六次,无他只谢愧心虔"③,当时仍然有观点将他的浩大举动看作封禅。为官山东的郑板桥参与筹备了天子的泰山巡游,为此他自刻一枚印章,印文便作"乾隆东封书画史"。④

时隔九年,乾隆在第二次南巡期间,于去程取道泰安,再登泰山。《南巡盛典》名胜门之《泰岳》揭示的正是此番访岱时皇帝眼中的圣山全貌(图5-2-6)。在这幅精彩的版印绘画中,自山麓至峰顶,沿南侧山道分布的建筑和景物被详细地标注出来。山道一线的红门、南天门和山顶的碧霞宫、玉皇顶等建筑之余,东天门、西天门、日观峰、月观峰等标志性地点和景点也得到清晰的标示,这使得整座大山以秩序分明、结构完满的形式耸立在读者面前,既具威严,又藏奇趣。摩崖题刻以注文表现,碧霞宫旁的"御碑"表示靠近《纪泰山铭》的乾隆御诗《夜宿岱顶作》,朝阳洞旁的"万丈碑"表示布列绝壁的《咏朝阳洞》。

《泰岳》画面后,《南巡盛典》更是接连以《红门》《玉皇顶》《朝阳洞》《岱顶行宫》《岱庙》等图对泰山上下的重点区域逐个作出交代。如此浓重的笔墨充分突显五岳之首的文化意义与自然风韵。由此我们也愈加深刻地意识到,在康乾南巡之路上,泰山实在是难以绕过的一程。乾隆帝访

---

① 刘兴顺:《泰山国家祭祀史》,济南:山东人民出版社,2017年,第346-351页。
② Robert E. Harrist Jr., *The Landscape of Words: Stone Inscriptions from Early and Medieval China*, Seattle and London: University of Washington Press, 2008, 249-260.
③ [清]金棨辑,陶莉、赵鹏点校:《泰山志》,济南:山东人民出版社,2019年,第48页。
④ 卞孝萱:《从〈清实录〉看郑板桥》,载于云瀚、宋晓芹编《郑板桥研究文集》,北京:文化艺术出版社,2014年,第133页。

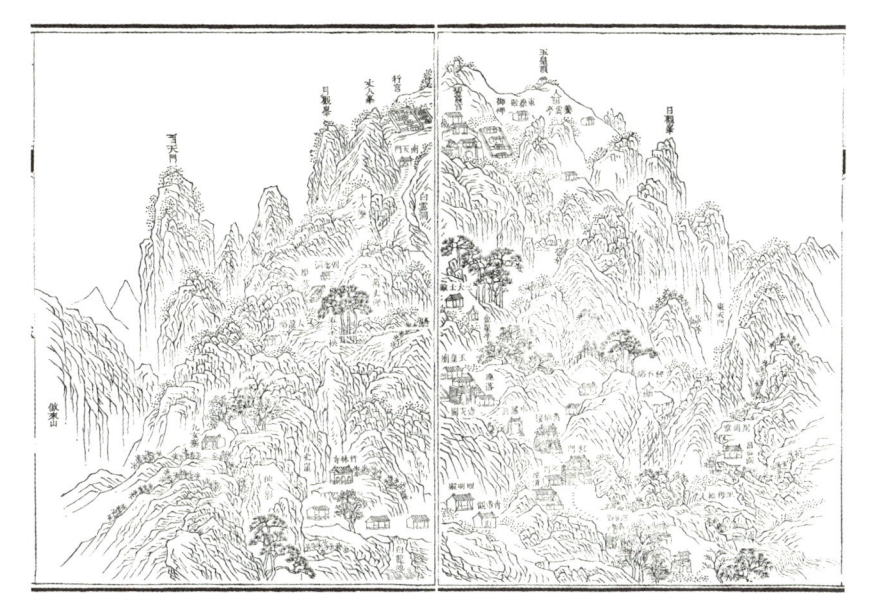

图 5-2-6 《南巡盛典》所见泰山全景

岱也有可能发生于南巡返程,而将北上运河航行与名山胜游结合起来的计划已有前例。明末,张岱的父亲任职兖州,他两次顺着大运河从故乡绍兴前去鲁地。到兖州后,他乘机拜谒曲阜孔庙,攀爬泰山。泰山是张岱名字的来源,其《岱志》如此写道,"泰山元气浑厚,绝不以玲珑小巧示人,故无洞府,无邃壑"[①]。

金石学家黄易的足迹微妙地联结了治河与访山。乾嘉之际,黄易在山东管理运河事务,经历过乾隆南巡,表现优异。闲暇时间他锐意搜求鲁地石刻,将所得辑入《小蓬莱阁金石目》。作为艺术家,他用绘画《岱麓访碑图》叙述了其在泰山经石峪、大观峰、王母池等地探访摩崖石刻的行迹,尽管图像并非全然出自实地经验。[②] 经石峪在泰山南道斗母宫以东不远,因巨型摩崖北齐《金刚经》而得名(图 5-2-7)。这是在末法思想下刻成的一处气势磅礴的佛教经文,因岩雕凿,连属成篇,至今残存一千

---

① [明]张岱著,夏咸淳辑校:《张岱诗文集》,上海古籍出版社,2014 年,第 240 页。
② 施安昌:《黄易〈岱麓访碑图〉》,《紫禁城》1987 年第 3 期,第 16-18 页;薛龙春:《古欢:黄易与乾嘉金石时尚》,北京:生活·读书·新知三联书店,2019 年,第 199-203 页。

余字，每字高 50 厘米左右。石经延展在缓和的岩坡表面，远离人寰，朝向天穹，与溪流、山岚为伍。山东运河周边规模不等的北朝摩崖较多，黄易考察或著录过的还有邹城四山、汶上水牛山等处刻经。

图 5-2-7　泰山经石峪

灵岩寺是泰山以北古道旁的名刹，唐高宗携皇后武则天封禅泰山前夕，在此停驻，随后寺中大起殿堂、造像。[①] 自北京南下至泰安，必经灵岩寺。寺址藏身空谷中央，岩奇泉秀，王世贞有言"灵岩是泰山背最幽胜处，我辈登泰山而不至灵岩者，不成游也"[②]。《南巡盛典》名胜门所见灵岩寺在泰山前一页，名《灵岩行宫》，实际描画了整个山谷。灵岩寺居西侧，寺中有八面九级的辟支塔，北宋创建。行宫居东侧，前方崖壁下的小亭中，存放着传世古物"铁袈裟"，《岱麓访碑图》也含此景。铁袈裟实乃唐代佛教巨像孑余，郑岩先生的近著就缘起于这件饶有趣味的"碎片"。抬眼展望，山谷北面的峰岭上，跃然欲飞的巢鹤峰和状如老僧的朗公石遥相对峙。

告别泰山，继续往南走，乾隆帝会路过孔子故里曲阜。继泰山诸图之后，《南巡盛典》名胜门收录的曲阜景观有《孔庙》《孔林》等。祭孔子、观礼器也是继承自康熙帝的南巡传统，康熙帝第一次驾幸曲阜的情况在衍圣公孔毓圻编纂的《幸鲁盛典》中能够读到。康熙二十五年（1686）四月，一方总重万余斤的御制碑石自京师起运，经大运河送到张秋，而后车载抵

[①] 郑岩：《铁袈裟：艺术史中的毁灭与重生》，北京：生活·读书·新知三联书店，2022年，第 43-49 页。
[②] [清] 马大相编，王玉林、赵鹏点校：《灵岩志》，济南：山东人民出版社，2019 年，第 164 页。

曲阜，耗时一年有余。①此碑即今十三碑亭第三亭中的"修建阙里孔庙碑"。乾隆帝于三十六年（1771）五临阙里后，向孔府颁赐了"商周十供"②。这组包含部分先秦铜器的祭器完好地保留至今，现藏曲阜孔子博物馆。

在走向方面，历次乾隆南巡设定的山东路线较其他区段出入更大。最主要的变化是，自四巡开始，皇帝北返时循运河直趋德州，故而，济宁成为迎接回程队伍的首座山东运河城市。《南巡盛典》名胜门中，《太白楼》《南池》均构建了运河浪涛映衬下的济宁城。南城墙横亘在远景里，宽阔的大运河流淌在近处，注有"运河"字样，景象十分壮丽。城与河共存的情景又可在王世贞《水程图》中见到，其《济宁》一页精练地勾勒出运道及其附近的太白楼、东大寺。

唐宋以来，大运河构成伊斯兰教的传播路径。③运道沿线清真寺众多，济宁城东南侧的顺河东大寺就是突出的实例。该寺后殿等使用了高规格的黄、绿琉璃瓦，今天犹能辨认。第一次来到济宁的乾隆帝心情不错，在城南运河一带乘兴骑马游观，赋诗良多。④太白楼对岸的东大寺应该也在乾隆帝驻足的范围之内，天子驾临令这座本就气度不俗的清真寺光彩益增。⑤（图5-2-8）

图5-2-8 济宁东大寺与运道

---

① 王小隐:《圣迹导游录》，兖州：迈园书库，1935年，第99页。
② 孔维亮:《乾隆帝曲阜祭孔与颁赐"商周十供"》，《文物天地》2020年第5期，第12-17页。
③ 乔梁:《运河沿线的清真寺》，《中国文化遗产》2006年第1期，第46-49页。
④ 《南巡盛典》之御制《过济宁州》："州城雄枕运河滨，珠勒徐驱觐万民。"[清]高晋等纂:《南巡盛典》卷35，第17a页。
⑤ 参阅刘致平:《中国伊斯兰教建筑》，乌鲁木齐：新疆人民出版社，1985年，第80-91页；王志民主编:《山东省历史文化遗址调查与保护研究报告》，济南：齐鲁书社，2008年，第578-580页。

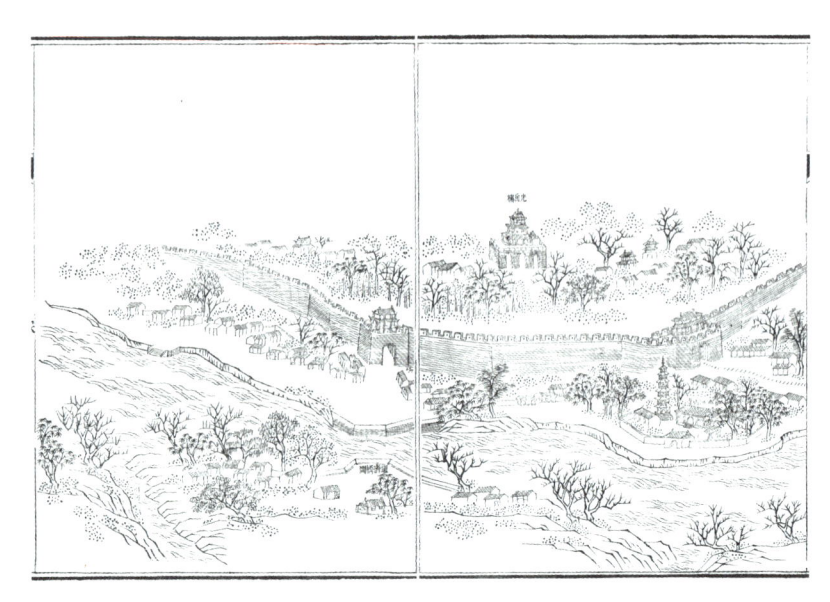

图 5-2-9 《南巡盛典》中的运河与聊城

　　沿山东运河北返，下一座大型城市是东昌府，也就是聊城。《南巡盛典》名胜门的聊城图像名《光岳楼》，也作运河、城垣前后组合的构图（图 5-2-9）。自城东流过的大运河设有通济闸，毗邻运道的隆兴寺铁塔立在画面右侧，城池中心的鼓楼光岳楼突兀拔群，浑如山峰。该楼虽屡经修缮，迄今保持明初始建时的形制，平面作正方形，楼屋系多层檐、十字脊结构。所谓光岳，"取其近鲁有光于岱岳也"[1]，致敬了城东方向的五岳之尊泰山。泰山距离大运河航线不算太远，靳辅《京杭运河图》在山东运河区段的远景里涂染出苍翠、雄伟的泰山，而且标出了一些显要物象。《南巡盛典》程涂门的回銮长图也见光岳楼形象及其文字标注。光岳楼一景在《南巡盛典》中的隆重登场无疑又一次点明圣山瞻礼之于山东巡行的文化分量。

---

[1] 李泉、王云：《山东运河文化研究》，济南：齐鲁书社，2006 年，第 117-118 页。

泛西湖

阅毕河工，南下的乾隆队伍沿着大运河继续前进。靠近扬州城时，行程显得轻松起来，各种类型的园景即将纷至沓来。而当船队自瓜洲驶入长江时，地理意义上的江南遥遥在望，杭州、江宁、苏州三座都会已做好迎驾的准备。

这三城的独幅名胜画面在《南巡盛典》中所占比例很高，分别达到44、22和17幅，此外，独有扬州占18图，超过了十幅。杭州之所以独占40余图，关键在于西湖及周边群山景点丰富，西湖十景便一一在册。[①]

《南巡盛典》名胜门里有关江苏的图集最早完成，由两江总督高晋主持绘刻，于乾隆三十三年（1768）进呈，其余图像在随后的两年内补齐。浙江名胜由曾纂《幸浙盛典》的熊学鹏牵头编辑，体例参照江苏部分，但集中表现为杭州风物，杭城外的景致仅有嘉兴烟雨楼、海宁安澜园、绍兴兰亭等六处。因为全书是在高晋的统筹下归并成形的，江、浙名胜图像的构图模式与用笔风格都非常吻合。[②] 除却行宫，这些图像的原型基本是园林、寺院和自然山水。描画山水树石的笔墨细腻而不失章法，佳作颇多。可有意思的是，翻阅各幅画作，几乎不见人物，犹如空镜，与《姑苏繁华图》《乾隆南巡图》比照，大异其趣。

在清代的江苏，两江总督驻江宁，江苏巡抚驻苏州，两城若双子星般并耀。于沧浪亭、狮子林等城中园亭之外，苏州诸图还囊集西郊胜迹，部分场景在徐扬《姑苏繁华图》里已经露面，例如灵岩山、石湖、虎丘。据地理格局容易看出，苏州城以西的胥江、山塘河等大运河主道或支流串联了郊外的山水空间，建立了皇帝巡行姑苏的总体脉络。这也恰是《姑苏繁

[①] 时间、内容接近的图集见翁莹芳：《国家图书馆藏三种浙江名胜图述要》，《文津学志》第16辑，北京：国家图书馆出版社，2021年，第182-190页；[清]陆尊书等绘：《浙西胜览全图·浙江名胜图说》，杭州：浙江古籍出版社，2020年。

[②] 认为上官周参与《南巡盛典》制图的观点不确。王稼句：《沧浪亭随笔》，载氏著《怀土小集》，上海辞书出版社，2016年，第51-52页；罗礼平：《上官周"宫廷画家"身份考辩》，《福建论坛（人文社会科学版）》2014年第5期，第88-94页。

华图》构建其视觉叙事逻辑的根基。而在《乾隆南巡图》之《驻跸苏州》中，徐扬调整了取景方向，采用自东北向西南的固定视角，便不能照顾西南郊的景色了。

作为江南巡行的重要目的地，江宁只出现在乾隆帝的回銮旅程中。早在康熙时期，江宁织造曹寅一度是参加接驾的骨干官员。曹寅被推测为红楼梦作者曹雪芹的祖父，史景迁先生还谈到，《红楼梦》中"元妃省亲"的情节可能移植自康熙南巡的实况，作者用曲笔记录了江宁曹家在南巡期间蒙受的恩遇。[①]江宁并不从属大运河路线，由《南巡盛典》程涂门可见，乾隆帝自浙江北返，行至镇江时，切换水路为陆路，一路西行抵达金陵城。这一程先按下不表。

跟随《乾隆南巡图》第七卷里的御舟，我们离开苏州，渐近浙江首府杭州，转入第八卷。这一卷的画面围绕西湖构图，其中天子正乘马巡游于苏堤。渡钱塘江，赴绍兴，祭禹陵仅见于乾隆首巡江南，自二巡开始，杭州恒为终极目标。襟江带湖的杭州形势奠定了人文与自然巧妙融合的无边风色，足够留住皇帝多待些时日。《南巡盛典》程涂门的去程长图终止在钱塘江，读到这里，画幅中的图文内容忽然充实起来，浮现出来的杭州湖山带有鲜明的实景画性质。穿插在现场的景点名称颇为密集，如目录般预告了名胜门的详图。

流连杭城内外，话题自然不离南宋。南宋都城临安的布局因地制宜，颠覆了传统都城的规制。[②]关于当时依山而建的宫阙，南宋宗室赵伯骕的《万松金阙图》透露出些许王气。宫室遗韵可在西湖边的凤凰山找到。凤凰山南临钱塘江，东依贴近城市南沿的大内，从咸淳《临安志》之《皇城图》可以发现，实质上这座置身皇城内部的山峰又形成宫殿所倚靠的制高点。[③]因而，它被接纳为宫苑的一部分，庞大的园山遂为皇族成员提供了

---

① [美]史景迁著，温洽溢译：《曹寅与康熙：一个皇帝宠臣的生涯揭秘》，第149-153页；马以工：《石头记的虚幻与真实：重读红楼梦》，新北：联经出版事业股份有限公司，2019年，第9-21页。
② [美]段义孚著，赵世玲译，周尚意校：《神州：历史眼光下的中国地理》，北京大学出版社，2019年，第174-175页。
③ [宋]潜说友等纂修，[清]汪远孙等校：《临安志》卷1，清道光十年刊、同治六年补刊本，附图。

从宫中俯瞰西湖和钱塘江的神奇视角。

凤凰山顶一带又是赏月的好地方。在临近山顶的平坦地带，以原生奇石为核心设计的园景包括月岩、排衙石等。月岩是簇拥游人的一组山岩（图 5-2-10），岩中有一小孔，特定时分可透出月光；排衙石是分列路旁的两组石峰，稍经人工打理，均化作山间的"假山"。①《南巡盛典》名胜门之《凤凰山》（图 5-2-11）形象地传达了皇帝眼中的前朝宫苑，图说写道："从此经月岩登高峰，顶平似掌，烟岚攒拥，奇胜罕匹。中为排衙石，再上为四顾坪。"②画中澄观台院落的前方，两行石头涌出地面，即为排衙石。其右下方跨书缝的一组怪石是月岩，中间夹着山径石阶。值得玩味的是，《临安志》的《京城图》里，宋人特意用山巅的四个小方框表示"排牙石"的形象。③

乾隆帝游历的杭州山水里，与运河水系连通的西湖分量尤重。《南巡

图 5-2-10　杭州凤凰山月岩

---

① 鲍沁星：《南宋园林史》，上海古籍出版社，2016 年，第 64-84 页。
② [清] 高晋等纂：《南巡盛典》卷 105，第 12a 叶。
③ 姜青青：《宋本〈咸淳临安志·京城图〉札记三则》，载包伟民主编《中国城市史研究论文集》，杭州出版社，2016 年，第 457-460 页。

图 5-2-11 《南巡盛典》所见凤凰山

盛典》称："西湖四面环山，俯映碧波，圆莹若镜，胜迹甚多。"① 名胜门所含西湖十景紧接着《杭州府行宫》出场，奠定浙江之旅的水景氛围。西湖拥有灿烂的图像史，自其繁盛以来，便不断有人摹写这一天然图画。李嵩款《西湖图》采取自杭州城方向俯瞰全湖的视角，画中南岸的雷峰塔与北岸的保俶塔两相呼应，缺一不可。晚明以来，流传着这样的比喻："湖上两浮屠，雷峰如老衲，宝石如美人。"当时，雷峰塔已呈木构毁失的状态，但这并不影响它自成一景，充满历史感的砖构在绘者笔下频频得到如实的刻画。② 《南巡盛典》就是如此。

明清之际，对南宋盛况的追忆和对当世太平的渲染一齐见于图像创作。前者有《宋朝西湖图》《西湖清趣图》等例，后者案例不胜枚举，宫廷、地方官府、文人阶层和民间社会均有参与。③ 董邦达多次为乾隆帝描绘西

① [清]高晋等纂：《南巡盛典》卷105，卷尾第1b叶。
② 吴雪杉：《雷峰夕照："遗迹"的观看与再现》，《故宫博物院院刊》2019年第1期，第59-76页。
③ 参阅邵韵霏：《重现南宋临安——〈西湖清趣图〉的时代、视觉性与历史性》，《美术》2022年第1期，第99-107页；王双阳：《西湖图像志》，杭州：中国美术学院出版社，2018年，第48-165页。

湖，皇帝首次南巡前，展阅董氏的《西湖十景图》长卷，在题跋中表达了期待之情。乾隆后期，供奉内廷的关槐作《西湖图》（图 5-2-12），他选择接近版画的构图方式，画幅略呈正方形，较直观地再现了西湖全貌。湖中的南北长堤犹如一串玉带，杨柳依依，桃花绽开，春光中横陈着一排带亭石桥。关于十景之一"苏堤春晓"，这幅设色作品的表现较《南巡盛典》所见图景更加传神。循着孤山看向湖水东岸，城池探出一角；展望湖面对岸，云岭之下灵隐寺、飞来峰若隐若现。

西湖十景中的三潭印月有待水面之上的观看。这道风景线濒临西湖水面中心的岛屿小瀛洲，实体是波心中三足鼎立的瓶形小石塔，想要亲近，必须登舟。《南巡盛典》程涂门提到乾隆帝舟行来游此地，而名胜门画作则明白地诠释了岛与塔的组合关系（图 5-2-13）。每当月影倒映湖面时，

图 5-2-12　关槐《西湖图》（清　绢本　台北故宫博物院藏）

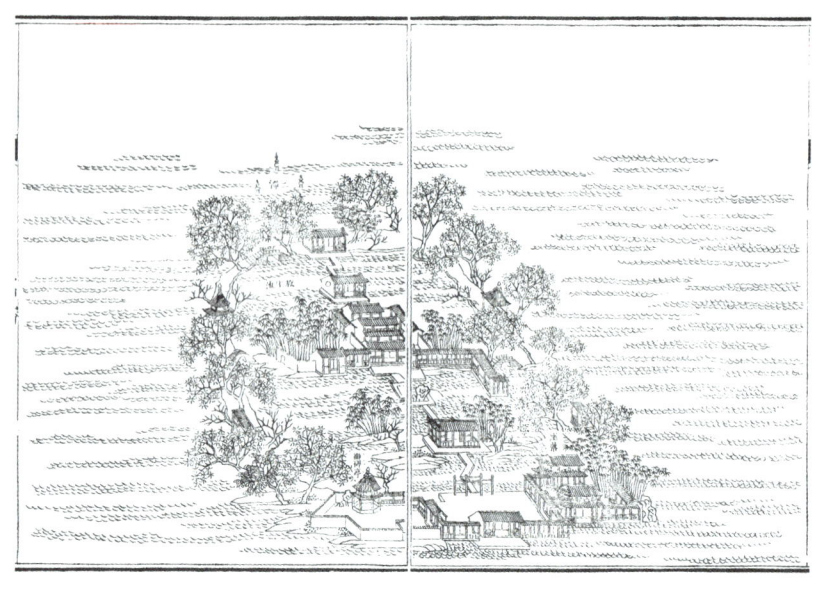

图 5-2-13 《南巡盛典》之《三潭印月》

乘船路过这里，或自岛上观看，意境分外静美。小瀛洲托名仙岛，实际却称得上特别的园林：陆地的平面大体作"田"字形，岛内有岛，湖中有湖。岛的内部，东北、西南走向的道路以曲桥实现，南端靠近三塔的位置，现有"我心相印亭"。亭中设洞门和空窗，与三塔构成对景，适合白天登岛瞻顾。

随着时代迁移，出现过许多版本的十景。即使是同一所指，实物和意境本身也必定发生变化。吴自牧《梦粱录》云：

> 近者画家称湖山四时景色最奇者有十，曰苏堤春晓、曲院荷风、平湖秋月、断桥残雪、柳浪闻莺、花港观鱼、雷峰夕照、两峰插云、南屏晚钟、三潭印月。[1]

顾名思义，十景容纳的空间和时间范围极广，不仅环湖一周，而且遍及四季。除了视觉上能感知的动态对象外，其中还涉及触觉和听觉，如

---

[1] [宋]吴自牧：《梦粱录》，杭州：浙江人民出版社，1984年，第106页。

"曲院荷风""南屏晚钟"。吴自牧所说的"近者画家"启示了当年十景和绘画的间接关系,有幸的是,目前尚能看到南宋绘画《西湖十景图》。①这套册页出自叶肖岩,清代归内府所有,乾隆帝曾逐一作诗题咏。从叶肖岩所绘三潭印月可知,今景较为忠实地维持着原始样貌。

图 5-2-14　叶肖岩《西湖十景图》之《三潭印月》
（南宋　绢本　台北故宫博物院藏）

（图 5-2-14）

从游山到泛舟,《南巡盛典》名胜图集截取了乾隆帝在杭州的零散踪迹,书中的诗文序列则全面地表露了他的心迹。乾隆帝在杭州留下连篇累牍的诗作,对西湖十景中的每一景均多次题咏。尽管并非每首诗都确系御制,但是它们至少经过了皇帝的遴选。刻写在现场的文字也会转变成图像,召唤着包括作者本人在内的未来观者的注意。《南巡盛典》之《南屏晚钟》注出净慈寺前的御诗碑。原碑不存,根据资料,这块碑刻载康熙帝所题景名,乾隆首巡和二巡时加题了诗句。两诗录在《南巡盛典》天章门,均为七言绝句。②从钟声意象出发,诗意与运河行旅建立起联系:第一首诗化用唐人张继的句子"姑苏城外寒山寺,夜半钟声到客船",写道"却忆姑苏城外泊,寒山听得正三更";第二首诗既承接其本人旧作的韵脚,又呼

---

① 王双阳、吴敢:《从文学到绘画:西湖十景图的形成与发展》,《新美术》2015 年第 1 期,第 67-69 页。
② [清] 高晋等纂:《南巡盛典》,卷 9 第 10a 叶,卷 17 第 10b 叶。

应唐诗"月落乌啼霜满天",写道"唐宋至今诸物改,霜天惟此未曾更"。显然,结合南巡图像、文字和实物材料,我们能够走向细节更加清晰的历史叙述。

康、乾二帝的在杭经历实在过于辉煌,以至沈德潜、梁诗正等人精简雍正《西湖志》,增补与乾隆南巡有关的最新图文,便得《西湖志纂》一书。两书中的西湖组图在一定程度上铺垫了《南巡盛典》浙江图集的编纂。结束在杭州和海宁的考察,乾隆帝将重新回到大运河,自水路北返。从嘉兴到镇江的一段路上,他将重访来程所历运河景观,例如烟雨楼、虎丘、惠山等,直至登陆镇江,向西投江宁而去。这意味着一段全新旅途的开启。

江宁虎踞龙盘,城池富丽,雄姿已见于《南都繁会图》《康熙南巡图》等明清绘画巨制,《南巡盛典》所涉江宁图像亦尽显六朝旧都风流。天子船队回銮时路过的燕子矶就具有不同寻常的气势。这座屹立于长江边的陡峭山峰形如飞燕,《南巡盛典》名胜门之《燕子矶》绘出这种山势。《康熙南巡图》第十一卷定格了康熙帝离开江宁的瞬间:浩浩荡荡的船队张帆顺流而下,东返运河航线,御舟过了燕子矶,正行驶在大江惊涛深处(图5-2-15)。[1] 视线沿山崖向右移动,观者能在上述两幅图像中找到一处附着险峻崖壁的寺院——永济寺。和西湖诸景相似,永济寺也是乾隆帝写仿江南行为中的模拟对象,清漪园内复刻而成的景点取名赅春园。[2]

乾隆朝之后,以旅行景观为主题的图集屡有出版。梳理碎片化个人踪迹的图书受到流传开来的《南巡盛典》的刺激,张宝的《泛槎图》和麟庆的《鸿雪因缘图记》均属其例。在《泛槎图》里,张宝将自己实地观赏的天下奇景大观绘图结集,对于未能身临的名山遗珠,他也借助现有图像进行摹绘。该书多半刻印于广州,工艺精湛,有的版本里,印制的山水还被加以手工涂染,以求更生动地塑造雪景[3]。郑振铎《中国古代木刻画史略》

---

[1] 聂崇正:《〈秣陵秋色图〉和〈康熙南巡图〉》,载氏著《清宫绘画与画家》,北京:故宫出版社,2019年,第60-67页。
[2] 张龙、雷彤娜:《清漪园赅春园写仿金陵永济寺史实考》,《建筑学报》2015年第12期,第6-11页。
[3] 见二集《恒岳积雪》。

图 5-2-15 《康熙南巡图》里的燕子矶与南巡船队（清　绢本　故宫博物院藏）

认为，该书"图刻得相当精，远在《南巡盛典图》之上，因此是有设计有经营的创作，而彼则只是'但求无过'之作也"[1]。

事实上，经图像对读可知，《泛槎图》的多幅画作在构图上近似《南巡盛典》名胜门，如初集之《燕子风帆》、二集之《虎阜纳凉》、三集之《邓尉香雪》、四集之《栖霞临碑》等。这些图像的完成应参考自《南巡盛典》或相关的同源图集。晚明以来兴起旅行与刻书热潮[2]，《海内奇观》《太平山水图》等书籍也会给予张宝灵感。麟庆读到了前辈张宝的《泛槎图》，《鸿雪因缘图记》在累积的影响下最终被制作出来。

历史上，大运河沿线的诸多城市是著书、刻书、售书重镇。在明清时代的各种旅行中，五花八门的书追随着舟楫，于运河流域广泛传播开来。

---

[1] 郑振铎编著：《中国古代木刻画史略》，上海书店出版社，2006 年，第 206 页。
[2] [美] 何瞻著，冯乃希译：《玉山丹池：中国传统游记文学》，上海人民出版社，2021 年，第 191-192 页；石守谦：《山鸣谷应：中国山水画和观众的历史》，上海书画出版社，2019 年，第 262-271 页；王伯敏：《中国版画通史》，石家庄：河北美术出版社，2002 年，第 165-166 页。

结语

流变之景

在漫长的时间线上审视大运河，其河道历经延伸、拓宽、位移和增减。而在较短的时间周期内，伴随气候转换、时令更迭或潮汐往复，大运河的水位、流速乃至流向也富于变数，冰冻、淤垫、泛溢等状态亦在部分区段频繁出现。归根究底，就内部因素而论，正是水的活跃性决定了大运河多变的面向。

河流是塑造大地的工具。中国大运河及其外沿穿越广阔的空间，运道在自身不断嬗变的同时，也与周边的地形及水体进行着交互作用。当然，区别于多数河流，大运河自诞生以来即处在持久而有力的人为调控之下。故知，自然和社会的双重影响深刻左右着大运河的变迁。

人与水的长期对话派生了缤纷的人文景观。在大运河体系里，道路、聚落、墓葬、水利工程、政治空间、祭祀场所等各种社会构成常与河道保持密切关系，跨区域的交流和层累式的建设令运河气象日新月异。以本书所举案例为切入点，我们主要观察到城市和陵墓规划，桥梁和园林营造，河工修筑与管理等历史细节。通过文献、绘画、建筑实体、景物遗迹以及它们提供的视觉、空间信息，笔者尝试围绕大运河铺陈历史叙事，对其图像和景观的"观看"构成各章节的主题。每一小节依托特定的时代、地域或问题建立叙事脉络，基本覆盖了隋以后的所有朝代。

需要指出，大运河景观并非从来就是被观看的焦点。即使在清代，尽管直接记录大运河的古代舆图蕴藏着艺术手法和视觉趣味，体现出对长河与大地的具象想象，但是这些图像首先服务于治水、漕运、巡幸等方面的目的。它们原先都不属于艺术作品，更缺乏广泛流传的客观环境。不过，中国文化中素有欣赏山水的传统。

"仁者乐水"，以哲学之眼观看水至少能追溯至大运河草创时代的孔子。巧合的是，后世在徐州吕梁洪重构了孔子观逝川的故事，而泗水故道中的吕梁洪曾被用作京杭大运河主道。关于早期历史里对河流的审美，据庄子《秋水》可略见一斑："秋水时至，百川灌河。泾流之大，两涘渚崖之间，不辨牛马。于是焉河伯欣然自喜，以天下之美为尽在己。"这里，作者已经借助河伯的内心活动将黄河的壮美揭示出来。及至近世，画作里水的意象比比皆是。南宋画家马远专门绘《水图》12幅，从"寒塘清浅"到"云生沧海"，极力状写了自然界的丰富水景。

中国园林叠山理水，并把水与多种人造物联系起来，设计了独特的物象及观景方式。园林里惯见在视觉上模拟船的造景手法：建造临水的舫式建筑或平地上的船厅，从而突显水韵。在我的故乡附近，有一座始创自明代的园林，称为水绘园，清乾隆时期，园内所建水明楼就宛似一艘画舫。水绘园又名水绘庵，曾是名士冒辟疆的住所和士人雅集之地，陈维崧的《水绘庵记》描述道"南北东西皆水绘"[①]，这种理解正契合晚明兴起的在园内融入画意的理念。"水绘"启迪游人以观画之心观水，推而广之，当我们以类似角度观照大运河体系时，则无论总体还是局部景观都可视为特殊的图画。

大运河的"图画"以水为基调，几乎包罗人间万象。一如《林泉高致》所谓山水[②]，这些画中有可行、可望的地界，也有可游、可居的妙境。地面以外，作为不可或缺的视角，船提供深入运河的路径。它体现为航行在运道上的风帆，游弋在大江南北的书画船，摇动于城池内外的棹桨，穿梭于石桥下的扁舟，凝固在庭园深处的石舫，奔忙于河工左近的小艇，抑或隋炀帝的龙舟、张岱的夜航船、乾隆帝的安福舻、李斗的画舫等。而船本身又是人们司空见惯的运河一景，诸如张择端《清明上河图》里的樯橹、张宏《闽关舟阻图》里的舟群、《京杭运河图》里的漕船以及张宝《泛槎

[①] 陈从周、蒋启霆选编，赵厚均注释：《园综》，上海：同济大学出版社，2004年，第84页。

[②] [宋]郭熙：《林泉高致集》，载于安澜编著，张自然校订《画论丛刊》第1册，开封：河南大学出版社，2015年，第43-44页。

图》里的孤帆。正是由于人类驾驭的船的存在，有形的物质移动与无形的文化传播才得以实现，大运河也才称得上交通动脉与总体空间。

从大运河遗产和图像出发进行研究，首要工作是对实物的原真性与绘画的写实性加以甄别，因而相关讨论依赖多元史料的支撑。考虑到物质遗存的完整程度和图像创作的具体初衷，我们无法建构大运河景观通史，也不必为以图证史的奢望而困惑。艺术史应当博采其他学科的学术硕果，贡献多层面的形式与视觉分析，由此产生对大运河历史的新观察和新解释。

不管怎样，我们对运河旧迹和往事的讲述都是今人的回眸。大运河入选世界遗产之际，人们认同中国的大运河是世界上最长、最古老的人工水道，也是工业革命以前规模最大、范围最广的土木工程项目，集中反映了中国人管理水资源的智慧、勇气和决心。当然，中国大运河不是世界遗产里唯一的古代运河。在这份荣誉名单上，还包括法国米迪运河、比利时中央运河、加拿大里多运河、英国庞特基西斯特水道桥与运河以及荷兰阿姆斯特丹17世纪运河区。这些分布在地球不同位置的水利杰作，现在和中国大运河一样，吸引着前赴后继的参观者。在人类文化遗产的队伍中，它们同样因水的流动性而光芒闪烁。

在地球这颗一半以上的表面由水构成的蓝色星球上，水无疑是最值得珍视的资源之一。自古及今，包括运河在内的容纳并供给水的河流滋养着人类文明。中国大运河所聚拢的历史和艺术提醒我们，人们在自己创造和经营的河流里倾注了何等复杂的情感，其中，重叠着功与过、喜与忧、生与死。2000余岁的大运河倒映出流变的图景，幸运的是，我们依然把握着重塑这道风景的机会。

图片来源

图 1-1-1　本书著者制图，参考《求是》2019 年第 15 期，第 52 页。

图 1-1-2　中国社会科学院考古研究所：《隋唐洛阳城：1959-2001 年考古发掘报告》，北京：文物出版社，2014 年，第 13 页。

图 1-1-3　扬州市文物考古研究所：《广陵遗珍：扬州出土文物选粹》，南京：江苏凤凰美术出版社，2018 年，第 102 页。

图 1-1-4　上海博物馆：《宝历风物："黑石号"沉船出水珍品》，上海书画出版社，2020 年，第 203 页。

图 1-1-5　扬州市文物局：《韫玉凝晖：扬州地区博物馆藏文物精粹》，北京：文物出版社，2015 年，第 39 页。

图 1-1-6　王春法主编：《舟楫千里：大运河文化展》，北京：时代华文书局，2020 年，第 99 页。

图 1-2-3　北京市颐和园管理处等：《明珠耀"两河"：西山永定河与大运河文化带中的颐和园》，北京：国家图书馆出版社，2019 年，第 163 页。

图 1-2-5　王春法主编：《舟楫千里：大运河文化展》，第 207 页。

图 1-2-6　张道梁：《天津年画百年》，天津人民美术出版社，2004 年，第 23 页。

图 1-2-10　Liao Pin ed., *The Grand Canal: An Odyssey*, Beijing: Foreign Languages Press, 1987, 101。

图 1-2-16　Liao Pin ed., *The Grand Canal: An Odyssey*, 162。

图 1-2-17　本书著者制图，参考阮仪三主编：《江南古镇》，上海画报出版社，2000 年，第 10 页。

图 2-1-3　周宝珠：《〈清明上河图〉与清明上河学》，开封：河南大学出版社，1997 年，图片 3。

图 2-1-5　陈明达著，丁垚等整理补注：《〈营造法式〉辞解》，天津大学出版社，2010 年，第 246 页。

图 2-2-2　[美] 高居翰著，李佩桦等译：《气势撼人：十七世纪中国绘画中的自然与风格》，北京：生活·读书·新知三联书店，2009 年，第 28 页。

图 2-2-8　刘敦桢主编：《中国古代建筑史》，北京：中国建筑工业出版社，1980 年，第 170 页。

图 3-1-2　梁思成：《〈图像中国建筑史〉手绘图》，北京：新星出版社，2017 年。

图 3-2-3　中国建筑技术发展中心建筑历史研究所：《浙江民居》，北京：中国建筑工业出版社，1984 年，第 25 页。

图 3-2-6　刘潞、[英]吴芳思编译：《帝国掠影：英国访华使团画笔下的清代中国》，北京：中国人民大学出版社，2006年，第39页。

图 4-1-5　刘敦桢：《苏州古典园林》，北京：中国建筑工业出版社，1979年，第393页。

图 4-1-9　刘敦桢：《苏州古典园林》，第354页。

图 4-2-6　杭州西湖博物馆：《历代西湖书画集（一）》，杭州出版社，2010年，第206-207页。

图 4-2-12　扬州博物馆、扬州市历史文化名城研究会：《扬州园林甲天下：扬州博物馆馆藏画本集粹》，扬州：广陵书社，2003年，第35页。

图 4-2-14　清华大学建筑学院：《颐和园》，北京：中国建筑工业出版社，2000年，第13页。

图 4-2-19　刘敦桢：《苏州古典园林》，第146页。

图 5-1-2　谭徐明、王英华、李云鹏、邓俊：《中国大运河：遗产构成及价值评估》，北京：中国水利水电出版社，2012年，第72页。

图 5-1-5　南京博物院：《大运河碑刻集（江苏）》，南京：译林出版社，2019年，第12页。

图 5-1-13　[清]麟庆著，[清]汪春泉等绘：《鸿雪因缘图记》，北京：国家图书馆出版社，2011年，第476页。

图 5-2-5　王春法主编：《舟楫千里：大运河文化展》，第151页。

图 5-2-15　故宫博物院：《清代宫廷绘画》，北京：文物出版社，1992年，第63页。

图 1-1-7、1-2-1、1-2-2、1-2-8、1-2-12、1-2-13、2-1-1、2-1-2、2-1-6、2-1-10 至 2-1-14、2-2-1、2-2-3、2-2-5 至 2-2-7、2-2-9、2-2-10、2-2-14、3-1-8、3-2-1、3-2-9 至 3-2-12、3-2-14、4-1-1、4-1-15、4-2-1、4-2-5、4-2-11、4-2-13、4-2-16、4-2-17、5-1-7、5-2-1 至 5-2-3、5-2-12、5-2-14　取自数字化资料。

图 1-2-7、5-1-1、5-1-3、5-1-4、5-1-9、5-1-10　取自《运河全图》，北京：中国地图出版社，2011年。

图 4-1-14、5-2-4、5-2-6、5-2-9、5-2-11、5-2-13　分别取自[清]高晋等编撰，张维明选编：《南巡盛典名胜图录》，苏州：古吴轩出版社，1999年，第45、38、16、33、148、115页。

其余图片由本书著者拍摄。

主要参考书目

古代著作

[1] [清] 张希良纂:《河防志》,清雍正三年刊本。
[2] [清] 高晋等纂:《南巡盛典》,清乾隆三十六年刊本。
[3] [清] 黄钧宰:《金壶七墨》,清同治十二年刊本。
[4] [宋] 邓椿著,黄苗子点校:《画继》,北京:人民美术出版社,1963年。
[5] [清] 张廷玉等:《明史》,北京:中华书局,1974年。
[6] [元] 脱脱等:《宋史》,北京:中华书局,1977年。
[7] [宋] 吴自牧:《梦粱录》,杭州:浙江人民出版社,1980年。
[8] [明] 计成原著,陈植注释,杨超伯校订,陈从周校阅:《园冶注释》,北京:中国建筑工业出版社,1981年。
[9] [清] 于敏中等编纂:《日下旧闻考》,北京古籍出版社,1981年。
[10] [明] 文震亨原著,陈植校注,杨超伯校订:《长物志校注》,南京:江苏科学技术出版社,1984年。
[11] [清] 李斗著,周光培点校:《扬州画舫录》,扬州:江苏广陵古籍刻印社,1984年。
[12] [宋] 朱长文撰,金菊林点校:《吴郡图经续记》,南京:江苏古籍出版社,1986年。
[13] [宋] 范成大撰,陆振岳校点:《吴郡志》,南京:江苏古籍出版社,1986年。
[14] [清] 张宝:《泛槎图》,北京古籍出版社,1988年。
[15] [朝鲜] 崔溥著,葛振家点注:《漂海录:中国行记》,北京:社会科学文献出版社,1992年。
[16] [唐] 白居易著,丁如明、聂世美校点:《白居易全集》,上海古籍出版社,1999年。
[17] [清] 沈复等:《浮生六记(外三种)》,上海古籍出版社,2000年。
[18] [明] 张岱著,夏咸淳、程维荣校注:《陶庵梦忆·西湖梦寻》,上海古籍出版社,2001年。
[19] [宋] 陆游著,蒋方校注:《入蜀记校注》,武汉:湖北人民出版社,2004年。
[20] [宋] 孟元老撰,伊永文笺注:《东京梦华录笺注》,北京:中华书局,2006年。
[21] [清] 张鹏翮编:《治河全书》,天津古籍出版社,2007年。
[22] [清] 麟庆著,[清] 汪春泉等绘:《鸿雪因缘图记》,北京:国家图书馆出版社,2011年。
[23] [清] 方观承纂:《两浙海塘通志》,杭州:浙江古籍出版社,2012年。
[24] [清] 钱泳撰,孟裴校点:《履园丛话》,上海古籍出版社,2012年。

[25]［明］张国维编，蔡一平点校:《吴中水利全书》，杭州：浙江古籍出版社，2014年。
[26]于安澜编著，张自然校订:《画论丛刊》，开封：河南大学出版社，2015年。
[27]［宋］杜绾等著，王云、朱学博、廖莲婷校点:《云林石谱（外七种）》，上海书店出版社，2015年。
[28]［宋］苏轼著，［清］朱孝臧编年，龙榆生校笺，朱怀春标点:《东坡乐府笺》，上海古籍出版社，2016年。
[29]［明］潘季驯:《潘季驯集》，杭州：浙江古籍出版社，2018年。
[30]［唐］张彦远撰，毕斐点校:《明嘉靖刻本历代名画记》，杭州：中国美术学院出版社，2018年。
[31]［唐］魏徵等撰，汪绍楹等点校，吴玉贵、孟彦弘等修订:《隋书》，北京：中华书局，2019年。
[32]［清］赵之璧:《平山堂图志》，北京：文物出版社，2019年。
[33]［明］卢熊著，苏州市地方志办公室编:《洪武苏州府志》，扬州：广陵书社，2020年。

今人专著

[1] Henry Inn, Shao Chang Lee (ed.), *Chinese Houses and Gardens*, New York: Bonanza Books, 1940.
[2] 全汉昇:《唐宋帝国与运河》，上海：商务印书馆，1944年。
[3] 岑仲勉:《黄河变迁史》，北京：人民出版社，1957年。
[4] 罗英:《中国石桥》，北京：人民交通出版社，1959年。
[5]《中国历史地图集》，上海：中华地图学社，1975年。
[6] 刘敦桢:《苏州古典园林》，北京：中国建筑工业出版社，1979年。
[7] 苏州博物馆、江苏师范学院历史系、南京大学明清史研究室:《明清苏州工商业碑刻集》，南京：江苏人民出版社，1981年。
[8] 陈从周编著:《扬州园林》，上海科学技术出版社，1983年。
[9] 朱江:《扬州园林品赏录》，上海文化出版社，1984年。
[10] 傅崇兰:《中国运河城市发展史》，成都：四川人民出版社，1985年。
[11] 陈从周、潘洪萱编著:《绍兴石桥》，上海科学技术出版社，1986年。
[12] 茅以升主编:《中国古桥技术史》，北京出版社，1986年。
[13] 唐宋运河考察队:《运河访古》，上海人民出版社，1986年。
[14] 史念海:《中国的运河》，西安：陕西人民出版社，1988年。
[15] 欧阳洪:《京杭运河工程史考》，南京：江苏省航海学会，1988年。
[16] 周维权:《中国古典园林史》，北京：清华大学出版社，1990年。
[17] 杨仁恺编著:《国宝沉浮录：故宫散佚书画见闻考略》，上海人民美术出版社，1991年。

[18] 罗英、唐寰澄：《中国石拱桥研究》，北京：人民交通出版社，1993年。

[19] 故宫博物院：《吴门画派研究》，北京：紫禁城出版社，1993年。

[20] 杨鸿勋：《江南园林论》，上海人民出版社，1994年。

[21] 杨新、[美]班宗华、聂崇正、[美]高居翰、郎绍君、[美]巫鸿：《中国绘画三千年》，台北：联经出版事业公司，1997年。

[22] 周宝珠：《〈清明上河图〉与清明上河学》，开封：河南大学出版社，1997年。

[23] 中国测绘科学研究院：《中华古地图珍品选集》，哈尔滨地图出版社，1998年。

[24] 姚汉源：《京杭运河史》，北京：中国水利水电出版社，1998年。

[25] 傅熹年：《傅熹年建筑史论文集》，北京：文物出版社，1998年。

[26] 阮仪三主编：《江南古镇》，上海画报出版社，2000年。

[27] 清华大学建筑学院：《颐和园》，北京：中国建筑工业出版社，2000年。

[28] 绍兴市城市建设档案馆：《绍兴古桥》，杭州：中国美术学院出版社，2001年。

[29] 梁思成：《梁思成全集》，北京：中国建筑工业出版社，2001年。

[30] 《清高宗南巡名胜图（附〈江南名胜图说〉）》，北京：学苑出版社，2001年。

[31] 吴国良编著：《吴江古桥》，苏州：古吴轩出版社，2002年。

[32] [英]托马斯·阿罗姆绘图，李天纲编著：《大清帝国城市印象：十九世纪英国铜版画》，上海古籍出版社，2002年。

[33] [加]卜正民著，方骏、王秀丽、罗天佑译：《纵乐的困惑：明代的商业与文化》，北京：生活·读书·新知三联书店，2004年。

[34] 赵广超：《笔记〈清明上河图〉》，北京：生活·读书·新知三联书店，2005年。

[35] 朱偰：《建康兰陵六朝陵墓图考》，北京：中华书局，2006年。

[36] 刘潞、[英]吴芳思编译：《帝国掠影：英国访华使团画笔下的清代中国》，北京：中国人民大学出版社，2006年。

[37] 李泉、王云：《山东运河文化研究》，济南：齐鲁书社，2006年。

[38] 郑振铎：《中国古代木刻画史略》，上海书店出版社，2006年。

[39] 辽宁省博物馆：《〈清明上河图〉研究文献汇编》，沈阳：万卷出版公司，2007年。

[40] [澳大利亚]安东篱著，李霞译，李恭忠校：《说扬州：1550—1850年的一座中国城市》，北京：中华书局，2007年。

[41] 李合群主编：《中国古代桥梁文献精选》，武汉：华中科技大学出版社，2008年。

[42] 李孝聪、席会东：《淮安运河图考》，北京：中国书籍出版社，2008年。

[43] 陈桥驿主编：《中国运河开发史》，北京：中华书局，2008年。

[44] 聂崇正：《清宫绘画与"西画东渐"》，北京：紫禁城出版社，2008年。

[45] Robert E. Harrist Jr., *The Landscape of Words: Stone Inscriptions from Early and Medieval China*, Seattle and London: University of Washington Press, 2008.

[46] Ronald G. Knapp, A. Chester Ong (photo.), *Chinese Bridges: Living Architecture from China's Past*, Tokyo, Rutland, VT and Singapore: Tuttle Publishing, 2008.

［47］浙江大学中国古代书画研究中心：《宋画全集》，杭州：浙江大学出版社，2008年起。

［48］吴雪杉编著：《张择端〈清明上河图〉》，北京：文物出版社，2009年。

［49］［美］高居翰著，李佩桦等译：《气势撼人：十七世纪中国绘画中的自然与风格》，北京：生活·读书·新知三联书店，2009年。

［50］贾珺：《北京颐和园》，北京：清华大学出版社，2009年。

［51］王宏钧主编：《乾隆南巡图研究》，北京：文物出版社，2010年。

［52］中国第一历史档案馆、扬州市档案馆：《清宫扬州御档》，扬州：广陵书社，2010年。

［53］陈明达著，丁垚等整理补注，王其亨、殷力欣审定：《〈营造法式〉辞解》，天津大学出版社，2010年。

［54］［英］马戛尔尼著，刘半农译，李广生整理：《乾隆英使觐见记》，天津：百花文艺出版社，2010年。

［55］顾凯：《明代江南园林研究》，南京：东南大学出版社，2010年。

［56］山东省文物考古研究所、中国文化遗产研究院、济宁市文物局、汶上县文物局：《汶上南旺：京杭大运河南旺分水枢纽工程及龙王庙古建筑群调查与发掘报告》，北京：文物出版社，2011年。

［57］傅伯星：《宋画中的南宋建筑》，杭州：西泠印社出版社，2011年。

［58］俞孔坚、李迪华、李海龙、张蕾等：《京杭大运河国家遗产与生态廊道》，北京大学出版社，2012年。

［59］［美］高居翰、黄晓、刘珊珊：《不朽的林泉：中国古代园林绘画》，北京：生活·读书·新知三联书店，2012年。

［60］张环宙、沈旭炜：《外国人眼中的大运河》，杭州出版社，2013年。

［61］陈薇等：《走在运河线上：大运河沿线历史城市与建筑研究》，北京：中国建筑工业出版社，2013年。

［62］席会东：《中国古代地图文化史》，北京：中国地图出版社，2013年。

［63］王振忠：《明清徽商与淮扬社会变迁》（修订版），北京：生活·读书·新知三联书店，2014年。

［64］汉宝德：《物象与心境：中国的园林》，北京：生活·读书·新知三联书店，2014年。

［65］刘涤宇：《历代〈清明上河图〉：城市与建筑》，上海：同济大学出版社，2014年。

［66］侯仁之著，邓辉、申雨平、毛怡译：《北平历史地理》，北京：外语教学与研究出版社，2014年。

［67］蔡蕃：《京杭大运河水利工程》，北京：电子工业出版社，2014年。

［68］陈婧莎：《中国风俗画稀世珍品：姑苏繁华图》，北京：中国青年出版社，2015年。

［69］余辉：《隐忧与曲谏：〈清明上河图〉解码录》，北京大学出版社，2015年。

［70］中国文化遗产研究院、南京博物院、淮安市博物馆：《京杭大运河清口水利枢纽考古报告》，北京：文物出版社，2016年。

［71］王耀：《水道画卷：清代京杭大运河舆图研究》，北京：中国社会科学出版社，2016年。

[72] 苏州市文物局：《大运河苏州古城段遗产研究报告》，北京：文物出版社，2016年。
[73] 浙江省博物馆：《漂海闻见：15世纪朝鲜儒士崔溥眼中的江南》，北京：中国书店，2016年。
[74] [日]宫崎市定著，张学锋、马云超等译：《宫崎市定亚洲史论考》，上海古籍出版社，2017年。
[75] 朱偰编著：《大运河的变迁》，南京：江苏人民出版社，2017年。
[76] 王双阳：《西湖图像志》，杭州：中国美术学院出版社，2018年。
[77] 王连起：《中国书画鉴定与研究·王连起卷》，北京：故宫出版社，2018年。
[78] 邹逸麟：《舟楫往来通南北：中国大运河》，南京：江苏科学技术出版社，2018年。
[79] [英]柯律格著，孔涛译：《蕴秀之域：中国明代园林文化》，郑州：河南大学出版社，2018年。
[80] 胡梦飞：《中国运河水神》，济南：山东大学出版社，2018年。
[81] 郭黛姮：《南宋建筑史》，上海古籍出版社，2018年。
[82] 石守谦：《山鸣谷应：中国山水画和观众的历史》，上海书画出版社，2019年。
[83] 北京市颐和园管理处、国家图书馆、中国科学院文献情报中心、北京市海淀区档案馆：《明珠耀"两河"：西山永定河与大运河文化带中的颐和园》，北京：国家图书馆出版社，2019年。
[84] 江苏省地方志编纂委员会办公室：《江南大运河历史图谱》，南京：凤凰出版社，2019年。
[85] 李孝聪主编：《中国古代舆图调查与研究》，北京：中国水利水电出版社，2019年。
[86] 邹逸麟、李孝聪、张廷皓等编：《中国运河志》，南京：江苏凤凰科学技术出版社，2019年。
[87] [英]杰西卡·罗森著，张平译，邓菲、李晨、沈水等校：《莲与龙：中国纹样》，上海书画出版社，2019年。
[88] [美]张勉治著，董建中译：《马背上的朝廷：巡幸与清朝统治的建构（1680–1785）》，南京：江苏人民出版社，2019年。
[89] 南京博物院：《大运河碑刻集（江苏）》，南京：译林出版社，2019年。
[90] 聂崇正：《清宫绘画与画家》，北京：故宫出版社，2019年。
[91] 曹汛：《中国造园艺术》，北京出版社，2019年。
[92] 萧默：《敦煌建筑研究》，北京：中国建筑工业出版社，2019年。
[93] 上海博物馆：《大唐宝船：黑石号沉船所见9-10世纪的航海、贸易与艺术》，上海书画出版社，2020年。
[94] 王金铨等：《世界遗产运河的保护与传承：大运河文化带的视角》，北京：社会科学文献出版社，2020年。
[95] 李军：《跨文化的艺术史：图像及其重影》，北京大学出版社，2020年。
[96] 单霁翔：《大运河漂来紫禁城》，北京：中国大百科全书出版社，2020年。

[97] 刘妍：《编木拱桥：技术与社会史》，北京：清华大学出版社，2021 年。

[98] 许彤：《胜景纪游：中国古代实景山水画》，北京：人民美术出版社，2021 年。

[99] ［美］魏瑞明著，朱子仪译：《龙脉：康熙帝与避暑山庄》，北京：中信出版集团，2021 年。

[100] 黄小峰：《古画新品录：一部眼睛的历史》，长沙：湖南美术出版社，2021 年。

[101] 中国大运河博物馆：《中兹神州：绚烂的唐代洛阳城》，南京：江苏凤凰文艺出版社，2022 年。

[102] 郑岩：《铁袈裟：艺术史中的毁灭与重生》，北京：生活·读书·新知三联书店，2022 年。

[103] ［美］高居翰著，杨多译：《致用与移情：大清盛世的世俗绘画》，北京：生活·读书·新知三联书店，2022 年。

今人论文

[1] 余哲德：《赵州大石桥石栏的发现及修复的初步意见》，《文物参考资料》1956 年第 3 期。

[2] 陈从周：《绍兴的宋桥——八字桥与宝祐桥》，《文物参考资料》1958 年第 7 期。

[3] 潘谷西：《苏州园林的观赏点和观赏路线》，《建筑学报》1963 年第 6 期。

[4] 邹逸麟：《从含嘉仓的发掘谈隋唐时期的漕运和粮仓》，《文物》1974 年第 2 期。

[5] 杨新：《〈清明上河图〉地理位置小考》，《美术研究》1979 年第 2 期。

[6] 庞朴：《"五月丙午"与"正月丁亥"》，《文物》1979 年第 6 期。

[7] 商鸿逵：《康熙南巡与治理黄河》，《北京大学学报（哲学社会科学版）》1981 年第 4 期。

[8] 邹逸麟：《山东运河历史地理问题初探》，载中国地理学会历史地理专业委员编《历史地理》第 1 辑，上海人民出版社，1981 年。

[9] 周维权：《普宁寺与须弥灵境姊妹建筑群》，《紫禁城》1990 年第 1 期。

[10] 徐凯、商全：《乾隆南巡与治河》，《北京大学学报（哲学社会科学版）》1990 年第 6 期。

[11] 张晓旭：《"四大宋碑"概述》，《文博》1991 年第 2 期。

[12] 周振鹤：《释江南》，载钱伯城主编《中华文史论丛》第 49 辑，上海古籍出版社，1992 年。

[13] 陆文宝：《浙江省余杭市塘栖广济桥调查简报》，载浙江省博物馆编《东方博物》第 2 辑，浙江大学出版社，1998 年。

[14] 范金民：《〈姑苏繁华图〉：清代苏州城市文化繁荣的写照》，《江海学刊》2003 年第 5 期。

[15] 范金民：《清代苏州城市工商繁荣的写照——〈姑苏繁华图〉》，《史林》2003 年第

5 期。

[16] 陈韵如：《时间的形状——〈清院画十二月令图〉研究》，《"故宫"学术季刊》第 22 卷第 4 期（2005 年夏季号）。

[17] 孟传鲜：《从〈宋元方志丛刊〉管窥南宋桥梁概况》，《武汉交通职业学院学报》2007 年第 3 期。

[18] 李孝聪：《黄淮运的河工舆图及其科学价值》，《水利学报》2008 年第 8 期。

[19] 范白丁：《〈鸿雪因缘图记〉成书考》，《新美术》2008 年第 6 期。

[20] Stacey Sloboda, "Picturing China: William Alexander and the Visual Language of Chinoiserie," *The British Art Journal*, Vol. 4, No. 2（2008）.

[21] 陈传席：《〈清明上河图〉的创作及收藏流传》，《美术研究》2009 年第 2 期。

[22] 谭徐明、于冰、王英华、张念强：《京杭大运河遗产的特性与核心构成》，《水利学报》2009 年第 10 期。

[23] 贾珺：《皇家园林写仿现象探析》，《装饰》2010 年第 2 期。

[24] 张海：《景观考古学——理论、方法与实践》，《南方文物》2010 年第 4 期。

[25] 孙荣华：《浙江德清宋代寿昌桥与永安桥、源洪桥比较研究》，《文物》2011 年第 4 期。

[26] 王元林：《京杭大运河镇水神兽类民俗信仰及其遗迹调查》，《中国文物科学研究》2012 年第 1 期。

[27] 李德楠：《试论明清大运河上的行船次序》，《山东师范大学学报（人文社会科学版）》2012 年第 3 期。

[28] 康武刚：《宋代桥梁研究述论》，《华北水利水电学院学报（社科版）》2012 年第 4 期。

[29] 葛金芳：《南宋桥梁数量、类型与造桥技术述略》，载马明达主编《暨南史学》第 7 辑，桂林：广西师范大学出版社，2012 年。

[30] 罗礼平：《上官周"宫廷画家"身份考辩》，《福建论坛（人文社会科学版）》2014 年第 5 期。

[31] 南京博物院、扬州市文物考古研究所、苏州市考古研究所：《江苏扬州市曹庄隋炀帝墓》，《考古》2014 年第 7 期。

[32] 陈诗越、吴金甲：《运河水柜——南四湖与北五湖的历史与变迁》，《聊城大学学报（社会科学版）》2014 年第 4 期。

[33] 王双阳、吴敢：《从文学到绘画：西湖十景图的形成与发展》，《新美术》2015 年第 1 期。

[34] 席会东：《海峡两岸分藏康熙绘本"京杭运河图"研究》，《文献》2015 年第 3 期。

[35] 林姝：《崇庆皇太后的万寿庆典图》，《紫禁城》2015 年第 10 期。

[36] 张学锋：《六朝建康都城圈的东方——以破冈渎的探讨为中心》，载武汉大学中国三至九世纪研究所编《魏晋南北朝隋唐史资料》第 32 辑，上海古籍出版社，2015 年。

[37] 余国江：《〈扬州府图说〉考述》，《江苏地方志》2016 年第 3 期。

[38] 施錡：《从"四时"到"月令"：古代画学中的时间观念溯源》，《美术学报》2016 年

第 5 期。

[39] 徐兴无：《乾隆盛世的城市指南——〈扬州画舫录〉中的园林与游赏》，《文史知识》2018 年第 3 期。

[40] 耿朔：《"于襄阳致之"：中古陵墓石刻传播路线之一瞥》，《美术研究》2019 年第 1 期。

[41] 赵琰哲：《艺循清闷——倪瓒（款）〈狮子林图〉及其清宫仿画研究》，《中国书画》2019 年第 2 期。

[42] 陈婧莎：《18 世纪朝鲜文献中的〈清明上河图〉》，《美术研究》2019 年第 2 期。

[43] 许彤：《明代中晚期"京口三山"图像及其仙山意涵》，《中国国家博物馆馆刊》2019 年第 6 期。

[44] 刘珊珊、黄晓：《乾隆惠山园写仿无锡寄畅园新探》，《建筑学报》2019 年第 6 期。

[45] 汪勃、王小迎：《隋江都宫形制布局的探寻和发掘》，《东南文化》2019 年第 4 期。

[46] 曾磊：《蛟龙畏铁考原》，《中国史研究》2019 年第 4 期。

[47] 陈远：《王世贞的〈水程图〉与明代大运河之旅》，中国美术学院博士学位论文，2019 年。

[48] 傅申：《书画船——中国文人的"流动画室"》，《美术大观》2020 年第 3 期。

[49] 王旭：《宋代跨界市镇——乌、青镇关系考》，《中国社会经济史研究》2020 年第 4 期。

[50] 成一农：《"古今形胜之图"系列地图研究——从知识史角度的解读》，载刘中玉主编《形象史学》第 15 辑，北京：社会科学文献出版社，2020 年。

[51] 顾凯：《"人巧"与"天然"：晚明江南园林假山的两种营造及其审美》，《装饰》2021 年第 2 期。

[52] 周高宇：《〈瑞鹤图〉考》，《新美术》2021 年第 2 期。

[53] 赵华：《南北驱驰——赵孟頫宦游行程中的天气因素与行程规划》，《美术大观》2021 年第 9 期。

[54] 王磊：《淮扬镇水铁牛的视觉形式及其传播》，《故宫博物院院刊》2021 年第 10 期。

[55] 吴洪德：《"空间"的产生：18 世纪虎丘山康熙行宫的兴建及其再现》，《时代建筑》2021 年第 6 期。

[56] 陈婧莎：《通行版本〈清明上河图〉的出现及其与宋本关系的猜想》，《美术学报》2021 年第 6 期。

[57] 张士闪：《运河社会文化研究的理念与方法》，载李泉主编《运河学研究》第 6 辑，北京：社会科学文献出版社，2021 年。

[58] 李德楠、吕德廷：《民变、风水、舍利塔：万历后期临清社会的重建（兼论运河城市临清的徽商元素）》，载周晓光主编《徽学》第 15 辑，北京：社会科学文献出版社，2021 年。

[59] 韩建华：《中晚唐洛阳士人与园林——以白居易履道坊宅园为中心》，载荣新江主编《唐研究》第 21 辑，北京大学出版社，2021 年。

［60］邵韵霏：《重现南宋临安——〈西湖清趣图〉的时代、视觉性与历史性》，《美术》2022年第1期。

［61］徐亦丹：《单霁翔：用十六类景观讲好大运河故事》，《新华日报》2022年2月18日，第14版。

后记

与大运河最早的相遇应追溯到 20 年前。读中学时，每个暑假我都随父亲出门，希冀开拓眼界。当时的旅游地点集中在长三角，其间我第一次登虎丘、逛西湖、游扬州。现在看来，足迹每在大运河附近。我对大运河最初的直观印象是经过扬州时车窗外的宽阔水面，后来才知道那是新中国时期修治的主航道。兜了一大圈，尽管连古迹和文物的概念都没能建立，但是进入历史现场，使我颇具怀古之情。

上大学后，来到北京，逐渐尝试访古旅行，由此结识了一些优秀的朋友。2011 年到中央美术学院读研，志愿是考古美术史方向，我把注意力逐渐聚焦在汉唐。那时候，爱好寻访早期建筑和遗址，脚步踏在壮丽的河山之间，对地理和地域文明感慨良多。大运河也不时闯入视野。例如在徐州北郊，必须跨越古泗水才能到达北洞山汉墓，而那段泗水故道就从属京杭大运河；又如在丹阳陵口，看罢萧梁河两岸的南朝石兽，再走一程就看见江南运河。往返家乡途中，我习惯反复转车，流连在江、浙、沪的博物馆，泛览器物与书画，顺便也悠游过许多园林。渐渐地，大运河遗产所在的城市已涉足一大半。

对大运河的系统考察实属工作后偶得。回到 2017 年，于我而言，大运河这样一个学术命题还是知识结构外的盲区。未曾预料到，村镇、石桥、河工，这些近年乘兴搜求的一鳞半爪，与陵墓、寺塔、园林等素日积累的田野收获，在大运河的框架中串联起来，拼凑出了整体景观。2021 年初，试着编排本书目录时，一个粗略的大运河形象得以缀合，并很快变得清晰和立体。于是，我有了继续整理的勇气。当一批古代画作和文献被添加进来，成为素材之后，全书的章节便确立了。

如果说与本书有缘分的话，几年间我或许预埋有伏笔。我常自问：怎样从扬州出发，开始新的艺术史研究？自答过程静水流深，充满斗争，后来索性从身边的实物入手，边做边琢磨。扬州恰是保存着典型、全面的运河景观的城市，古城、古镇等文化遗产均吸引着我。尽管前期有过些许实验性的研究，等到准备书稿时，心里仍很忐忑。况且，研究对象虽已罗列出来，叙事主线尚不明确。最终我的目光投向了因水相聚的人。变化万端的水是运河的核心，催生、联系并制约其景观；而人具备塑造水的能力。艺术史应同其他学科一道，在总体视野中讲述富有视觉性的运河故事。

回顾当年，进入艺术史学科令我倍感庆幸，原因是多年的芜杂兴趣终于可以叠加。因为家庭的缘故，小时候我接触到不少美术图书，建立了对图像的启蒙；中学时代，作为理科生的我对文学满怀向往；本科阶段攻读工科，却又触摸起历史和建筑史。足以关联所有业余志趣的艺术史，推动我毅然跨专业。用艺术史的方法讨论大运河，同样汇合了我的多元理想。然而，在运河史这样的宏大命题下，高度跨学科的材料真正摆在眼前，兴奋之情和压迫之感一齐到来。

实际写起来，困难超过预想。首先，以一年时间布局多项任务甚觉吃力。梳理史实、阅读遗迹和遴选图片，这些在码字前就需要启动的工作，本就没有尽头。其次，隐藏惊喜的各类图文资源仿佛永无边界。再次，面对新冠肺炎疫情反复爆发的时局，"寻山问水"或查漏补缺的实地考察显得格外艰难。幸而身居扬州，无论是沿着运道求索，还是披检有关史料，总能享受地利。生活中不离座外的景物，一次次提醒我拒绝懈怠。现在回头来看，算是基本实现了写作计划，但不免留有缺憾，但愿未来还能有机会弥补吧。

最后，是关于本书的由衷致谢。感谢责编教富斌先生的付出。感谢霍司佳女史在田野考察和书稿写作期间的陪伴与照顾。感谢耿朔、汪华龙、王旭、陈婧莎、左骏、刘刚、周鼎、张利伟、梁颂、莫阳、赵燕刚、杨兆凯、杨煦、陶金、黄晓、徐家宁、邵学成、邓菲、谭浩源、王敬雅、石佳佳等友人不同层面的襄助和鼓舞。当然，早期旅行之路上，父亲王剑峰给予我的关于大运河的启蒙值得纪念，谨将这本书献给他。

王磊

壬寅春

長春嶺

長春橋